Rock & Roll Heaven

Robert Dimery &
Bruno MacDonald

摇滚天堂

罗伯特·迪默里
布鲁诺·麦克唐纳◎著

邵逸◎译

中央编译出版社
Central Compilation & Translation Press

图书在版编目（CIP）数据

摇滚天堂 ／ （英）迪默里（Dimery,R.），（英）麦克唐纳（MacDonald,B.）著；邵逸译．
— 北京：中央编译出版社，2014.3
书名原文：Rock and Roll Heaven
ISBN 978-7-5117-2047-4

Ⅰ．①摇… Ⅱ．①迪… ②麦… ③邵… Ⅲ．①摇滚乐-音乐工作者-生平事迹-世界
Ⅳ．①K815.576
中国版本图书馆CIP数据核字(2014)第020169号

Copyright © 2007 by Quintet Publishing Limited
Simplified Chinese edition © 2014 Central Compilation & Translation Press

摇滚天堂

出 版 人：刘明清
出版统筹：薛晓源
责任编辑：饶莎莎
责任印制：尹　珺
出版发行：中央编译出版社
地　　址：北京西城区车公庄大街乙5号鸿儒大厦B座（100044）
电　　话：（010）52612345（总编室）　（010）52612342（编辑部）
　　　　　（010）52612316（发行部）　（010）52612315（网络销售）
　　　　　（010）52612346（馆配部）　（010）66509618（读者服务部）
传　　真：（010）66515838
印　　刷：勤达印务有限公司
成品尺寸：222毫米×222毫米　　　16印张
版　　次：2014年3月北京第1版
印　　次：2014年3月第1次印刷
定　　价：98.00元

网　　址：www.cctphome.com　　邮　　箱：cctp@cctphome.com
新浪微博：@中央编译出版社　　　微　　信：中央编译出版社（ID：cctphome）
淘宝网店：编译出版社书店（http://shop108367160.taobao.com）

本社常年法律顾问：北京市吴奕赵阎律师事务所律师　闫军　梁勤

目录

引言	6
Robert Johnson	8
Hank Williams	10
Johnny Ace	12
Buddy Holly	13
音乐死去的那一天	14
Eddie Cochran	16
Sam Cooke	18
Bill Black	20
幕后故事：	
Dewey Phillips	22
Otis Redding	23
Brian Jones	24
被诅咒的乐队	
The Temptations	26
Jimi Hendrix	28
Janis Joplin	32
Jim Morrison	34
Gene Vincent	36
Danny Whitten	37
被诅咒的乐队	
New York Dolls	38
Gram Parsons	42
Mama Cass Elliot	44
Nick Drake	46
Tim Buckley	48
Florence Ballard	50
Paul Kossoff	52
Phil Ochs	53
Keith Relf	54
Tommy Bolin	55
Elvis Presley	56
Marc Bolan	60
被诅咒的乐队	
Lynyrd Skynryd	62
Terry Kath	64
Keith Moon	66
Donny Hathaway	68
Sid Vicious	70
Lowell George	72
Bon Scott	74
Ian Curtis	76
John Bonham	78
John Lennon	80
死亡之手	
David Bowie	84
Bob Marley	88
Randy Rhoads	91
James Honeyman-Scott	92
Dennis Wilson	94
Marvin Gaye	96
被诅咒的乐队	
Mötley Crüe	100
Ricky Wilson	102
Ricky Nelson	103
Phil Lynott	104
Richard Manuel	106
Cliff Burton	108
Peter Tosh	110
Hillel Slovak	112
Nico	113
Roy Orbison	114
Pete De Freitas	117
Andrew Wood	118
Stiv Bators	119
Stevie Ray Vaughan	120
Steve Clark	121
幕后故事：	
Martin Hannett	122
Steve Marriott	123
Gene Clark	124
幕后故事：	
Bill Graham	125
Freddie Mercury	126
Eric Carr	130
GG Allin	131
Frank Zappa	132
Harry Nilsson	136
Kurt Cobain	138
Lee Brilleaux	142
Viv Stanshall	143
Eazy-E	144
Selena	146
Jerry Garcia	148
Shannon Hoon	150
幕后故事：	
Peter Grant	151
Tupac Shakur	152
Randy California	156
Billy MacKenzie	157
Brian Connolly	158
The Notorious BIG	160
Laura Nyro	163
Jeff Buckley	164
John Denver	166
Michael Hutchence	168
Carl Wilson	172
Rob Pilatus	174
Wendy O. Williams	175
Dusty Springfield	176
Rick Danko	178
Mark Sandman	179
Curtis Mayfield	180
Big Pun	182
Ian Dury	184
幕后故事：	
Jack Nitzsche	186
Kirsty MacColl	187
John Phillips	188
被诅咒的乐队	
Ramones	190
John Lee Hooker	192
Aaliyah	194
George Harrison	196
Stuart Adamson	198
Zac Foley	199
Layne Staley	200
Lisa "Left Eye" Lopes	202
John Entwistle	204
Jam Master Jay	206
Joe Strummer	208
Mickey Finn	210
Nina Simone	212
Warren Zevon	216
Johnny Cash	218
Robert Palmer	221
Elliot Smith	222
Ray Charles	224
Rick James	228
幕后故事：	
John Peel	229
Ol' Dirty Bastard	230
Dimebag Darrell	232
Syd Barrett	234
Arthur Lee	236
James Brown	238
50大死亡金曲	244
20位戏弄死神的音乐人	248
危险职业	252
索引	254
图片来源&致谢	256

引言

古希腊神话中才华横溢的音乐家俄耳甫斯大概是有史以来第一位死于非命的音乐人：被女人撕成碎片之后，他的头颅一边在赫布鲁斯河（Hebrus）里颠簸沉浮一边还在里拉琴（lyre）的伴奏下歌唱——就像去世音乐人的作品依然能为精明的唱片公司带来收入一样。

从摇滚的诞生之日起，死亡就像是一位五音不全的伴唱歌手，全然不顾众人的冷眼相待，常年在舞台边徘徊。早在这一体裁诞生之前，布鲁斯歌手Robert Johnson和乡村明星Hank Williams等准摇滚音乐人就已英年早逝：他们的人生异常短暂，只留下英俊的遗容。

当然，很多摇滚音乐人活到了领退休金的年纪，本书中也不乏此类人的存在。他们的去世也许平淡无奇，但他们的生活却精彩纷呈，我们在此向他们致敬。不过本书中收录的大部分人物都属英年早逝——这也许说明，摇滚（还有雷鬼和说唱）无疑会严重损害你的健康。

本书中涉及的很多明星并非自掘坟墓，他们的去世纯属意外：Buddy Holly、Peter Tosh和Marc Bolan都是如此。然而，某些人的突然离去并非不可避免：流行乐坛的成功人士总与傲慢、自大和滥用药物联系在一起，这些恶习常常就是杀死他们的元凶。英年早逝总是令人伤感，但背后也总是不乏值得讲述的故事。

因为篇幅有限，本书无法囊括摇滚天堂的所有居民，但是我们相信，它将让您深入了解一些不凡的生命——和他们非同寻常的终结。对于热衷细节的粉丝来说，本书可谓一笔黑暗的宝藏。谁是第一位死于非命的摇滚大牌？谁从Jerry Lee Lewis手上买来一架飞机并随后坠机身亡？哪位吉他手完成了娱乐界的终极谢幕——在舞台上被枪杀？读完这本书，你就会对这些伤感的真相了然于心。

最后请允许我以几点诚恳的建议结束这篇引言——也为您在启程踏上死亡之旅前热一热身。如果您尚未加入The Rolling Stones又想成为摇滚乐坛的常青树，建议您避免以下活动：

——卷入东西海岸说唱音乐人的争端
——吸食海洛因
——乘坐飞机
——加入大牌美国朋克乐队
——参与酒后枪战
——将灵魂卖给魔鬼

生命有限，摇滚不止。

右图 1971年，The Who乐队的Keith Moon正在表演。

ROBERT JOHNSON
(Robert Leroy Johnson)
中毒身亡

生于：1911年5月8日

卒于：1938年8月16日

Robert Johnson出生在密西西比州的哈兹勒赫斯特市（Hazlehurst），童年时期，他时常与做临时工的母亲一起在不同的农场之间穿梭。在密西西比的罗宾逊维尔市（Robinsonville）定居之后，年少的Johnson立刻迷上了布鲁斯音乐并开始学习演奏口簧琴（Jew's harp）和口琴；在当地夜店听到Charlie Patton和Son House等人的演奏之后，他还缠着这些吉他手要学他们的独门绝招。少年时代的Johnson就已经以演奏布鲁斯音乐为生。离开罗宾逊维尔之后，他先是回到了家乡哈兹勒赫斯特（并师从布鲁斯音乐人Ike Zinnerman），随后在美国南部（甚至连加拿大都有他的足迹）进行了大量的表演。布鲁斯歌曲多表现愁苦幽怨，但很多Johnson最令人难忘的作品——"Me And The Devil Blues"、"Hell Hound On My Trail"——却以一种非同寻常的恐惧为核心，他高亢并相当令人不安的声线更是强化了这种感觉。

这种长期困扰听众的黑暗自然是有关Robert Johnson最著名传说的重要组成部分，这个故事由他本人一手编织。在谈到他从布鲁斯新手到大师的蜕变过程时，Johnson讲述了这样一个故事：为了成为前无古人（后无来者）的布鲁斯乐手，他将灵魂卖给了在密西西比的十字路口上遇见的魔鬼。真相无疑没有这么刺激：Johnson精湛的吉他技艺可能会让Son House等老相识觉得惊艳，但天赋和好学才是他取得惊人进步的原因。他是一位天赋异禀的音乐人，演奏现代流行歌曲和民歌等其他体裁也像演奏布鲁斯一样游刃有余。

关于Robert Johnson去世之前到底发生了什么这个问题，坊间流传着各种传言，然而无一得到证实。Johnson长期沉溺于女色，可能是因为饮用了含有老鼠药的威士忌而中毒——在极度痛苦中——死去，而下毒的正是他某位情人的丈夫。（1938年，John Hammond曾经希望邀请Johnson参加他名为"从精神到摇摆"[From Spirituals To Swing]的著名音乐会，当时的他完全没有意识到Johnson已经遁入极乐世界。）没有人知道他被葬在何处。

Johnson留下的照片（能被证实的只有两张）和唱片——一张1936年录制于圣安东尼奥（San Antonio）的一间酒店房间，另一张次年录制于达拉斯一间办公室的后屋——十分有限，这也让他显得更加神秘。他的唱片在他在世时销售惨淡，但是1961年发行的合集《Robert Johnson: King Of The Delta Blues Singers》引起了全新一代（主要来自英国的）音乐后生的兴趣。Jimi Hendrix和Eric Clapton的乐队Cream翻唱了"Crossroads"（2004年，Clapton发行的专辑《Me And Mr. Johnson》收录的全是他对Johnson作品的翻唱）；The Rolling Stones翻唱了"Stop Breaking Down"和"Love In Vain"；Led Zeppelin则对"Traveling Riverside Blues"进行了重新演绎。

在其他领域，他也实力超群。和Brian Jones、Janis Joplin、Janis Joplin、Jim Morrison——这几人制作音乐时都借鉴过Johnson的作品——一样，Robert Johnson去世时也是二十七岁。

右图 Robert Johnson和他著名的吉布森（Gibson）吉他，1935年摄于孟菲斯。魔鬼没有出镜。

HANK WILLIAMS
(Hiram King Williams)

滥用毒品和酒精引起的心脏病发作

生于：1923年9月17日

卒于：1953年1月1日

Hank Williams是乡村乐坛的第一位巨星，然而他其实是位不折不扣的摇滚歌手。

他一生都深受疼痛折磨：患有名为脊柱裂的脊柱疾病，年轻时经历的两次骑马事故也给他的身体带来了严重的损伤。Williams也从小饱尝情感痛苦的滋味：他的父亲是在精神病院的病房中去世的，Hank本人则年仅十一岁就与酒精结缘终生。

和乐坛后辈Elvis和Jerry Lee Lewis一样，Williams成长的背景宗教氛围浓厚。他的母亲在浸信会教堂演奏管风琴，他本人即便是在成为乡村明星之后还是用假名"Luke The Drifter"发行道德说教歌曲。他早早地离开了学校，师从黑人街头艺人Rufe"Tee-Tot"Payne——因此他的很多歌曲带有强烈的布鲁斯风格——并在十四岁时组建了自己的乐队The Drifting Cowboys。Williams在美国南方的音乐酒吧打拼多年，1946年他才在妻子Audrey的敦促下迁居纳什维尔。

他最早为音乐出版商Acuff-Rose创作歌曲（"我执笔，上帝为我注入才思，"他曾这样说），在推出"Move It On Over"和"Lovesick Blues"（1949年，连续十六周保持乡村音乐榜首的位置）的翻唱版本等一系列热门歌曲之后逐渐赢得了人们的关注，并得到了在广播节目"路易斯安那大篷车"（Louisiana Hayride）上演出的机会。乡村音乐现场秀"大奥普里"（Grand Ole Opry）很快与他取得了联系，Williams开始在WSM电台主持节目，1950年他已经成为了乡村巨星。"I'm So Lonesome I Could Cry"、"Cold, Cold Heart"、"Hey, Good Lookin"等歌曲立刻成为乡村经典——1949年到1953年期间，Williams推出了二十七首乡村榜单前十名歌曲。不过这些歌曲在被Frankie Laine、Tony Bennett等人改造成流行歌曲后更加成功。（Williams曾经给Tony Bennett打电话并半开玩笑地问他："你唱我的歌是什么意思？"）

然而，酒精和缓解背部疼痛的处方药给他的成功蒙上了一层阴影；随着知名度的不断上升，Williams作为歌手和丈夫的种种不靠谱行为也逐渐为人所了解。和后来的Elvis一样，他将性感魅力融入自己的音乐风格，但长期沉溺女色也在1952年毁掉了他的第一段婚姻。

在前往俄亥俄州的坎顿纪念堂（Canton Memorial Auditorium）参加新年演出时，Hank Williams突然去世。当时他坐在由十七岁的Charles Carr驾驶的1952年凯迪拉克敞篷车的后座上；体内有两针吗啡、处方药片和酒。经过弗吉尼亚州时，Carr因超速被警察拦下，随后这名警官注意到车上的乘客"看起来已经死了"。经证实，Williams精疲力竭的心脏导致了他的死亡。（这幢丑闻在纳什维尔影响十分恶劣：病理学家出具的验尸报告显示Williams的心脏和脖子上都有出血，而死因则被简单地归结为"右心室急性扩张"。报告宣称他体内有一些酒精，没有毒品。）1月4日，很多人前去参加他的葬礼，场面之大实属百年难遇。

Hank Williams和Robert Johnson（见第8页）构成了摇滚的DNA。

右图 即将与Audrey May Sheppard结婚的Hank Williams，摄于1944年12月。

JOHNNY ACE
(John Marshall Alexander, Jr.)
俄罗斯轮盘赌

生于：1929年6月9日

卒于：1954年12月25日

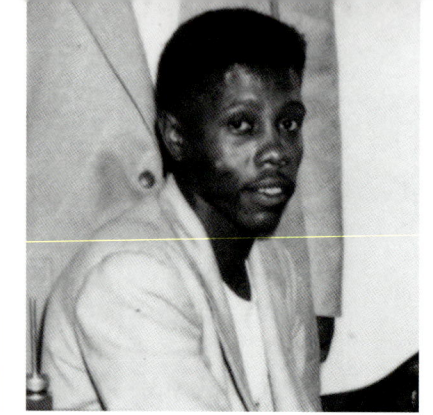

他是第一位摇滚殉道士，是英年早逝的英俊小生。John Marshall Alexander, Jr.50年代初在孟菲斯的黑人电台WDIA中加入了Teen-Town Singers。与B. B. King的一次会面让他成为了B. B. King乐队The Beale Streeters的主唱和钢琴手，随后他改名Johnny Ace，并单飞发展。他凭借忧伤的嗓音很快成为了一位成功的R&B抒情歌手，并推出了出道歌曲"My Song"、"Cross My Heart"、"The Clock"、"Saving My Love For You"和"Pledging My Love"等一系列热门单曲，其中（去世后发行的）"Pledging My Love"曾连续十周占据公告牌排行榜（Billboard）的冠军宝座。

和本书中收录的众多早逝一样，Johnny Ace的去世是完全可以避免的。在休斯敦的城市礼堂（City Auditorium）完成一场圣诞节演出之后，Ace在后台与Big Mama Thornton等艺人一起喝酒。当时，一向喜欢枪支的Ace膝上坐着女友，并掏出一把.22口径的手枪，瞄准在场的两个人并扣动了扳机，两次都没有射出子弹。然而，当他把枪口对准自己时，却引发了悲剧；据说Ace在宣称"我来给你们展示一下，不会打出子弹的"之后扣动了扳机，他射中了自己的头部并当场死亡。五千人参加了他在孟菲斯克雷伯恩坦普（Clayborn Temple）AME教堂举行的葬礼。

一系列致敬唱片纪念了摇滚乐坛第一位过早陨落的明星，如The Rovers的"Salute To Johnny Ace"和The Five Wings的"Johnny's Still Singing"。近三十年之后，Paul Simon从这一事件中汲取灵感创作了"The Late Great Johnny Ace"，这首歌还致敬了另外一位死在枪口之下的John——Lennon。

下图 Johnny Ace（左一）、布鲁斯吉他手B. B. King（左三）、萨克斯风手（右三）和歌手 Big Mama Thornton（右二）在1953年的一场演唱会上和其他艺人一同合影。

BUDDY HOLLY
(CHARLES HARDIN HOLLEY)
坠机

生于：1936年9月7日

卒于：1959年2月3日

和Chuck Berry一样，Buddy Holly是第一批摇滚音乐人中最具影响力的创作人和歌手。他最早做乡村音乐，但1955年在家乡拉伯克（Lubbock）观看了一场Elvis Presley的演出之后，转投乡村摇滚（rockabilly）——并取得了超凡的成就。

从"That'll Be The Day"（1957年9月的公告牌公告榜冠军）开始，他创作了一系列无懈可击的流行金曲。既有快节奏的摇滚歌曲（"Oh Boy!"、"Rave On"），又有舒缓的抒情歌曲（"Words Of Love"、"Raining In My Heart"）。他对形式的掌控炉火纯青，他的创作则启发了大量音乐人，包括The Beatles、The Rolling Stones这样的优秀创作团体。两支乐队都翻唱过Holly的歌曲——The Rolling Stones对"Not Fade Away"动感十足的演绎令人难忘——Paul McCartney后来买下了Holly作品集的版权。事实上，The Beatles就是受到Holly的伴唱乐队The Crickets的启发才取了这样一个与昆虫有关的名字【译注：Cricket意为蟋蟀，Beatle意为甲虫】。不过，Holly创作的歌曲只是他丰富音乐遗产的一部分。他是第一位使用芬达牌（Fender）Stratocaster电吉他的大明星，英国传奇吉他手Hank B. Marvin就是在他的启发下也购买了相同型号的吉他。Holly戴眼镜的朴实外表也为John Lennon、Elvis Costello、Jarvis Cocker和Eels成员E等"时尚宅男"风格流行明星的崛起做了铺垫。

1959年，Holly的事业在走下坡路——前一年10月他与The Crickets分道扬镳——迫于经济压力，他踏上了巡演的征程，谁知这场巡演竟成为了他人生最后的演出。欲知详情请翻页继续阅读"音乐死去的那一天"。

上图 Buddy Holly和The Crickets在纽约为"艾德·苏利文秀"（The Ed Sullivan Show）演出，摄于1957年12月1日。

去世人员名单

BUDDY HOLLY
(Charles Hardin Holley)
生于：1936年9月7日

THE BIG BOPPER
(Jiles Perry Richardson, Jr.)
生于：1930年10月24日

RITCHIE VALENS
(Richard Steven Valenzuela)
生于：1941年5月31日

上图 "冬日舞会"巡演最后几场演出之一的海报。四天之后，三位参加巡演的主要音乐人在空难中丧生。

摇滚音乐尚在蹒跚学步，就第一次尝到了悲剧的滋味。这一事件在摇滚历史上一直具有特别的意义。

1959年1月23日，囊中羞涩的Buddy Holly作为主要表演艺人开始了一场名为"冬日舞会"（Winter Dance Party）的巡演，他计划在美国中西部举办二十四场演出，并希望借巡演的收入缓解他的经济压力。和他一同巡演的还有Ritchie Valens（两面都收录经典歌曲的"Donna"/"La Bamba"让他在当时处于如日中天的状态）、The Big Bopper（他的作品"Chantilly Lace"1958年在排行榜上最高排到第六名）、Dion And The Belmonts（即将凭借"A Teenager In Love"取得突破）和Frankie Sardo（凭借"Fake Out"取得成功）。此前一年，Holly为了集中精神创作制作音乐和The Crickets分道扬镳，因此，他在此次巡演中启用了一支新的伴唱乐队，未来的乡村明星Waylon Jennings就在其中演奏贝斯。

2月1日，在威斯康星州格林湾（Green Bay）的演出因天气恶劣而取消，但是第二天在爱荷华州的科利尔湖（Clear Lake）还有一场演出。天气异常寒冷，Belmonts的贝斯手Carlo Mastrangelo在冲浪舞厅（Surf Ballroom）的演奏会上取代了Holly冻伤脚的鼓手Carl Bunch。巡演大巴曾一度出现故障，空调停止工作后，他们只能在车内走廊里烧报纸取暖。

因此，几位心情沮丧的巡演成员决定一人出三十六美元乘坐四座比奇幸运（Beechcraft Bonanza）飞机前往下一个巡演地点——明尼苏达州的穆尔黑德（Moorhead）。Valens通过和Holly的吉他手Tommy Allsup抛硬币得到了一个位置，Waylon Jennings则在最后一分钟把自己的位子让给了（当时在发烧的）The Big Bopper。听到这个消息之后，Holly和这位贝斯手开玩笑说道："好啊，那祝你那破巴士冻在半路上。"

Jennings的回复则让他即便在多年后都无法释怀："好啊，祝你的飞机半路坠毁。"

1959年2月3日凌晨1点，从梅森城市机场（Mason City Municipal Airport）起飞之后，这架比奇幸运N3794N很快遇上了一场遮天蔽日的暴风雪。在极其恶劣的天气条件下，飞行员Roger Peterson开始误读飞机上的陀螺仪。飞机在空中仅仅停留了几分钟就——以每小时一百七十英里的时速——坠毁在机场西北方向五英里外的玉米地中，机上人员无一生还。飞机坠毁时产生了巨大的冲击力，三位明星的遗体都被甩出了机舱；有关部门很快部署了看守，防止群众围观。

Holly在事故发生前一个月推出了Paul Anka创作的"It Doesn't Matter Anymore"，这首歌在他去世之后登上了英国榜榜首，Eddie Cochran则在他的单曲"Three Stars"中向这位去世的摇滚歌手深情致敬（Holly生前是他的朋友，因此，在演唱完有关Holly的歌词之后Cochran几近哽咽）。Don McLean的作品"American Pie"忧伤地反思了摇滚，回想了"音乐死去的那一天"，这首常被播放的歌曲是对Holly最长久的纪念。

左图 Buddy Holly、The Big Bopper、Ritchie Valens乘坐的飞机起飞后很快便坠毁。

右图 尽管有记者和摄影师赶往事故现场，但现场很快部署了守卫，阻止好事者围观。

EDDIE COCHRAN
(Edward Ray Cochrane)
车祸造成的头部受伤

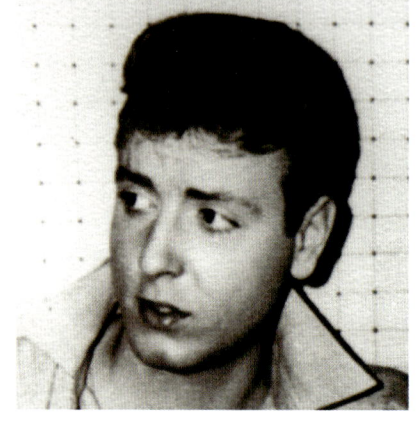

生于：1938年10月3日

卒于：1960年4月17日

Elvis是一位偶像，但他不懂歌曲创作。然而，在他之后，有一系列著名的摇滚歌手证明他们不仅外表英俊还能创作经久不衰的热门歌曲——Eddie Cochran就是其中最优秀的音乐人之一。

和另一位摇滚歌手Buddy Holly一样，Cochran最早在一个两人组合中表演当时的乡村金曲（一开始是与乡村歌手Connie "Guybo" Smith合作，之后则是与和他没有血缘关系的Hank Cochran组成了The Cochran Brothers）。后来在Elvis的启发下，他转投乡村摇滚并最终彻底成为摇滚歌手。

他的第一首榜单前二十歌曲是对D. Loudermilk作品 "Sittin' In The Balcony" 的翻唱，但是振奋人心的 "Twenty Flight Rock" 更能体现Cochran的风格，这首歌在1956年的摇滚音乐电影《春风得意》（The Girl Can't Help It）中被用作配乐——影片标题中提到的女孩就是身姿曼妙的金发女郎Jayne Mansfield。（次年7月，Paul McCartney参加John Lennon乐队Quarrymen的面试时用的就是这首歌曲。）

50年代末，Cochran推出了一系列经典单曲，这些歌曲成为了世界各地青少年生活的重要组成部分。"Summertime Blues"（1958，公告牌排行榜第八名）、"C'mon Everybody"（1959，英国榜第六名）、"Somethin' Else"（1959）等歌曲中时尚前卫、观察入微的歌词能引起年轻人的共鸣，Cochran极具紧迫感的吉他演奏是这些歌曲背后的驱动力。这些歌曲历久弥新——Blue Cheer和（更著名的）The Who在嬉皮年代演唱过劲爆版的 "Summertime Blues"，十年之后，Sex Pistols（Sid Vicious演唱）出人意料地忠实翻唱了 "C'mon Everybody" 和 "Somethin' Else"：这两首歌都成为了英国榜季军。

1960年，Cochran和Gene Vincent的英国巡演反响极其火爆——多年后，传奇DJ John Peel表示在利物浦帝国剧院（Liverpool Empire）见到Cochran是他一生最激动的经历——一场新的巡演很快被提上日程，不过Cochran应该先回美国休整两周。1960年4月17日，结束在布里斯托尔剧院（Bristol Hippodrome）的演出之后，Cochran、Vincent和Cochran的未婚妻Sharon Sheeley（"Somethin' Else" 的创作人之一）乘出租车回伦敦。结果这辆福特·康索尔（Ford Consul）在切本哈姆（Chippenham）附近高速行驶时爆胎，撞上了一个混凝土灯柱。Sheeley盆骨骨折；Vincent锁骨骨折。先撞上车顶随后被丢出窗外的Cochran则没有那么幸运：复活节下午4点，他在巴斯（Bath）的圣马丁医院（St. Martin's Hospital）因脑撕裂去世。十六岁的警校学生David Harman是第一批赶到现场的人之一，他就是后来的Dave Dee, Dozy, Beaky, Mick, and Tich的成员Dave Dee。有传言说Harman将Cochran著名的格雷奇（Gretsch）吉他从车祸现场抢救了出来，在警察局弹奏了一会儿之后才还给Cochran的母亲。

1960年4月25日，Eddie Cochran被葬于加州赛普里斯（Cypress）的森林草地墓园（Forest Lawn Cemetery），不过同年6月他又收获了一首英国榜冠军。什么歌呢？歌名就叫做 "Three Steps To Heaven"（意为"三步上天堂"）。

右图 Eddie Cochran与未婚妻Sharon Sheeley，在1960年杀死Cochran的事故中，Sheeley得以幸存。

SAM COOKE
(SAMUEL COOK)
中弹身亡

生于：1931年1月22日

卒于：1964年12月11日

极度英俊、嗓音丝滑、超群的创作能力、精明的商业头脑——Sam Cooke确实方方面面都无可挑剔。在他英年早逝之前，Cooke已经成为美国最鼓舞人心的黑人之一。

Cooke很小就开始了他的歌唱事业。六岁起，他就作为福音三人组The Singing Children的成员在父亲工作的浸信会教堂唱歌，因此，福音音乐的深情和热烈对他的歌唱风格有着深远的影响；进入高中之后，他加入了福音乐团The Highway QCs。最终让他显露锋芒、扬名立万的是——1950年加入的——传奇福音组合The Soul Stirrers。极具个人魅力的Cooke凭借他英俊的外表和深情的嗓音吸引了大批女性参加他的演唱会。50年代中期，他已成为福音界的巨擘。然而不久之后，他决心为了更高的经济回报闯荡世俗世界。

在Specialty Records公司走过一段弯路之后，他转投Keen Records并推出了第一首热门歌曲"You Send Me"。他于1959年创立自己的厂牌SAR Records（与福音和流行组合合作），在60年代早期推出了"Chain Gang"、"Cupid"、"Twistin' The Night Away"和"Bring It On Home To Me"等大量热门歌曲——全都由Cooke创作。1960年1月，RCA唱片与这位冉冉升起的明星签约。不过，在双方就版税声明发生争议之后，Cooke聘请了以锱铢必较（以及他在The Beatles解散时所扮演的角色）闻名的Allen Klein。

Cooke的音乐成就不仅仅是转瞬即逝的流行歌曲。他热爱——并且翻唱了——Bob Dylan的作品"Blowin' In The Wind"并把这首歌当成一个挑战：毕竟，是Cooke的族人所受到的压迫引发了民权运动。他创作了自己的激昂乐章——"A Change Is Gonna Come"——这首与Dylan心心相印的歌曲是对种族平等充满激情的呼吁。这首歌在Cooke去世之后走红。

Sam Cooke的去世突然、意外又神秘。1964年，回洛杉矶过圣诞假期时，Cooke与他当天在餐馆遇见的年轻女孩Elisa Boyer一起入住了位于瓦茨区（Watts）菲格罗亚街（Figueroa Street）9131号的大庄园汽车旅馆（Hacienda Motel）。Boyer二十出头，可能是"特殊职业从业者"。入住之后，Boyer身披Cooke的衣服逃出房间，半裸（烂醉）的Cooke则在后面追赶。Cooke认为旅馆经理（Bertha Franklin）是Boyer的同谋，所以用肩膀撞开门冲进了她的办公室，问她Boyer的下落。Franklin让他报警，可是Cooke完全没有心情和她理论，搜遍Franklin公寓的厨房之后，他又回到办公室抓住她的肩膀摇晃。扭打一阵之后，Franklin拿起了她.22口径的左轮手枪并扣动了扳机。第一发子弹打中了天花板。此后Franklin又连开两枪，其中第二颗子弹穿过了Sam Cooke的肺、心脏和肩胛骨。然而，根据Franklin的说法，此时Cooke依然试图攻击她，因此她又在他头上打断了一根棍子。Cooke当场毙命。

Cooke是不是真的像Boyer所说的一样想要强奸她？她有没有抢他的财物？他是不是被谋杀的（在殡仪馆看到过Cooke的遗体的灵魂歌手Etta James证实Cooke看起来被打得很惨）？

鉴于没有目击者，这些问题的答案我们永远无从得知，有关他去世的一些令人难堪的细节被保密数年，连他的近亲都蒙在鼓里。

Sam Cooke的过早离开让社会各界，尤其是黑人社群为之哀恸。（包括Muhammad Ali和Smokey Robinson在内的）六千名歌迷在刺骨寒冬中出席了他的葬礼，向他们的偶像做最后的致意。

左图 1957年，Sam Cooke在"艾德·苏利文秀"（The Ed Sullivan Show）上演出。

BILL BLACK
(William Patton Black, Jr.)
脑肿瘤手术之后未能脱离昏迷状态

生于：1929年9月17日

卒于：1965年10月21日

50年代初，田纳西小伙Bill Black和Scotty Moore都是The Starlight Wranglers的成员，分别演奏大提琴和吉他。当时，孟菲斯厂牌Sun Records（太阳唱片）的老板Sam Phillips认为他们很适合为他新发掘的新星Elvis Presley伴唱。Black对这位年轻人的第一印象不温不火——"他没有给我留下什么深刻的印象。这里常有脸上还挂着鼻涕的年轻人穿着疯狂的衣服进进出出。"当时的他没有想到，他们日后会联手打造摇滚乐坛最具影响力的三人组。1954年7月5日，三人在Sun Records的录音棚翻唱了Arthur Crudup的布鲁斯作品"That's All Right（Mama）"，他们乡村摇滚风格的演绎大放异彩。他们随后又推出了快节奏的标准乡村歌曲"Blue Moon Of Kentucky"——这张单曲收录的两首歌让Elvis的事业和摇滚体裁开始腾飞。

> "他没有给我留下什么深刻的印象，这里常有脸上还挂着鼻涕的年轻人穿着疯狂的衣服进进出出。"

Elvis的地位刚刚开始极速上升时，Bill和Scotty与他一同巡演，Black热力四射的搞笑表演，如像骑马一样骑他的低音提琴，与Elvis性感的舞台动作相得益彰。"Elvis其实是一个怪胎，很多人第一次见到他的时候都感到震惊，"Scotty Moore后来回忆道，"但是Bill的搞怪让他们放松。"Elvis的经纪人Colonel Tom Parker不仅只给两人开出低得可怜的薪水，还在1958年劝他们退出（可能是担心Black的舞台表现力会掩盖Elvis的光芒）。此后，这位大提琴演奏家组建了The Bill Black Combo，六年内录制了十四张专辑（总销量达到五百万张）。

不幸的是，Black于1965年被诊断出患有脑肿瘤。把乐队交给吉他手Bob Tucker之后，他经历了三场手术。1965年10月8日最后一场手术之后，他陷入昏迷，并于两周之后在孟菲斯浸信会纪念医院（Memphis' Baptist Memorial Hospital）去世。十二年之后，Elvis的尸检也是在这家医院进行的。

右图　1962年，Bill Black与The Bill Black Combo一同演出。

幕后故事

DEWEY PHILLIPS
心脏病突发

生于：1926年5月13日

卒于：1968年9月28日

上图 1956年某期节目结束之后，DJ Dewey Phillips和Elvis、Natalie Wood合影。

20世纪50年代早期，DJ Dewey "Daddy-O" Phillips在孟菲斯WHBQ电台的节目"红、热、蓝"（Red, Hot, And Blue）中将当时最火爆的现代黑人音乐作品介绍给了大量白人观众。Phillips别具一格的幽默感、热情和无法预测的举止让他深受听众喜爱。他的节目历时三小时，每周有六个晚上播出，最多的时候一周能收到三千封来信。

他是Sun Records老板Sam Phillips（两人没有血缘关系）的好友。Sam将Sun Records旗下新人Elvis Presley的首张单曲交给了Dewey。1954年7月10日晚9点半左右，Dewey播放了"That's All Right（Mama）"。由于接到大量听众的电话，他又将这首歌重播了两遍。最终，Dewey通过Elvis的父母把Elvis拖进了WHBQ，并在深夜对他进行了第一次采访。两人此后多年都是好友，直到Dewey在好莱坞拜访猫王时偷走了他尚未发行的单曲"Teddy Bear"并在节目中播放。Elvis的厂牌RCA唱片和Elvis本人对此都非常愤怒，两人的关系随之冷却。

Phillips在电波中的种种怪癖开始侵略他的日常生活，只有靠药物（安非他命【译注：一种中枢兴奋药及抗抑郁症药。因静脉注射或吸食具有成瘾性，而被大多数国家列为毒品】，以及因曾两次在车祸中受伤而服用的止痛药）和酒精才能缓解。他于1958年被解雇，作为DJ的最后一场表演则在田纳西州的米林顿（Millington）惨淡结束：他在服用大量抗抑郁药品之后的说唱表演被观众认为过于混乱。

Dewey Phillips年仅四十二岁时死于心脏病突发。他的葬礼在孟菲斯殡仪馆（Memphis Funeral Home）举行。尽管两人的关系已经疏远，Elvis还是到场向第一个在广播上播放他歌曲的人致以最后的敬意。

OTIS REDDING
(OTIS RAY REDDING)
坠机

生于:1941年9月9日

卒于:1967年12月10日

热门摇滚遗作之中,"(Sittin' On) The Dock Of The Bay"是最不具代表性的作品之一——这首忧伤的歌曲与Otis Redding著名的R&B风格相去甚远。其中的口哨声(因缺失最后一段歌词而即兴加入)与歌手的尸体从威斯康星莫诺纳湖(Lake Monona)中被拖出的画面形成了鲜明的对比。

Redding留下了丰富的音乐遗产。他创作了"Respect"——经Aretha Franklin演唱后成为不朽金曲——并在音乐报纸《旋律制造者》(Melody Maker)的读者调查中被选为"最佳歌手"(Best Vocalist),结束了Elvis对这一称号的垄断。从Peter Gabriel到The Rolling Stones,很多音乐人都受到了他的启发。他对"Try A Little Tenderness"的演绎精彩绝伦,还创作了"Hard To Handle"——The Black Crowe就是凭借翻唱这首歌曲走红的。

1967年6月,Redding为The Beatles包罗万象的作品《Sgt. Pepper's Lonely Hearts Club Band》深深着迷。随后,他以之为灵感与吉他手Steve Cropper一起创作了歌曲"Dock Of The Bay"。12月,Redding与他的乐队登上了一架飞往威斯康星的飞机。除了号手Ben Cauley之外,机上所有人员均在——原因不明的——坠机事故中丧生。Cauly因没有落入湖中而逃过一劫,莫诺纳湖冰冷的湖水吞噬了所有其他乘客。次日,Redding的遗体从湖里被打捞出来。他去世时年仅二十六岁。

Redding的葬礼在家乡梅肯(Macon)举行,他的遗体被安葬在佐治亚的朗德奥克(Round Oak)。"(Sittin' On) The Dock Of The Bay"成为了Redding最热门的歌曲,也是美国第一首登上榜单冠军宝座的音乐人遗作。从Talking Heads到Christina Aguilera,很多音乐人都承认受到了他的影响。

"他是一个纯粹的人,"Steve Cropper说道,"你根本没法说他的坏话。"

右图 1967年1月,Otis Redding在没有事先预告的情况下突然造访了纽约的亨特学院(Hunter College)。

BRIAN JONES
(Lewis Brian Hopkin-Jones)
溺水

生于：1942年2月28日

卒于：1969年7月3日

Brian Jones是The Rolling Stones的创始成员之一，他早期负责寻找演出机会，并为乐队贡献了名字（来自一首Muddy Waters的歌曲）和他精彩绝伦的吉他和口琴演奏。这位前切尔滕纳姆文法学校（Cheltenham Grammar School）的学生拥有清纯的气质和一头华丽的金色卷发（60年代中期的潮男发型，后来被The Byrds效仿），The Rolling Stones早期的性感魅力和坏小子的名声都来自于他。（"［1964年］他是乐队里最有魅力的成员，"The Rolling Stones的摄影师Gered Mankowitz回忆道，"是乐队的明星。"）他有小偷小摸的前科（后来成为早期Jones标志的条纹毛衣就是他从另外一个Brian——The Pretty Things成员Brian Pendleton，当时是Jones的室友——的衣柜里偷来的）。十七岁时——在他离开家乡前往伦敦之前——他就已经成为了两个孩子的父亲；在他去世时，已知的Jones子嗣达到五人。

Jones是一位才华横溢的音乐家，他向早期的The Rolling Stones作品中加入了精彩的吉他滑奏（在"I Wanna Be Your Man"中令人刺痛；在"Little Red Rooster"中慵懒诱人）和马林巴琴（marimba，"Under My Thumb"）、精巧的阿巴拉契亚扬琴（dulcimer，"Lady Jane"、"I Am Waiting"）、充满异域风情的锡塔琴（sitar，"Paint It, Black"）等乐器的演奏【译注：马林巴琴是一种木质乐器，类似木琴，将木制琴键置于共鸣管之上，以琴棒敲打以产生旋律，但琴键较木琴阔，音域较低，音色圆润；阿巴拉契亚扬琴是一种弦乐器，一般有三到四弦，起源于美国阿巴拉契亚地区；锡塔琴是印度一种长颈诗琴，形似吉他，用作印度古典音乐乐器，20世纪50年代起也开始作为流行音乐中的乐器使用】。然而，随着Mick Jagger和Keith Richards的创作合作快速成长，Jones不得不交出了乐队的领导权：乐队地位的下降和越来越深的毒瘾（以及好几次不甚愉快的突击毒品检查）严重地动摇了他脆弱的自信——影响了他的音乐技艺。女友离开他与Richards在一起的事实更是严重打击了他的自尊——不过Jones此前对Pallenberg的反复虐待让他毫无挽留的筹码。

1968年，The Rolling Stones在专辑《Beggars Banquet》中经历了一场艺术复兴，在这张专辑中，Jones的存在感极其微弱。他曾在录音棚里问Mick Jagger，"我能弹点什么？""Brian，我不知道，"Jagger的回答相当尖刻，"你还能弹点什么？"1969年，状态起伏、精疲力竭的Jones被迫离开The Rolling Stones。

时代巨星的陨落总是伴随着大量的阴谋论，Brian Jones的去世亦是如此。1969年7月3日午夜时分，他在考奇福德农场（Cotchford Farm，Jones位于苏塞克斯郡的宅邸，曾属于《小熊维尼》[Winnie the Pooh]的作者A. A. Milne）游泳，随后在游泳池中溺亡；他的女友Anna Wohlin发现他在深水区面朝下漂浮在游泳池中，但她坚持Jones被从水中救出时并没有死亡。确实，Jones是哮喘病人，而且体内有毒品和酒精——验尸官因此判断他是"意外死亡"。然而他也是一位游泳好手……

有传言说，1993年一位事发当晚在现场的施工人员Frank Thorogood在临死前承认是他强行将Jones按在水下并将他杀死（他一向不喜欢Jones，而Jones当晚还批评了他的工作）。然而这并没有平息种种传言。正如Keith Richards多年后的评论："这就像寻找杀死Kennedy的凶手一样，真相永远无法水落石出。"

右图 Brian Jones身着标志性的条纹毛衣在伦敦亚历桑德拉宫（Alexandra Palace）演出。

被诅咒的乐队
THE TEMPTATIONS

PAUL WILLIAMS
自杀
生于：1939年7月2日
卒于：1973年8月17日

ELBRIDGE BRYANT
因酗酒引起的肝硬化
生于：1939年9月28日
卒于：1975年10月26日

DAVID RUFFIN
（Davis Eli Ruffin）
药物过量
生于：1941年1月18日
卒于：1991年6月1日

EDDIE KENDRICKS
（Edward James Kendrick；
后来也称Eddie Kendrick）
肺癌
生于：1939年12月17日
卒于：1992年10月5日

他们创造了Motown（摩城唱片）最辉煌的时刻。但是想要长命百岁的歌手最好还是远离The Temptations为妙。在Motown内部的创作天才Smokey Robinson的帮助下，这个五人组合从60年代中期开始推出了一系列经典单曲，包括公告牌排行榜冠军"My Girl"（1965）、"Ain't Too Proud To Beg"和"（I Know）I'm Losing You"（都是1966年发行的）。随后，在制作人Norman Whitfield的引导下，他们改换方向，走Sly Stone的风格，推出了一系列迷幻灵魂金曲，著名的包括"Cloud Nine"——对现代社会进行了煽动性描写——和"Ball Of Confusion（That's

左图 60年代中期拍摄的The Temptations合影。左起：Melvin Franklin、Paul Williams、Eddie Kendricks、David Ruffin和Otis Williams。

右图 The Temptations入选摇滚名人堂（Rock And Roll Hall Of Fame）时的演出。

What The World Is Today）"（同是1969年出品）；"Papa Was A Rollin' Stone"中Whitfield精彩的制作让乐队于1972年12月再度收获一首美国榜冠军作品。

男中音兼编舞Paul Williams于1971年退出乐队，当时他身患镰状细胞性贫血和肝脏疾病，滥用酒精和毒品更是雪上加霜。两年之后，人们在Motown办公室附近的停车场中发现他在自己的车中死亡。疾病缠身、个人问题和欠税八万美元让他倍感抑郁，饮弹自尽。然而，他的家人不同意这种说法：子弹从左边射入Williams的头部，而他本人惯用右手。

60年代，The Temptations早期一些知名度有限的作品中都有Elbridge Bryant的男高音，但是酗酒引起的情绪波动很快让他成为了乐队的拖累。1963年他在Williams脸上打碎一个玻璃瓶——差点伤了眼睛——并随后因此被乐队解雇（David Ruffin顶替了他的位置）。1975年10月，Bryant因多年饮酒无度引起的肝硬化去世。

Motown对待旗下艺术家的方式令David Ruffin十分失望，1968年他离开David Ruffin，追寻更具灵魂风格的发展方向。然而，他的单飞事业以失败告终。1982年，他再次开始与The Temptations一同巡演。1989年，他因为持有霹雳可卡因（crack cocaine）而被捕；两年之后，他在一个毒品站（crack house）吸毒过量；昏迷不醒的他被一辆豪华轿车送到宾夕法尼亚大学医院并随后去世。Ruffin入院时用公文包携带的价值四万美元的支票和现金神秘消失，最终是他的朋友Michael Jackson出资为他在底特律的新圣地浸信会教堂（New Bethel Baptist Church）举行了葬礼。

麻烦缠身的男高音Eddie Kendrick担任Ruffin的护柩人，却因为拖欠前妻Patricia两万六千美元子女抚养费在葬礼现场被逮捕。同年晚些时候，他动手术切除了癌变的右肺（Kendricks是烟龄三十年的老烟枪），然而手术不过是推迟了不可避免的结局。1992年10月5日，他在阿拉巴马伯明翰（Birmingham）的浸信会医疗中心（Baptist Medical Center）因肺癌去世。

补充了新的歌手之后，不同版本的The Temptations至今仍依仗着人们的怀旧情绪举行巡演，不过乐队的创始成员已所剩无几。（从1961年组团开始到1997年，共有十八人参加过Temptations。）1995年2月23日Melvin Franklin（男低音）在洛杉矶的雪松-西奈医疗中心（Cedars Sinai Medical Center）因心力衰竭去世之后，在世的The Temptations原始成员只剩Otis Williams一人。

JIMI HENDRIX
(JOHNNY ALLEN HENDRIX;
1945年改名为JAMES MARSHALL HENDRIX)

窒息

| 生于：1942年11月27日 |
| 卒于：1970年9月18日 |

Hendrix出生在西雅图，年轻的他在得到第一把吉他之前——一把价值五美元的原声吉他——就能演奏尤克里里（ukelele）和口琴。（从他的第一把吉他开始，惯用左手的Hendrix就选择适合右撇子的琴，重新上弦后反过来演奏。）50年代末他作为The Rocking Kings的成员转弹电吉他，然而1960年不到法定参军年龄的Hendrix暂别音乐，加入了肯塔基州坎贝尔堡（Fort Campbell）的第101空降师（101st Airborne Division）。他的军旅生涯十分短暂——跳伞时脚踝和背部受伤让他提前退伍。

60年代早期，Hendrix为The Isley Brothers、Little Richard等大量已经成名的音乐人伴奏，并提高了自己的音乐技艺（Little Richard厌恶这位年轻吉他手的舞台表演并因此解雇了他）。他曾在Curtis Knight的R&B乐队中短暂停留，随后创建了Jimmy James And The Blue Flames并凭借在格林威治村（Greenwich Village）哇咖啡（Café Wha?）的演出吸引了前The Animals贝斯手Chas Chandler的注意，Chandler立刻主动要求担任Hendrix的经纪人。1966年9月23日，两人乘飞机前往伦敦；路上，Hendrix的名字从Jimmy变成了Jimi。

随着贝斯手Noel Redding（他此前在其他乐队主要弹吉他，但是为了与Hendrix合作改弹贝斯）和受爵士风格影响的鼓手Mitch Mitchell的加入，The Jimi Hendrix Experience正式诞生并很快将众多伦敦流行天王斩落马下。为了让Hendrix前往伦敦，Chandler表示可以介绍（被当时著名的涂鸦誉为"吉他之神"的）吉他手Eric Clapton给他认识，随后，在Chandler的协调下，Clapton的乐队Cream在中伦敦理工学院（Polytechnic of Central London）演出时让名不见经传的Hendrix上台即兴演出。此后，新一代"吉他之神"的上位指日可待。"他用牙齿（弹吉他），把吉他放在地下，在脑袋后面弹，劈叉，简直难以置信，"Clapton回忆道。

The Jimi Hendrix Experience在潮人聚集的一袋钉俱乐部（Bag O'Nails）的演出结束之后——The Beatles、The Small Faces、The Rolling Stones的多位成员、The Who的Pete Townshend以及Clapton都在台下观看——歌手Terry Reid在洗手间外面碰到了Brian Jones。"前面到处都是水，"Jones说道，"都是吉他手痛哭的眼泪！"Hendrix在舞台上的一些动作——胯部的前后移动，用他的吉他和扩音器"交欢"（"他的动作就像被蜘蛛惹毛了的猫一样，"Motörhead的主唱以及Hendrix的前任巡演器材管理员Lemmy回忆道）——在当时性感大胆，他的个人魅力也吸引了大量女歌迷。

Hendrix的出道单曲是对谋杀民谣（murder ballad）【译注：谋杀民谣是传统民谣体裁的一个亚种，歌词描述谋杀事件的前因后果】舒缓性感的演绎，这首歌1966年1月16日发行，打进了英国榜前十名；续作"Purple Haze"则是极致迷幻风格，拥有喧闹的鼓点、颓丧的伴唱和粗犷的独唱；单曲"The Wind Cries Mary"放慢了节奏，Hendrix几乎是低吟着唱完了整首歌曲。出道专辑《Are You Experienced》（1967）拥有令人激情澎湃的"Manic Depression"、迷幻的同名歌曲和慢热的布鲁斯作品"Red House"；专辑在英国榜最高排到第二名。到达英国仅几个月时间，Hendrix就让当地的流行乐坛天翻地覆。美国，正翘首期盼。

当时的Hendrix在乐坛已极具影响力：Paul McCartney曾敦促蒙特利尔国际流行音乐节（Monterey International Pop Festival）的组织者请他参加1967年6月举行的演出，后来在演出上介绍Hendrix乐队的则

右图 1969年5月30日，Jimi Hendrix在夏威夷怀基基（Wakiki）演奏芬达牌（Fender）Stratocaster电吉他。

是Brian Jones。Hendrix的表现十分惊艳，毫无保留地展示了他的所有招式（并在演出的最后烧掉了他的吉他，这一事件知名度很高），震撼了在场观众。这场表演是他进军美国市场的完美跳板。第二张专辑《Axis Bold As Love》（1967）是公告牌公告榜季军，他在1968年的大碟《Electric Ladyland》（英国榜第六名，美国榜冠军）中对Bob Dylan作品"All Along The Watchtower"的大胆翻唱让他收获了一首公告牌第二十名热门歌曲。

然而，成功带来了不满足。观众们依然青睐最初为Hendrix赢得关注的早期舞台表演，而这位吉他手则希望能够凭借音乐的质量得到欣赏。（"我再也不想做小丑了，"1969年11月接受《滚石》杂志［Rolling Stone］时他说道。）另外，Hendrix早早就迷上了迷幻药。

"他的动作就像被蜘蛛惹毛了的猫一样。"

他的毒瘾在1968年和1969年期间进一步恶化，甚至开始吸食可卡因以及其他伤害更大的毒品（1969年5月，他因持有海洛因在加拿大被捕）。他还高调醉酒，撞毁多辆汽车。这位愈发不可靠的吉他手和他身边越来越多的溜须拍马之人让Chas Chandler十分失望，他随即辞去了经纪人的职务，不久Noel Redding也选择离开，此后The Jimi Hendrix Experience很快解散。

Hendrix是60年代最大的音乐盛事伍德斯托克音乐节（Woodstock）出场费最高的音乐人（十二万五千美元）。1969年8月18日，在临时乐队Gypsy Sun And Rainbows（成员包括Hendrix的老战友Billy Cox和The Jimi Hendrix Experience的鼓手Mitch Mitchell）的伴奏下，Hendrix对"The Star Spangled Banner"进行了令人瞠目结舌的精彩演绎；他在表演过程中模仿了警报声、尖叫声和炸弹爆炸的声音，影射了当时美国国内民权运动的紧张局势和遥远的越南战争。这是他最后的辉煌。

1970年9月16日，Hendrix在伦敦苏豪区Ronnie Scott的爵士俱乐部与Eric Burdon的乐队War一同进行了一场小型的演奏会，这也是他一生的最后一场演出。两天后，他在伦敦参加前The Monkees成员Mike Nesmith的派对（The Jimi Hendrix Experience曾为广受青少年流行音乐爱好者热爱的The Monkees伴唱，这也是流行乐坛最伟大的混搭之一）。随后，他回到了与当时的女友Monika Danneman同住的撒马尔罕酒店（Samarkand Hotel），吃金枪鱼三明治和聊天。入睡以前，他服用了九颗镇静药西可巴比妥（Vesparax，半颗是正常用量）。第二天早晨，Danneman醒来之后发现Hendrix半夜呕吐过。她没有放在心上，出门抽烟，回来之后才发现Hendrix已经停止了呼吸。惊慌失措的Danneman先给Eric Burdon打了电话，然后才叫救护车，然而，Jimi Hendrix刚到达圣玛丽阿伯特医院（St. Mary Abbot's Hospital）就被宣布死亡——根据验尸官的说法，死因是"因巴比土酸盐中毒而吸入呕吐物"。

Hendrix的死不出意料地引来了流言和猜测。Danneman一开始声称到达现场的急救人员没有对Hendrix做出正确救治，导致他因自己的呕吐物而窒息。后来，有证据显示Danneman没有及时叫救护车才是问题所在，她的很多说法也遭到了质疑或被证明不实。1996年Danneman自杀，真相也与她一同被永远埋葬。

他要求被葬在英格兰——他声名鹊起的地方——但是Jimi Hendrix最终安息在位于华盛顿州伦顿市（Renton）的格林伍德纪念公园（Greenwood Memorial Park）。

右图 1970年，即将走到人生尽头的Jimi Hendrix在加利福尼亚演出。

JANIS JOPLIN
(JANIS LYN JOPLIN)
药物过量

生于：1943年1月19日

卒于：1970年10月4日

和很多特立独行的摇滚音乐人一样，Janis Joplin从小就与世界格格不入；爱上音乐之前，她在绘画和诗歌中寻找安慰。60年代初，她在奥斯汀、休斯敦和西海岸的各个夜店之间辗转，参与过旧金山和纽约短暂的民歌热潮，吸食安非他命成瘾并险些因此丧命。

Joplin朴实的唱法很大程度上受到了布鲁斯女神Bessie Smith的影响；这位年轻的德克萨斯歌手崇尚激情，可以在脆弱的鸣咽和疯狂的哀嚎之间切换自如；与其他女歌手相比，满腔热血让Joplin与众不同。由另外一群德州边缘人组成的乐队The 13th Floor Elevators曾一度向她伸出橄榄枝，但Joplin选择回到旧金山与大学同学Chet Helms合作——当时后者代理的乐队Big Brother And The Holding Company也邀请Joplin加入。乐队最早隶属于小厂牌Mainstream Records；1967年6月，他们在蒙特利尔国际流行音乐节（Monterey International Pop Festival）上献上了一场精彩纷呈的演出（在D. A. Pennebaker导演的电影《蒙特利尔流行音乐节》[Monterey Pop]中我们可以看到"Mama" Cass Elliott被他们的演出震惊得目瞪口呆）。Mainstream乘胜追击，很快为他们发行了一张专辑——歌曲质量参差不齐的《Big Brother And The Holding Company》（1967）。

Bob Dylan的经纪人Albert Grossman接管乐队之后，他们与Columbia Records（哥伦比亚唱片）签订了新合同并录制了广受欢迎的《Cheap Thrills》（1968，原名Dope, Sex, And Cheap Thrills），"Ball And Chain"中Joplin精彩绝伦的演唱是唱片的亮点，专辑还收录了难忘的翻唱歌曲"Piece Of My Heart"、"Summertime"和Robert Crumb创作的、定义时代的卡通封面。《Cheap Thrills》连续两个月占据美国榜首位，然而乐队内部已经剑拔弩张。Grossman建议Joplin找一支更加优秀的伴唱组合，随后The Kozmic Blues Band在她的续作《I Got Dem Ol' Kozmic Blues Again Mama!》（1969，公告牌排行榜第五名）中首次登场。然而至此，缺乏安全感的Joplin——她酗酒的习惯已人尽皆知——开始在海洛因中寻找庇护。

为了《Pearl》（1971，标题是Joplin的昵称）的录制，Joplin又组建启用了一支新的伴唱乐队——The Full Tilt Boogie Band。这张专辑是她最具连贯性的作品，也收录了她最令人难忘的歌曲——Kris Kristofferson创作的"Me And Bobby McGee"。专辑和单曲都是排行榜冠军，然而Joplin在它们发行之前就去世了。

与Doors制作人Paul Rothchild在录音棚度过不顺的一天之后，歌手返回她位于好莱坞置地酒店（Landmark Hotel）的105房间过毒瘾。不幸的是，她当天没有从熟悉的毒贩子那里购买海洛因；后来，医生估计她吸食的海洛因纯度约为40%，而一般街头售卖的海洛因纯度只有1-2%。此前，Joplin有五次吸毒过量的经历，但都没有危及性命。这一次她就没有这么幸运了。次日，乐队的器材搬运员John Cooke发现了她的尸体。Joplin去世时尚未完成歌曲"Buried Alive In The Blues"的人声录制，这首歌后来作为器乐作品被《Pearl》收录。

Hendrix和Joplin的去世相隔不过几周。Joplin离世之后，有人听到本书即将介绍的下一位人物在酒吧极具预见性地对朋友们说："现在和你们一起喝酒的就是下一个……"

右图 火辣的Joplin：1969年8月，Janis Joplin 在演出中。

JIM MORRISON
(James Douglas Morrison)
心脏病突发？

生于：1943年12月8日

死于：1971年7月3日

"性"和"死亡"是对艺术家最具持久吸引力的话题。在摇滚乐坛，The Doors的演艺生涯就可以用这两个词来概括。与之密不可分的是乐队活力四射的主唱Jim Morrison在这两个迷人话题上的深厚造诣。

Jim Morrison从小厌恶权威，因此常和父亲（曾是美国海军最年轻的将军）发生冲突。Morrison在佛罗里达州立大学（Florida State University）学习了卢梭、萨特和尼采的理论，并开始产生一些有关自由的激进理念，他日后创作的歌词也体现了这些理念。在加州大学洛杉矶分校（UCLA）学习电影期间，他认识了志同道合的键盘手Ray Manzarek，并向他背诵了一段歌词，这段歌词就成为了1965年在威尼斯海滩（Venice Beach）上诞生的歌曲"Moonlight Drive"的一部分。被打动的Manzarek建议他们组建一支摇滚乐队，赚上一百万美元。他们——加上Manzarek的朋友吉他手Robby Krieger和鼓手John Densmore——后来成功地完成了这个目标。

他们的名字——The Doors——来自Aldous Huxley有关吸毒产生幻觉的经典作品《知觉之门》（The Doors Of Perception），这个书名本身则引自William Blake（威廉·布莱克）的作品。出道单曲"Break On Through（To The Other Side）"成绩惨淡，但是1967年同名专辑中收录的删节版"Light My Fire"登上了美国榜冠军宝座。Morrison很快成为了迷幻摇滚的代言人，短暂的欣喜之后，他很快开始厌恶这个角色。

西海岸乐队以阳光、乐观著称，The Doors则规避了这种风格。他们是一只黑暗的乐队，Morrison的歌词探讨恋母情结（"The End"）、描绘不祥的幻象（"When The Music's Over"）、发出愤怒的号召（"Five To One"）。Morrison的个人生活也一样极具争议性。他喝酒或吸毒后（在舞台上或者录音棚里）演唱，故意激怒观众，挑战舞台表演的极限。

事情在1969年的一场迈阿密演唱会上变得不可收拾：有报道称，身材发福、蓄着胡须、酩酊大醉的Morrison暴露了自己的性器官。主办方终止了后面的演唱会，随之到来的是一场漫长的诉讼。Morrison在巨大的压力下无所适从。1971年3月，四面楚歌、渴望清静的歌手与女友Pamela Courson一同前往巴黎。

1971年7月2日发生的事情至今迷雾重重。与Courson共进晚餐之后，Morrison可能去了塞纳河边名为摇滚马戏团（Rock 'n' Roll Circus）的酒吧；可能在电影院看了一场Robert Mitchum的电影；也可能直接返回了他们的公寓。根据Courson的说法，Morrison抱怨身体不适，所以她为他放了洗澡水。次日早晨Courson醒来时，Morrison还在浴缸里——已经死去。

他真的死了吗？他的棺材是不是在进行有效尸检之前就被封死？Morrison是不是为了逃离混乱的生活伪造了自己的死亡，从此消失在人们的视线当中？Courson到底有没有像她后来告诉为The Doors撰写传记的Danny Sugerman那样向Morrison体内注射足以致命剂量的海洛因？还是说Jim Morrison严重透支的身体终于彻底崩溃？

无论真相如何，Jim Morrison的魅力并没有随时间流逝而消失，他位于巴黎拉雪兹公墓（Père Lachaise cemetery）的墓地后来成为了这座城市最受欢迎的名胜之一。

右图 留着胡子的Morrison与The Doors同台演出。

GENE VINCENT
(EUGENE VINCENT CRADDOCK)
因滥用毒品和酒精引发的慢性健康问题

生于：1935年2月11日

卒于：1971年10月12日

一场摩托车事故让Eugene Vincent Craddock落下腿疾。康复期间，他自学了吉他演奏。他还与另外一位病人Don Graves结下友谊，花二十五美元巨款购买了Grave创作的歌曲"Be-Bop-A-Lula"的版权。

Craddock打着石膏在家乡弗吉尼亚参加了几场演奏会，被DJ Bill "Sheriff Tex" Davis看中，并在他的帮助下录制了一些歌曲小样。Capitol（国会唱片）迫不及待地签下了这位可以与RCA唱片的Elvis Presley竞争的歌手，"Be-Bop-ALula"很快大获成功。Vincent和伴唱乐队The Blue Caps在早期的摇滚电影《春风得意》（The Girl Can Help It，1956）中献上了一场令人难忘的表演，后来又发行了一系列热门歌曲。Vincent的黑色皮夹克（歌迷Jim Morrison——后来成为了他的酒友——和Elvis此后也有过这样的装束）、油光锃亮的额发和充满激情的舞台表演让他成为了摇滚歌手的最爱；1960年他和Eddie Cochran在英国巡演大获好评，在后来发生的车祸中，Cochran（见16页）不幸丧生，Vincent却得以幸存。

60年代，Vincent继续在英国和法国巡演，但腿部病痛的不断发作让原本就性格阴郁的他更加低落。尽管医生建议他做截肢治疗，他用酒精和阿司匹林缓解疼痛；他体重飙升，健康状况急速恶化。1971年，在接待来访的父母期间，他不慎被绊倒导致溃疡破裂，并开始吐血。这位饱受煎熬的摇滚先锋最终在加州纽霍尔（Newhall）的谷间社区医院（Inter-valley Community Hospital）去世。

右图 讨人喜爱的Gene Vincent 1960年在法国加莱港（Calais Harbour）演出。

DANNY WHITTEN
(DANNY RAY WHITTEN)
药物过量

生于：1943年5月8日

卒于：1972年11月18日

Neil Young为他的第二张专辑《Everybody Knows This Is Nowhere》（1969）寻找伴音乐队时，看中了The Rockets（将来会很快成为Crazy Horse），乐队的三位成员同住加州月桂谷（Laurel Canyon）的一间脏乱公寓（也都热爱毒品），演奏的是露骨简洁的摇滚。Young和才华横溢但麻烦缠身的Danny Whitten一同演奏吉他。

同年，Whitten愈发严重的海洛因上瘾问题开始令人担忧。1970年7月拍摄过Crazy Horse的摄影师Joel Bernstein曾说过，"那时Danny就在Neil不知情的情况下卖过Neil的吉他。"Whitten参与了Young突破作品《After The Gold Rush》（1970）的录制，不过必须有人阻止他过于频繁地奔向洗手间。续作《Harvest》（1972）中收录的歌曲"The Needle And The Damage Done"就是对Whitten的毒瘾痛苦又动人的描写。

Whitten曾为1970年Crazy Horse的出道专辑创作了令人难忘的"I Don't Want To Talk About It"——后来直到1972年，Young为了改变前两张LP带来的和善唱作人的形象，想要组建一支超劲爆的摇滚乐队——此时Whitten的状态急速下滑，作为Young团队的一员在排练中已经几乎无法发挥任何作用（他放弃了海洛因，却又染上了严重的酗酒恶习）。11月18日，Young给了他五十美元并将他送上了返回洛杉矶的航班。当天晚上，Whitten吸毒过量——大部分消息显示他吸食的是纯海洛因，但也有人说是安定和酒精。当时他的母亲刚去世不久，这件事加上其他的种种问题让这位吉他手彻底崩溃。

《Time Fades Away》（1973）中收录的"Don't Be Denied"是Young对这一悲剧的回应，也是他创作的最优秀的作品之一。

左图 1970年1月的Crazy Horse，左起：Danny Whitten、Jack Nitzsche、Billy Talbot和Ralph Molina。

被诅咒的乐队
NEW YORK DOLLS

去世人员名单

BILLY MURCIA
生于：1951年1月1日
卒于：1972年11月6日

JOHNNY THUNDERS
（John Anthony Genzale Jr.）
生于：1952年7月15日
卒于：1991年4月23日

JERRY NOLAN
生于：1946年5月7日
卒于：1992年1月14日

ARTHUR "KILLER" KANE
（Arthur Harold Kane, Jr.）
生于：1949年2月3日
卒于：2004年7月13日

右图 70年代，New York Dolls在演出。

对页右图 2004年8月，David Johansen在纽约兰德尔斯岛（Randall's Island）的小史蒂文国际地下车库音乐节（Little Steven's International Underground Garage Festival）上演出。

Brian Eno曾评论过买Velvet Underground首张专辑的人不多，但这些人后来都组建了乐队。买New York Dolls的首张专辑的人也不多，但其中大部分后来不仅组建了乐队，还开始化妆和吸毒。New York Dolls成员则屡遭不幸，周期性死亡。

吉他手Johnny Thunders、Sil "Sylvain Sylvain" Mizrahi和鼓手Billy Murcia在高中结缘。1971年，随着贝斯手Arthur "Killer" Kane和歌手David Johansen的加入，New York Dolls正式诞生。

如果他们不穿闪亮的紧身裤和防水台高跟鞋，不化比Alice Cooper还要浓的妆，他们略显凌乱的音乐可能不会引起人们的注意。正如当时David Bowie让英国观众瞠目结舌一般，New York Dolls也让70年代的美国乐坛为之神魂颠倒。

Rod Stewart是他们的粉丝之一，在他的要求下，乐队进行了英国巡演。然而，在1972年12月6日的一个派对上，Murcia因镇静药物和酒精昏倒。为了让他苏醒，派对上的其他人给他灌了咖啡，并放水给他洗澡，最终他在浴缸中被淹死。Murcia当时年仅二十一岁。

New York Dolls尚未发行唱片就声名远扬。"我看过一张照片，"Keith Richards说道，"他们挺漂亮。是不是有一个死了？"

Jerry Nolan坐上了鼓手的位置，乐队也得到了唱片合约。从"Personality Crisis"到"Jet

Boy",《New York Dolls》（1973）是《Never Mind The Bollocks》（1977）之前最聒噪的出道专辑。专辑在美国本土表现不佳，仅仅排到排行榜第一百一十六位，然而乐队在欧洲却取得了热烈的反响——并就此撒下了朋克的种子。

George "Shadow" Morton 是New York Dolls喜欢的乐队Shangri-Las的制作人，他为乐队制作了标题具有预见性的《Too Much Too Soon》（1974）。专辑的销量依然惨不忍睹，这有可能是因为乐队在美国巡演时态度敷衍。Thunders 就不愿意远离他家乡的毒贩子。"他是个讨人喜欢的窝囊废，"Johansen回忆道，"就像Pacino电影中的年轻角色。他决定以吸毒为生。"

乐队的新经纪人Malcolm McLaren（后来Sex Pistols的经纪人）试图——通过把乐队塑造成共产主义者——挽救他们的事业。这一举动适得其反，Thunders和Nolan退出了乐队。1977年，New York Dolls崩溃解体。

Johansen后来以沙发音乐（lounge）歌手Buster Poindexter的身份活动；Sylvain和Kane则销声匿迹。Thunders与Nolan组建了 The Heartbreakers，并同时开始独唱事业，然而"You Can't Put Your Arms Around A Memory"等经典歌曲被他的毒瘾所掩盖。

加入The Heartbreakers之后开始吸食海洛因的Nolan在1982年说道："Johnny——年轻的时候状态要好得多。相较于吸毒之后，我们不吸毒的时候做成的事情更多……我觉得他只是需要更多的机会……"

Nolan还曾经与Sex Pistols的成员Sid Vicious合作，后者1979年去世时就和这位鼓手住在一起。

Nolan本人于1992年1月14日死于中风。他当时在接受脑膜炎和肺炎的治疗。几个月之前，他刚刚参加了一场纪念Thunders的演出——后者1991年4月23日在新奥尔良的一个汽车旅馆房间去世。有关部门将他的死因归结为吸食海洛因过量，然而，由于Thunders在服用美沙酮（methadone）【译注：美沙酮最初的用途是止痛药吗啡的替代品，现常被用作海洛因的代替品，用以治疗有使用海洛因习惯的吸毒者】，有人怀疑他是被毒贩谋杀的。他和Nolan都被葬在了纽约的圣玛丽山公墓（St. Mary's Cemetery）。

2004年，乐队支持者Morrissey邀请Johansen、Sylvain和Kane参加在伦敦举行的"崩溃"（Meltdown）音乐节。Kane愉快地接受了邀请，尽管此时他已经皈依摩门教（用Blondie成员Clem Burke的话说，这件事的惊人程度不亚于"Donny Osmond加入New York Dolls"）。

右图 70年代，David Johansen和Sylvain Sylvain在舞台上演出。

对页右图 The New York Dolls成员（右起）：Arthur Kane、Jerry Nolan、David Johansen、Sylvain Sylvain和Johnny Thunders。

然而这场结束后仅仅几周，Kane就去世了。患有白血病的他没能打败病魔，最终于7月13日去世。用Johansen的话说，这位贝斯手"感觉他还有未竟的事业，他将精神全都集中在了上面，因此几乎没有感受到病痛"。2005年的电影《纽约娃娃》（New York Doll）讲述了这个令人心碎的故事。Hanoi Rocks成员Sami Yaffa取代了Kane——Hanoi Rocks是受到New York Dolls影响的众多乐队之一，其他还包括Kiss、The Clash、Sex Pistols和the Libertines。乐队在21世纪凭借新阵容出人意料地推出了一张优秀的复出专辑——2006年的《One Day It Will Please Us To Remember Even This》。

"你无法让Johnny Thunders复活，"Sylvain说道，"无法让Billy Murcia复活，无法让Arthur Kane和Jerry Nolan复活，但你可以重现他们的精神。"

GRAM PARSONS
(Cecil Ingram Connor III)
药物过量

生于：1946年11月5日

卒于：1973年9月19日

Gram Parsons一家像是威廉·福克纳小说中的人物。他的父亲——创作人兼牧场工人Cecil "Coon Dog" Connor——在Gram十二岁时开枪自尽。他富有的母亲再婚，但是在他高中毕业那天因酗酒去世。信托基金提供的经济支持让他有机会追寻自己钟爱的事业：音乐。在哈佛大学短暂停留学习神学之后，Parsons退学与几位高中好友一同组建The International Submarine Band；他们1968年发行的出道专辑《Safe At Home》今天被认为是乡村摇滚的里程碑作品。他的下一支乐队知名度相对更高。

1968年初，The Byrds成员Chris Hillman在一家比佛利山（Beverly Hills）的银行遇见Parsons并邀请他加入乐队。The Byrds音乐中的乡村风格随着Parsons的加入愈显浓烈，并在《Sweetheart Of The Rodeo》（1968）中达到顶峰，这张专辑也是主流摇滚乐队推出的第一张彻底的乡村专辑。不过，Parsons在The Byrds只停留了三个月，他情愿退出乐队也不愿和乐队一起去种族隔离的南非巡演。

很快，Hillman也退出了乐队，他和Parsons组建了The Flying Burrito Brothers，迅速吸纳了Chris Ethridge和"Sneaky" Pete Kleinow两位新成员，希望创作出结合民歌、乡村、灵魂和摇滚风格的音乐——Parsons将这种风格称为"宇宙美国音乐"（Cosmic American music）。《The Gilded Palace Of Sin》（1969）至今仍是乡村摇滚乐坛的重要里程碑，Parsons温柔、高亢的嗓音是这些苦甜交加的歌曲的亮点。迷人的首张专辑、Parsons俊朗男孩的外表和乐队华丽的Nudie西装（风格介于Hank Williams和Elvis的拉斯维加斯演出服之间）让他们极具明星相。然而一系列准备不足的演出和Parsons愈发任性的行为（他和Keith Richards愈发亲密的友谊也分散了他的精力）在1970年毁掉了The Flying Burrito Brothers原本十分光明的前途。

Parsons单飞之后前途一片光明：与A&M唱片的合作无果告终之后，他与Reprise（重奏唱片）签约，并于1973年推出首张独唱专辑《GP》。这张唱片受到了评论界的欢迎（但商业成绩不佳）。他去世之后发行的专辑《Grievous Angel》（1974）——Parsons在其中与未来的乡村女王Emmylou Harris的合作十分优美——至今享有盛誉。然而他还没来得及充分发挥这份潜力就离开了人世。

1973年7月14日，Parsons的朋友——天赋异禀的乡村摇滚吉他手（也是Byrd的前成员）Clarence White——因车祸去世。在他的葬礼上，Parsons明显受到了种种仪式的惊吓，后来，他告诉他的巡演经理Phil Kaufman自己去世时想被火化。几个月之后，Parsons和三位朋友入住约书亚树酒店（Joshua Tree Inn）。他没能活着离开——9月18日，他在8号房间吸毒过量。体内有吗啡、可卡因、安非他命和酒精。（"这样吸毒不死才怪，"旅馆经理的儿子Al Barbary评论道。）但是Parsons的故事并未就此告一段落。

Phil Kaufman铭记Parsons对他的嘱托，他和器材搬运员Michael Martin一起在加州范奈司机场（Van Nuys airport）拦下了即将被送往新奥尔良的遗体——高傲地在放行文件上签下了"Jeremy Nobody"（意为"杰瑞米·无名氏"）的名字——并用灵车将其送往洛杉矶附近的约书亚树纪念碑（Joshua Tree monument）。在那里，他们在这位去世歌手的遗体上浇上汽油并点火，实现了他的遗愿。（他们后来因"行为不端"的指控被捕——用Kaufman的话说，就是"盗窃Gram Parsons"。）Parsons最终被埋葬于路易斯安那梅泰里（Metairie）的记忆园（Garden of Memories）墓地。墓碑上写着"上帝的御用歌手"。

右图 1970年的伤心天使

MAMA CASS ELLIOT
(Ellen Naomi Cohen)

心脏病突发

生于：1941年9月19日

卒于：1974年7月29日

Ozzy Osbourne没有咬掉一只蝙蝠的脑袋，The White Stripes成员并不是亲兄弟，Mama Cass并没有被火腿三明治噎死，不过，她确实客串了《史酷比》（Scooby-Doo），所以和Jack White等人一样酷。

尽管她最著名的身份是四人乐队The Mamas And The Papas的成员之一，Cass Elliot（原名Ellen Naomi Cohen）本身也是一位深受大众喜爱的明星。乐队的最后一首热门歌曲——"California Dreamin"、"Dedicated To The One I Love"等经典之后——是Elliot对"Dream A Little Dream Of Me"的演绎。Elliot的高音——乐队和音中的重要元素——在这首歌中十分出彩，据说这是她经历脑震荡之后突然掌握的技能。"真的，"接受《滚石》杂志（Rolling Stone）采访时她坚持道，"我被一根掉落的管子砸到头之后，音域就扩大了三个音。"

Elliot也推出过卖座的独唱作品，她还客串了1970年的电影《魔法龙帕夫》（Pufnstuf），定期参加一个美国脱口秀，甚至担任过"强尼·卡森今夜秀"（The Tonight Show Starring Johnny Carson）的客座主持人。她也尝试与绰号"Mama"保持距离，但一直没成功。"我讨厌这个名字，"在接受《滚石》杂志采访时她说道，"每个人都会说，嘿，Mama，最近怎么样？随后我们的乐队又叫做Mamas and Papas，我从此就甩不掉这名字了。后来人们又因为我生了孩子叫我Mama Cass。"（Elliot的女儿Owen现在运营了一个以她母亲为主题的网站。）

1974年，她访问英国，参加在伦敦帕拉丁剧院（London Palladium）举行的演出。表演十分轰动，随后，她打电话给乐队中的另一位"Mama" Michelle Phillips。一边喝香槟一边哭着诉说凭借自己的能力成为明星的喜悦。次日她就因心脏病去世。享年三十二岁。

一家报纸报道人们在她位于梅菲尔（Mayfair）的公寓中发现了一个吃了一半的三明治，由此引发的流言在此后几十年都玷污着她的名声。困扰Elliot一生的肥胖问题导致了她1974年7月29日的死亡。"就像Streisand为布鲁克林的犹太姑娘争光一样，"《时尚先生》杂志（Esquire）评论道，"Cass Elliot为世界各地的胖女孩正名。"

体型之外，她的个性一样不同凡响。她魅力十足，固执己见（"我认为所有有脑子的人都应该参与政治"），性格活泼（"我可以做药剂师的，我肯定能干得不错。我是个欢快的人。"）。不同于其他经历过60年代的音乐人，她十分讨人喜欢。

她的遗体被送回美国并火化。她的骨灰被安放在洛杉矶西奈山纪念公园公墓（Mount Sinai Memorial Park Cemetery）中的The Mamas And The Papas精神家园（Elliot本人来自巴尔的摩），Red Hot Chili Peppers的吉他手Hillel Slovak（见112页）等人都是她的邻居。

当被问及她女儿长大后她会做什么的时候，Elliot说道，"我希望他们不要让我唱歌，但是如果这是他们的希望，我会照办的。"

左图 1973年9月，Mama Cass为宣传她的电视特别节目"别再叫我Mama了"（Don't Call Me Mama Anymore）拍摄照片。

NICK DRAKE
(NICHOLAS RODNEY DRAKE)
过量吸毒自杀？

生于：1948年6月19日

卒于：1974年11月25日

"我不认为他想成为明星，"1979年Nick Drake的母亲说道，"我不认为他对钱有什么兴趣。不过我认为他感觉自己有话要跟同龄人说，他迫切地想要与他们交流——感觉他可以让他们更快乐，能够改善他们的生活——他并不知道自己已经做到了。"

本书收录了大量音乐人，然而像Nick Drake这样留下无可争议的宝贵音乐遗产的实属凤毛麟角。他生前发行的专辑——1969年的《Five Leaves Left》、1970年的《Bryter Layter》和1972年的《Pink Moon》——优美得几乎叫人无法承受。"Northern Sky"等歌曲格外美好，让人容易忘记这位拥有温暖嗓音的歌手是Kurt Cobain之前最不适合进入音乐行业的人。

和Cobain——以及常用来和他比较的Syd Barrett——一样，Drake渴望成功，但是厌恶这个行当的种种现状。然而，与Cobain和Barrett不同，Drake生前没怎么体会到成功的滋味。他的唱片销量几乎可以忽略不计，现场演出也不能让他满足，在英国进行了几场表演之后，他干脆彻底放弃。自认失败并因此情绪低落，他仅用两天时间录制了《Pink Moon》，随后便回到了他位于英国兰沃里克郡（Warwickshire）雅顿坦沃斯村（Tanworth-in-Arden）的家中。

抗抑郁药物让他于1974年回到录音棚，他甚至离开英国前往法国（与女歌手Françoise Hardy合作的尝试以失败告终）。带着刚刚培养起来的乐观情绪，Drake回到英格兰——却于1974年11月25日因服用过量的抗抑郁药物去世。享年二十六岁。

验尸官判断死因为自杀，但是Drake也有可能是把抗抑郁药物当成安眠药误服。《新音乐速递》（NME）的Nick Kent显然这么认为：Drake没有留下遗书，"没有自杀前典型的创造力大爆发"。Drake本人认为自杀是一种懦弱的行为，但也承认他本人没有勇气这样做。

然而，他的姐姐（英国电视演员）Gabrielle却说："从个人的角度来说，我希望Nick是自杀的。我希望他是因为想要结束自己的生命——而不是犯下不幸的错误——而死去。"

生前默默无闻的Drake在去世后被重新发掘并得到了认可：1979年发行的合集《Fruit Tree》、将他的歌曲用作配乐的电影（最近的是被2004年的电影《情归新泽西》[Garden State]用作配乐的"One Of These Things First"）和Blur成员Graham Coxon（"我希望我能让Nick Drake复活，"1998年他在专辑《Sky Is Too High》中唱道）等音乐人都是这场复兴背后的驱动力。"Pink Moon"被一则大众汽车广告用作配乐之后，Drake的唱片在美国的销量明显上升。如今，他拥有一群死忠歌迷。

Drake被葬在雅顿坦沃斯村。"墓地旁边的教堂里有一座雄伟的管风琴，"T. J. McGrath在他1992年为美国杂志《脏衣服》（Dirty Linen）撰写的文章里说道，"每年教堂的管风琴手都会举办一场Nick Drake歌曲的演奏会。附近几英里都能听见歌声，我知道Nick一定会喜欢的。"

右图 Nick Drake和很多典型的英国唱作人一样，在沉思。

TIM BUCKLEY
(Timothy Charles Buckley III)
药物过量

生于：1947年2月14日

卒于：1975年6月29日

1966年在Elektra Records（厄勒克特拉唱片）推出（迷人但略显拘谨的）同名出道专辑之前，Buckley一直在加州的民歌俱乐部打拼。此后，他开辟了一条与众不同的现代音乐道路。第二张专辑《Goodbye And Hello》（1967）的编曲更加复杂，更具巴洛克风格，而歌手的声音则时而脆弱亲近（"Once I Was"），时而尖锐（"Pleasant Street"），时而拥有惊人的爆发力（"I Never Asked To Be Your Mountain"）。对Buckley产生影响的音乐元素多种多样，少年时他订阅享有盛誉的民歌杂志《大声唱！》（Sing Out!）并聆听了大量的Sinatra、Hank Williams和Johnny Cash的作品；同时，他也经常利用横跨五个音阶的宽广音域尽情演绎自由华丽的传统土耳其音乐。

Buckley尽管多产（九年发行了九张专辑），却从未重复过自己。《Happy Sad》（1969，他销量最高的专辑，在公告牌专辑榜上最高排到八十一名）带有轻松、有时略显忧郁的爵士风格（"Buzzin' Fly"中迷人的音阶突变）。激烈的《Lorca》（1970）满是对爱情风暴的黑暗反思，其中的音乐在向《Starsailor》（1970）中的先锋实验发展，此时，Buckley为了激烈的无调表现主义——这种风格常常与Captain Beefheart等人联系在一起——牺牲了作品的旋律。歌曲"Song To The Siren"是这场风暴平静的中心，这首歌以荷马作品《奥德赛》（Odyssey）为灵感，对爱情进行了迷人的反思，可能是Buckley最优秀的歌曲。80年代，Buckley的人气曾经出现过一次反弹，This Mortal Coil对"Song To The Siren"的出色翻唱就是背后的驱动力之一。客座歌手Elizabeth Fraser——曾是Cocteau Twins的主唱——后来与Tim的儿子Jeff谈过恋爱。（奇怪的是，这首歌是Tim创作的，但1969年最早的录音版本却来自50年代的白胡子感伤歌手Pat Boone。）

不用说，在闲散傲慢的西海岸音乐人称霸天下的时代，Tim Buckley骄傲地特立独行。梦想破灭的歌手曾一度放弃音乐，担任Sly Stone的司机——Buckley的下一步动作可能就是受到了他音乐作品的影响。在放克风格的《Greetings From L.A.》（1972）中，曾经温柔的吟游诗人像动物一般欲火中烧，为城市中狂野的性爱唱响赞歌，呻吟和狂喜的叫喊让他的嗓音极具煽动性。这样的一张专辑确实缺乏亲和力，但它依然拥有特立独行的魅力。

Tim Buckley基本与榜单无缘，考虑到他肆意妄为的职业路线，这也许并不值得惊讶。他也曾尝试过收敛才华迎合主流审美，然而这些作品（1973年的《Sefronia》和1974年的《Look At The Fool》）听起来缺乏说服力，在商业上也一败涂地。

Tim Buckley对毒品并不陌生，不过1975年他已经开始尝试戒断恶习了。然而，他以吸食海洛因和喝酒的方式庆祝巡演的结束，有人猜测他可能误把海洛因当成了可卡因。这对有毒的组合很快开始起效，明显身体不适的Buckley被送往他妻子的住处卧床休息。过了一会儿，当她再次查看情况时，Buckley已经肤色发青，因——用洛杉矶的一位验尸官的话来说——"急性海洛因—吗啡和酒精中毒（也就是药物过量）"死亡。

Tim Buckley拥有音域宽广的华丽声线，只有一位歌手拥有可以与之媲美的嗓音。有趣的是，这位歌手就是他的儿子。

左图 张嘴大吼的激情时刻：1974年Tim Buckley在英国内布沃斯（Knebworth）表演。

FLORENCE BALLARD
(FLORENCE GLENDA BALLARD)
冠状动脉血栓

生于：1943年6月30日

卒于：1976年2月22日

凭借在《梦女孩》（Dreamgirls）中的表演斩获金球奖时，Jennifer Hudson将奖项献给了Florence Ballard。Ballard创建了流行乐坛最成功的组合之一，但年仅三十二岁时就英年早逝——去世前遭到排挤、星光黯淡、穷困潦倒。对于这样一位女性来说，这份赞誉迟到了太久。

Ballard招募了Mary Wilson和Diana Ross，并与她们共同组建了The Primettes——The Primes（后来的The Temptations）的学徒。她们凭借顽固和坚持与Motown（摩城唱片）签约，在公司外号"零热门乐队Supremes"——Ballard从Motown老板Berry Gordy提供的清单中选中了The Supremes这个名字。沉寂三年之后，这支三人组于1964年收获第一支热门歌曲"Where Did Our Love Go?"。这首歌引发了一场创纪录的热潮，让她们成为了Destiny's Child和The Spice Girls之前最成功的女子组合。

然而Ballard的地位长期受到威胁。Gordy认为他的女友Ross的嗓音更适合美国白人，所以让她担任乐队领导。Mary Wilson承认Ballard——嗓音最有力——录音时Ballard站在距离话筒五米的地方，另外两人则相对距离话筒较近。人气歌曲"People"被分配给Ross演唱之后，Ballard甚至失去了上台表演的机会。

忿忿不平的她开始酗酒。随后，她愈发不可靠，身材也逐渐走样，不再适合乐队著名的修身演出服。最终，Ballard于1967年7月被迫离开The Supremes。她曾状告Motown"暗中恶意策划"与她解约，并且只支付了"微薄的"赔偿金，但没能胜诉。

由于管理不当，又因合同原因不能使用Motown和The Supremes的名字，Ballard的事业一落千丈。1974年，她不得不申请领取社会福利。讽刺的是，这倒是让她重新得到了人们的关注——她的遭遇和Diana Ross的好运简直是天壤之别。

Ballard用一次事故的赔偿金重建自己的生活，情况看起来有所好转。然而——因感到麻木而入院一天之后——她因冠状动脉血栓于1976年2月22日去世。

一份不准确的警方报告显示她"摄入了未知剂量的药物和酒精。"（经医生证实，她服用的是控制体重和血压的药物。）

Diana Ross送去了一个写着"我爱你，Blondie（Ballard的昵称）"的花环，并参加了Aretha Franklin父亲C. L. Franklin牧师主持的纪念活动，她的举动受到了Ballard歌迷的嘲讽。几千人走上街头，警方不得不摆放鲜花将他们隔离开来。Stevie Wonder也是Ballard的抬棺人之一，这位风琴手对The Supremes作品"Someday We'll Be Together"的演绎——Ballard和Mary Wilson的部分由自由音乐人演唱——让人们暂时忘却了他颇具讽刺意味的角色。

Ballard长眠于家乡底特律。在墓碑上，她被形容成一位"值得深爱的妻子和母亲"，她在流行音乐历史上所起到的关键作用仅由两个音符来象征。此后在《梦女孩》上映之前，Ballard整整三十年被排除在The Supremes的传奇之外。这部电影改编自乐队的真实故事，由Beyoncé主演，但女配角Jennifer Hudson赢得了各项奖项。让我们期望，Ballard终于可以含笑九泉了。

右图 1967年Ballard作为The Supremes成员的最后几场演出之一。左起：Diana Ross、Florence Ballard和Mary Wilson。

PAUL KOSSOFF
脑水肿和肺水肿

| 生于：1950年9月14日 |
| 卒于：1976年3月19日 |

"Paul Kossoff逃过一劫，"英国音乐报纸《声音》（Sounds）1975年11月报道，"几周前刚刚在鬼门关走过一遭的他现在状态不错。"然而时间仅仅过去五个月不到，同一个作者不得不撰写一则讣告："除了哀痛之外我们还能做些什么呢。吉他技艺如此精湛的人不应该经历如此苦难。"Paul Kossoff去世时年仅二十五岁。

Kossoff看过Eric Clapton的演唱会，在伦敦的一家音乐商店工作时又结识了Jimi Hendrix，随后便爱上了电子布鲁斯。他与Simon Kirke、Paul Rodgers和Andy Fraser一同组建了Free——70年代初期给人们留下最美好回忆的摇滚乐队之一。"音乐应该来自灵魂，简单直接，让所有人都能享受，"Kossoff曾经说过，"这就是我们发展得不错的原因。"

他少年时就有实力参加The Rolling Stones和Jethro Tull的面试，Clapton甚至请他展示他独特的颤音。同时，1970年红遍大西洋两岸的热门单曲"All Right Now"帮助原本只拥有一小群现场歌迷的Free取得了主流成功。"我们对过去的作品拥有坚定的信念，"Rodgers说道，"如果不是乐队，我根本不在乎自己是死是活。"

与成功一同到来的是压力。Kossoff对Quaaludes的喜爱，以及Hendrix去世后他的抑郁情绪加剧了乐队的音乐分歧。Free随后分裂，成员各自单飞（Kossoff因此于1973年发行了专辑《Back Street Crawler》），1972年乐队重组。"乐队解散那年，Kossoff的毒品问题非常严重，"经纪人John Glover接受Dave McNarie采访时曾经说过，"这个恶习后来害他不浅。根据他父亲（演员David Kossoff）的说法，他十岁或者十二岁的时候就染上毒品了。"

Free后来又推出了两张专辑和另一首经典单曲"Wishing Well"。然而，录制1973年的专辑《Heartbreaker》时，Rodgers和自由音乐人Snuffy Walden不得不代替Kossoff演奏吉他，在乐队的最后一次美国巡演中，Kossoff则直接被Osibisa成员Wendell Richardson取代。

Rodgers和Kirke组建Bad Company并取得空前成功时，Kossoff的事业一路下滑。他的乐队Back Street Crawler完成了两张专辑，但他1975年在伦敦戒毒时曾有心脏停跳半小时的经历。后来，他于1976年3月19日在一架从洛杉矶飞往纽约的飞机上因大脑和肺部积液——心脏受损的并发症——去世。"我不认为是药物过量，"经纪人Glover说道，"Paul习惯性地吸食大量毒品，多一点少一点对他不会有什么影响，这是常有的事情。他的身体透支得太严重了。"

Back Street Crawler挣扎着继续活动。AC/DC在英国首次出场时就是他们的伴唱乐队——对于喜欢Kossoff的吉他手Angus Young来说，这是一项苦甜交加的荣誉。时至今日，人们想起Kossoff这位吉他手时仍然充满敬意，他参与创作的经典歌曲"All Right Now"将会永垂不朽。

左图 重新集合的Free于1972年9月10日在伦敦克里登（Croydon）费尔菲尔德大厅（Fairfield Hall）演出。

PHIL OCHS
(PHILIP DAVID OCHS)
上吊自杀

生于：1940年12月19日

卒于：1976年4月9日

60年代早期，Phil Ochs和Bob Dylan同属格林威治村（Greenwich Village）的民歌圈子，然而，政治一直是Ochs作品中的重要组成部分，而Dylan则早就起航探索更加广阔——更具商业价值——的领域。

从俄亥俄州立大学退学之后，Ochs迁居纽约格林威治村。他的创作才华——背后是狂热的左翼信仰——很快让他成为当地民歌圈子的中流砥柱。《All The News That's Fit To Sing》（1964）和《I Ain't Marching Anymore》（1965，揶揄机智的"Draft Dodger Rag"是专辑的亮点）中充斥着有关民权、越战和社会正义的歌曲。

不难想象，很少有电台愿意播放这些咄咄逼人的歌曲（不过这些歌曲倒是引起了FBI的注意，他们甚至为这位歌手建立了专门的档案）。在1970年的摇滚专辑《Greatest Hits》——名字颇具讽刺意味——中，他嘲讽了自己的商业失败；在专辑的封面上，他身着一件金色锦缎西装——呼应《50,000,000 Elvis Fans Can't Be Wrong》（1959）的封面——后来在纽约卡内基音乐厅（Carnegie Hall）的一场演唱会上，他也穿了同一件服装。Ochs愈发怪异的行为（1969年专辑《Rehearsals For Retirement》的封面上的图案是Ochs的墓碑）让他与原本就数量有限的歌迷更加疏远。70年代这位歌手放弃音乐，转行做记者并前往澳大利亚和非洲旅行。在非洲他遭遇了一场暴力抢劫，声带也受到了永久性的损伤。

Ochs长期受到抑郁症——还有音乐人的创作瓶颈和酗酒恶习——的困扰，并因此沦落为一个令人同情的悲剧人物。1976年4月初，他拒绝遵循医嘱服用抗抑郁药物。一周之后，他在位于纽约法洛克威（Far Rockaway）的姐姐家上吊自杀。

上图 Phil Ochs在纽约中央公园农伯格音乐台（Naumburg Bandshell）表演，他的演出是1969年4月和平游行的一部分。

KEITH RELF
(William Keith Relf)
触电

| 生于：1943年3月22日 |
| 卒于：1976年5月14日 |

可以说Keith Relf的歌唱和创作天赋多年来一直没能得到应有的认可。Relf不幸担任了20世纪60年代最著名的乐队——The Yardbirds——的主唱，三位吉他天王——Eric Clapton（Relf在金士顿大学艺术学院时认识的朋友，经Relf介绍加入乐队）、Jeff Beck和Jimmy Page——都曾在不同时期为乐队效力。

60年代早期，The Yardbirds是英国最重要的布鲁斯乐队，他们接替了The Rolling Stones，成为了伦敦的克劳戴蒂俱乐部（Crawdaddy Club）的常驻乐队，并于1963年末为Sonny Boy Williamson伴唱。不过，真正让他们声名鹊起的是60年代中期的一系列流行金曲，如"For Your Love"（1964）、"Heart Full Of Soul"（1965）和"Shapes Of Things"（1966）。Relf成名时年仅二十岁——这对于从小身体不好的他来说实为不易。他患有慢性哮喘，病情因常在烟雾缭绕的俱乐部中演奏而进一步恶化，曾三次险些丧命，这一切也让他作为歌手和口琴演奏家取得的成功更显得难能可贵。1964年在The Yardbirds取得商业突破之前，Relf在乐队的第一场美国巡演中罹患肺萎陷和肺气肿。

1968年7月The Yardbirds解散之后，Relf在一系列不同的乐队之间辗转，如Renaissance、Armageddon、Medicine Head——但都没能重现往日的辉煌。他在自家的地下室的录音棚中站在隐藏的煤气管道上演奏一把地线没有接好的吉他并因此触电；这次电击其实并不强烈，却对他因肺气肿而虚弱的身体造成了致命的打击。

右图 1965年8月，金发的The Yardbird成员Keith Relf在演出。

TOMMY BOLIN
(THOMAS RICHARD BOLIN)
药物过量

生于：1951年8月1日

卒于：1976年12月4日

Deep Purple是摇滚贵族，从来无需遵循那些老掉牙的乐坛惯例。顶替Ritchie Blackmore进入乐队的Tommy Bolin是Deep Purple的变节分子。

一场Elvis演唱会让1951年出生的他爱上摇滚，不过他并没有剪短长发，而是选择了离开学校。作为Zephyr成员推出了三张专辑之后，他与Albert King一同巡演，并顶替Joe Walsh加入了俄亥俄摇滚乐队James Gang。

他录制了经典老炮摇滚（cock rock）《Teaser》（1975），后来又加入Deep Purple与未来的Whitesnake领袖David Coverdale的合作，乐队的作品普遍拥有重击般的重复乐段，专辑《Come Taste The Band》（1975）则是少数例外之一。

此时他已经开始吸食海洛因，据说还因此在日本巡演中经历了手臂瘫痪。他的不靠谱一定程度上导致了Deep Purple 1976年威风扫地的解散，不过此后乐队多次以不同的阵容复出并举行巡演。

Bolin继续演出，并声称他最大的问题就是"要找该死的房子"；很快Exorcist成员Linda Blair为他提供了住处。1976年12月3日，他为Jeff Beck开场——Bolin在《Billy Cobham's Spectrum》（1973）中的表现一定程度上启发了Beck的爵士摇滚（jazz-rock）风格。次日，他在位于迈阿密的酒店房间中——因过量摄入吗啡、可卡因、利多卡因和酒精——死亡。验尸官在他身上发现了针眼，但是并没有找到毒品残留物。

Bolin被葬在他的家乡爱荷华州苏城（Sioux City），下葬时手上戴的戒指正是Jimi Hendrix去世时佩戴的那枚（乐队经理人送他的礼物）。"别担心，"在人生的最后一场演出结束之后，他曾对一名记者说道，"我会长命百岁的。"

右图 演出中的Tommy Bolin

ELVIS PRESLEY
(ELVIS ARON PRESLEY)

心律失常？
心血管疾病？
药物过量？

生于：1935年1月8日

卒于：1977年8月16日

1953年夏天，Elvis走进Sam Phillips位于孟菲斯的Sun Studios（太阳录音室）录制一张双面醋酸纤维唱片——据传这张唱片是献给和他格外亲近的母亲的礼物。他年纪轻轻尚未证明自己的才华，却气焰嚣张，对Sun的接待员Marion Keisker说："我的嗓音独一无二。"次年1月，Presley回到Phillips的录音室又录制了一张双面醋酸纤维试音唱片；6月，Phillips与他联系，邀请他正式为Sun录音。

Presley、吉他手Scotty Moore和贝斯手Bill Black于1954年7月5日在Sun组团，不过三人一直表现平平，直到Elvis用乡村风格诙谐地演绎了Arthur "Big Boy" Crudup的布鲁斯作品"That's All Right（Mama）"之后，事业才稍有起色。几天之后他们再度发力，用快节奏的乡村摇滚风格翻唱了Bill Monroe的"Blue Moon Of Kentucky"。Phillips立刻将单曲交给了WHBQ电台的传奇DJ Dewey Phillips（两人没有血缘关系）。他在孟菲斯播放了这种混合了两种风格的音乐，并立即收到了大量的电话和电报。次年，Elvis（以史无前例的超高身价三万五千美元）离开Sun转投RCA唱片并启用了一位野心无涯的经纪人——Tom Parker上校。Sam不喜欢Elvis在RCA发行的第一首单曲——"Heartbreak Hotel"——形容其"病态又混乱"，但这首单曲卖出一百万张，让《Memphis Flash》在1956年5月成为了他的第一张公告牌排行榜冠军作品。在此后的两年中，Elvis凭借"Don't Be Cruel"、"All Shook Up"和"Jailhouse Rock"等一连串摇滚佳作统治排行榜。

Elvis在舞台上扭动下半身的露骨表演激怒了各路道德卫士。1957年，他在"米尔顿·伯利秀"（The Milton Berle Show）上伴随着刻意放慢、追求性暗示效果的"Hound Dog"夸张地扭动胯部，随即引来更多批评。

很多流行明星想尽办法避免去参军，Elvis却没有这样做。他于1958年3月24日入伍（为参军剪头发的事件在摇滚历史上非常著名），服役两年。Elvis的母亲本来就因为儿子来势汹涌的成功而感到不安，现在又开始担心的他的生命安全。Elvis离家参加基本训练之后，她的健康状况发生了恶化，五个月之后，她因心脏病去世。Elvis受到了巨大的打击："我失去了一切，"在母亲的葬礼上他悲伤地说道。

Parker上校凭借几近天才的公关天赋让Elvis的名字即便在他服役期间（Elvis主要在德国度过了他的军旅生涯，在那里他还遇见了日后成为他妻子的女孩Priscilla Beaulieu）也没有淡出公众的视线，因此Elvis重返歌坛之后很快就凭借一张雄心勃勃的专辑（1960年发行，专辑标题"Elvis Is Back!"颇具想象力）和"Stuck On You"、"It's Now Or Never"等榜单冠军歌曲（后者彰显了他日益成熟的唱功）找回了昔日的状态和人气。然而，随着时间的推移，Elvis这种锐不可当的状态在60年代并没有持续多久。在The Beatles引领的"英国侵略"（British Invasion）面前，猫王显得明显缺乏新意，一系列愈发乏味的好莱坞电影和糟糕的原声专辑对他的形象造成了进一步的负面影响。

Elvis艺术上的复兴始于1966年的福音专辑《How Great Thou Art》，时隔多年之后，歌迷们在这张唱片中又一次听到了他情真意切的演唱。1968年末，他在NBC电视节目"68回归特别演出"（'68 Comeback Special）上的表现更加精彩。

右图 1956年8月，Elvis在佛罗里达迈阿密的奥林匹亚剧院（Olympia Theater）尽情舞蹈。

瘦身成功的Elvis身着一套黑色紧身皮衣，十分迷人。他的嗓音更低沉深情，找回了昔日的专注和灵动。《Elvis In Memphis》（1969）——Elvis最优秀的作品之一——标志着他完成了艺术上的转型；专辑中收录的"In The Ghetto"关注社会，极具煽动性，在Elvis作品中十分少见，在排行榜上最高排到第三名。同年晚些时候，"Suspicious Minds"让他时隔七年于1962年重返排行榜冠军宝座。不过，他还能现场演出吗？Elvis很快用行动回答了这个问题：1969年7月31日，猫王在拉斯维加斯的国际大酒店登台，以充满活力的全新面貌演唱了50年代的热门歌曲和他的后期作品。Elvis再度回归。

随后，猫王的事业逐渐衰落。当然，低潮中也偶有亮点——1972年6月他在麦迪逊广场花园（Madison Square Garden）的四场演出的门票全部售罄，1973年名为"Elvis：来自夏威夷的问候"（Elvis: Aloha From Hawaii）的演出共吸引了十亿观众通过卫星电视观看。然而随着70年代时间的推移，舞台演出变得越来越缺乏新意，编曲过度浮夸，Elvis的表现则愈发古怪、疲惫。

他的个人生活也一波三折。在此前的几年中，Elvis愈发忧郁，这也跟他服用的处方药有一定关系。（服役时，他就开始在执行任务时服用安非他命。）情绪低落，加上习惯性的招蜂引蝶，导致了他的婚姻破裂：1971年12月，Priscilla离开了他，投入了Elvis空手道老师的怀抱。他天生的慷慨和挥金如土的生活方式带来了财务问题。因为借暴饮暴食安抚情绪（油炸花生酱香蕉三明治，有谁想吃吗？）又患有结肠疾病，他的体重开始增加——曾经英俊的摇滚之王变成了又矮又胖的搞笑人物，需要穿塑身衣才能把自己塞进表演穿的连身衣中。

1973年10月11日，他与Priscilla正式离婚。几天之后，他陷入半昏迷状态，病因据推测可能是心力衰竭——另外，医生不合理的处方可能也影响了他的身体状况，让他对含有鸦片的药物产生了终身依赖。（录音师Bill Porter曾经问过Elvis的医生如何戒除Elvis的毒瘾。医生的回答是："死之前没有希望了。"）当时，他服用类固醇药物治疗便秘和肾上腺问题；这些药物会导致体重上升，所以他同时还在服用减肥药。另外，年复一年，他从未停止巡演。

1977年8月16日下午2点左右，Elvis的未婚妻Ginger Alden在Elvis的居所雅园（Graceland）的洗手间里发现了他的尸体；表面看起来，他好像是从马桶上跌落，倒在了地板上。尸检显示当时他的体内共含有十四种不同的药物，可能正是多年的滥用处方药让他的心脏和其他重要器官愈发衰弱，造成了他的死亡。当时他重达三百五十磅，心脏肥大异常。一位医院工作人员的还说过："Elvis的动脉老化程度无异于八十岁老人。"

去世之后，Elvis曾一度淡出过人们的视线。三十年之后，他所取得的成就愈显卓越，还有人坚信这一切不过是Elvis为了远离压力，开始新生活而自导自演的骗局。因此，坊间也不断有"见到猫王"的消息传出。即便在去世之后，Elvis的领头羊地位也没有改变：2006年他凭借五千二百万美元的年收入成为了世界上收入最高的已故明星。

对页左图 1975年7月，Elvis在纽约长岛的拿索体育馆（Nassau Coliseum）现场演出。当时他依然星光熠熠——而且人气一路攀升。

左图 60年代中期，Elvis的好莱坞岁月。

MARC BOLAN
(MARK FELD)
车祸

生于：1947年9月30日

卒于：1977年9月16日

Mark Feld对名望的追求——和对假名的钟爱——开始得很早。1962年，一篇有关摩登族（Mods）【译注：摩登族是50年代晚期在伦敦兴起的亚文化现象，在60年代中期达到顶峰。这种亚文化的主要元素是时尚、音乐和机车】的杂志专题中有一则潮人Feld的采访。十七岁时，他是名叫Toby Tyler的民歌歌手。然而他的事业并没有就此起步，很快"Marc"Feld移居法国。在"摇摆伦敦"（Swinging London）【译注：泛指60年代在伦敦兴盛的时尚和文化潮流】的全盛时期，Feld与Decca（迪卡唱片）签约录制唱片；他1965年发行的单曲"The Wizard"标志着Marc Bolan的首次登场。然而这又是一次无效起跑。在以风格夸张著称的著名迷幻乐队John's Children打拼半年也没能让他的事业起航。

> "我想和（James）Dean一样在车祸中死去，我个子这么小应该坐迷你。"

与打击乐手Steve Peregrine-Took合作之后，Bolan终于等到了好运降临，两人组成的乐队Tyrannosaurus Rex专门制造怪趣的嬉皮音乐和《My People Were Fair And Had Sky In Their Hair...But Now They're Content To Wear Stars On Their Brows》（1968）这样的专辑标题。Bolan在1970年发行的单曲"Ride A White Swan"中，把这种怪趣移植到电子乐队（T-Rex，与前身相比更具冲击力）身上之后，终于取得了重大突破。这首歌是英国榜亚军；Marc Bolan的事业就此开始腾飞。

他货真价实的创作技艺、英俊精致的外表和顽皮的中性风格让Bolan在70年代早期的英国成为了华丽摇滚贵族。从1970年到1973年，T-Rex共有十一首单曲打进英国榜前十名（其中有四首是冠军歌曲）。其中最优秀的歌曲——"Hot Love"、"Get It On"、"Jeepster"、"Telegram Sam"、"Metal Guru"、"Children Of The Revolution"和地动山摇的"20th Century Boy"——是朗朗上口、经久不衰的青少年神曲，Bolan接近早期摇滚风格的大胆吉他重复乐段是这些歌曲的核心。（少年时，Bolan曾经在伦敦的哈克尼帝国剧场［Hackney Empire］观看过Eddie Cochran的演出；据说演出结束后是他帮助Cochran把吉他拿回到车上。）"Get It On"以"Bang A Gong（Get It On）"的名字发行，是他们唯一一首真正的美国热门歌曲，在1972年打进榜单前十名，当时有一批英国华丽摇滚歌曲在美国走红，这首歌就是其中之一。然而，成功让这位体型矮小的流行歌星变得傲慢。

Bolan在《克里姆》杂志（Creem）上贬低了竞争对手David Bowie（"我认为David还远远不够资格和我竞争"）和Slade（"任何人都不应该把他们与我相提并论"）。事实上，1973年Bolan接受这个采访时，T-Rex已经开始走下坡路了。Bowie70年代几乎痴迷于形象重塑；相反地，华丽摇滚的热潮消退之后，Bolan的事业也随之衰落。为避税在摩纳哥居住期间，他身材走样，对可卡因也愈发依赖。经历过一次心脏病发作之后，他回到英国重返乐坛。

1977年9月16日凌晨5点过后，Bolan和女友Gloria Jones（因"Tainted Love"而著名）从一家伦敦夜店出发回家。在巴恩斯（Barnes）女王大道（Queen's Ride）上的一个事故多发路段，Jones驾驶的紫色迷你GT滑出路面撞上一棵树。Jones虽然受伤，但保住了性命；Bolan受到严重冲击，被甩到汽车后座，当场死亡。（他们撞上的那棵树现在是纪念Bolan的神龛。）令人毛骨悚然的是，他曾对经纪人Simon Napier-Bell说过："我想和（James）Dean一样在车祸中死去，我个子这么小应该坐迷你。"

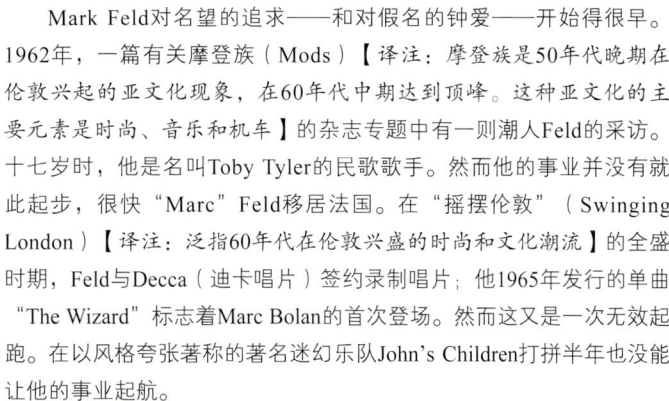

右图 华丽大师1973年在伦敦演出。

被诅咒的乐队
LYNYRD SKYNYRD

去世人员名单

RONNIE VAN ZANT
（Ronald Wayne Van Zant）
生于：1948年1月15日
卒于：1977年10月20日

STEVE GAINES
（Steven Earl Gaines）
生于：1949年9月14日
卒于：1977年10月20日

CASSIE GAINES
生于：1948年1月9日
卒于：1977年10月20日

DEAN KILPATRICK
卒于：1977年10月20日

右图 Lynyrd Skynyrd专辑《Street Survivors》（1976）最初的封面。

中图 1974年演出中的Lynyrd Skynyrd，左起：Allen Collins、Ronnie Van Zant、Gary Rossington、Ed King和Leon Wilkeson。

对页右图 70年代的乐队照片。

在考虑1977年巡演租什么飞机的时候，Aerosmith放弃了康维尔公司（Cornvair）的产品。他们听说康维尔的飞行员喜欢时不时地喝上几杯杰克丹尼威士忌（Jack Daniels）或者抽一抽大麻烟卷。然而，不是当时所有的摇滚乐队都这么挑剔。

Lynyrd Skynyrd的雏形是My Backyard——由歌手Ronnie Van Zant、吉他手Allen Collins、Gary Rossington、贝斯手Larry Jungstrom和鼓手Bob Burns组成的高中乐队。在确定Lynyrd Skynyrd（Lynyrd Skynyrd是Leonard Skinner的变体，Leonard Skinner则是一位体育老师的名字，Bob和Gary因蓄长发经常被他为难）这个名字之前，乐队的阵容和名字都发生过很多变化（The Noble Five、The Wildcats、Sons Of Satan、One Percent都是他们使用时间不长的曾用名）。

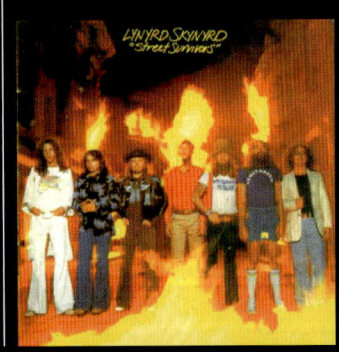

70年代初，他们作为一支出色的南方摇滚乐队为人所熟知，1973年专辑《Pronounced Leh-Nerd Skin-Nerd》中收录的歌曲"Freebird"（这首歌是对当时刚刚去世的摇滚歌手Duane Allman的纪念，Allman的作品至今仍常被电台播放）是他们激情四射音乐风格的最佳体现。续作《Second Helping》中收录的作品"Sweet Home Alabama"在公告牌排行榜上最高排到第八名，这首歌是对Neil Young攻击美国南方的作品"Southern Man"诙谐的回应。此后几年，Skynyrd现场演出的名气越来越大，他们的演出常常打破票房纪录。同时，在参与酒吧斗殴方面，坏小子主唱Van Zant也创造了属于他的伟大纪录。截止1976年末，他们拥有四张金唱片，当年发行的现场双专辑《One More From The Road》更是卖出了白金销量。人们对乐队宣传新专辑《Street Survivors》的巡演的期待很高，这张强势专辑最初的封面是乐队站在火焰当中的场景。这样的封面最终被弃用也在情理之中。

1977年10月19日，Lynyrd Skynyrd为巡演租用的康维尔240（Corvair 240）飞机引擎起火。伴唱歌手Cassie Gaines为此深感不安，她拒绝再次乘坐康维尔的飞机，还订好了前往巡演下一站路易斯安那大学的商业航班机票；最终，她还是因为乐队其他成员的嘲弄与他们一同登上了康维尔的飞机。

次日下午4点左右，飞机向休斯敦空中交通管制中心发出求救信号，表明飞机处于燃油不足极度危险的状态（据推测飞机上的

员和乐队巡演器材管理员Dean Kilpatrick均不幸身亡；其他二十位乘客不同程度受伤。坠机事件还有一则丑陋的故事：大量拾荒者当晚光顾了事故现场，捡走了那里（以及幸存者）身上所有的财物。"副驾驶员John Gray前一天晚上喝多了，"幸免于难的键盘手Billy Powell说，"据我所知，他当时酒还没醒。"

"副驾驶员John Gray前一天晚上喝多了……"

燃油可能因为飞行员的误操作被意外丢弃）。

很快，这架康维尔飞机的两部引擎全体停止运转，飞机在密西西比州吉尔斯堡（Gillsburg）附近以九十英里的时速坠毁，摔得粉碎。Ronnie Van Zant、Cassie Gaines、Steve Gaines、两位飞行

TERRY KATH
(Terry Alan Kath)
自己造成的枪伤

生于：1946年1月31日

卒于：1978年1月23日

这在现在看来可能确实有些令人难以置信，但70年代的大牌温和摇滚（soft rock）乐队Chicago最初确实十分激进。乐队最早被经纪人James Guercio命名为Chicago Transit Authority【译注：Chicago Transit Authority意为芝加哥权威交通管理部门】。1969年发行的同名出道专辑将他们诱人的爵士摇滚风格展示得淋漓尽致，这张专辑收录了他们对The Spencer Davis Group经典放克作品"I'm A Man"的热门翻唱。Terry Kath的嗓音和极具想象力的吉他演奏是Chicago Transit Authority早期作品的核心（Jimi Hendrix就是他的粉丝之一），他的大段独奏极具代表性，他本人也是这支新生乐队实际意义上的领袖。

芝加哥巴士公司——芝加哥真正的权威交通管理部门——诉诸法律的威胁让乐队不得不改名，他们以Chicago的名义发行了打进排行榜前十名的第二张专辑《Chicago II》（1970）。

这张专辑收录了热门单曲"Make Me Smile"和"25 Or 6 To 4"，后者有一段令人难忘的Kath独奏；这张专辑也开启了乐队一成不变——毫无创意——的专辑命名传统，这种模式持续不断地延续到了1999年的《Chicago 26》。

出于顺应时代发展和追求商业利益的需要，Chicago的音乐逐渐失去了鲜明的棱角。"Feelin' Stronger Everyday"（1973）、"Old Days"（1975）等热门歌曲都是乐队整顿后的作品；尽管Chicago一向在美国更为成功，"If You Leave Me Now"（1976）也成为了英国榜冠军。1977年的《Chicago XI》是Kath参与的最后一张Chicago专辑，据传他当时正在筹备个人专辑。然而他没能实现这个计划。

"别担心——没有子弹，不信你看？"

三十三岁生日前一周，Kath和他的妻子Camelia在洛杉矶伍德兰山（Woodland Hills）出席了Chicago乐队技术员Donnie Johnson举办的派对。派对接近尾声的时候，喝醉的Kath主动开始清洁一把属于Johnson的.38口径左轮手枪。（他本人也是枪械收藏爱好者，经常随身带枪。）醉酒的Kath神志不清，行为不可预测，让Johnson非常担心：他甚至用枪指着自己的脑袋并扣动了扳机。枪膛中没有子弹，Johnson松了口气，但是Kath还要继续。

他从口袋里掏出一把他随身携带的9mm半自动手枪，Johnson看到之后立刻警告他危险。Kath取下弹盒——他忘记了有些半自动武器在弹盒被取走之后依然存有子弹——举起枪对准了自己的脑袋。"别担心——没有子弹，不信你看？"说出这句著名的临终台词之后，Terry Kath扣动了扳机——随即脑袋开花。

右图 Terry Kath将他的个人定制版芬德牌（Fender）Telecaster吉他用到极致。

KEITH MOON
(KEITH JOHN MOON)
药物过量

生于：1946年8月23日

卒于：1978年9月7日

"各种大地震，"Moon在The Who的电影《不赖的小伙子》（The Kids Are Alright，1979）中说道，"泰坦尼克和好几场空难都奈何不了我。"

Moon连续十几年展现出卡通人物一般的顽强生命力。他把樱桃爆竹（cherry bombs）冲进酒店的下水道里，像喝水一样喝白兰地，把劳斯莱斯开进死水塘里（媒体"摇滚明星将劳斯莱斯开进游泳池"的报道也让他名垂青史），彻底革新了摇滚鼓点——还是《布偶秀》（The Muppets）中的人物艾尼莫（Animal）的原型。

1964年，十七岁的Moon声称他比The Who当时的鼓手优秀，随后加入乐队。打烂一套鼓之后，他已成为乐队核心。尽管最适合现场欣赏，Moon的鼓点也是乐队经典作品"I Can See For Miles"、"Bargain"、"Won't Get Fooled Again"和"The Real Me"中不可或缺的组成部分。他在一套配有两个低音鼓的架子鼓上挥洒激情，风头几乎要盖过主唱Roger Daltrey和吉他手Pete Townshend。为了让他的鼓在电视节目"斯玛兹兄弟喜剧秀"（The Smothers Brothers Comedy Hour）上更加抢眼，他在鼓中填充了爆炸物。随后在"My Generation"高潮部分发生的爆炸导致另外一位客座明星Bette Davis昏倒，并引起了Townshend的耳鸣。

他在家里也从不安分，不是和情人爆发激烈的争吵，就是大声播放他喜欢的Beach Boys歌曲。1970年的一个晚上，在带领朋友躲避一群蛮横的酒吧客人时，他意外撞倒并杀死了他的朋友兼司机Neil Boland。Moon没有因为这件事被定罪，但却久久不能释怀。

他谈吐风趣、魅力十足，Ringo Starr（他的儿子后来曾担任过The Who的鼓手）和助手Dougal Butler（他撰写的《疯子穆恩》[Moon The Loon]是了解Moon的必读书籍）都是他的好友。不过，Townshend的华丽风格让他十分失望；1974年的独唱专辑《Two Sides Of The Moon》是他对回归本源热情却又绝望的尝试。他英俊的外表因酗酒而不复存在，为了治疗抑郁症，他还服用剂量惊人的药物。他曾在演出中一头栽倒在架子鼓上，事后调查显示他的身体里有大量动物用镇静剂。

1978年9月7日，与Paul和Linda McCartney一同出席电影《巴迪霍利传》（The Buddy Holly Story）的试映后，Moon返回了他位于梅费尔（Mayfair）的公寓。这座房产属于Harry Nilsson（1973年和1974年期间，Moon和正在经历"迷失周末"[lost weekend]【译注：John Lennon称他和Yoko Ono分开的十八个月为"迷失周末"】的John Lennon与Harry Nilsso一同度过了很多疯狂的夜晚），也是四年前Mama Cass去世的地方。Moon看了Vincent Price主演的电影《歌剧院杀人王》（The Abominable Dr. Phibes），吃下三十二颗治疗酒精上瘾的药丸（巧合的是他当时正好也是三十二岁）——从此一睡不醒。验尸官将他的死亡定性为意外。

Roger Daltrey和Eric Clapton都出席了他的葬礼，前者送去的花圈表现的主题是一个砸进电视的香槟瓶子。Moon的骨灰被撒在位于北伦敦的哥德斯格林火葬场（Golders Green Crematorium）。

Moon在乐队期间The Who发行的最后一张专辑《Who Are You》（1978）的封面上，Moon骑着的椅子上面写着"不得取走"。他的离去对The Who的影响，在此后几十年都未曾消减。

右图 70年代末，舞台上的疯子Moon。

DONNY HATHAWAY
(Donny Edward Hathaway)

跳窗自杀

生于：1945年10月1日

卒于：1979年1月13日

70年代初，歌手/创作人/制作人Donny Hathaway是R&B乐坛炙手可热的才子。他用福音风格的柔情演唱诠释世俗歌曲，拓展它们的深度，影响了The Whispers、George Benson、George Benson等风格各异的音乐人——或者在他们的作品中被提及。

Hathaway的音乐生涯开始得很早。他三岁就以"全国最年轻的福音歌手Donny Pitts"的名义与祖母福音歌手Martha Cromwell一同巡演，对音乐和宗教的热爱伴随了他的一生。60年代中期，他考虑过投身宗教事业，然而，凭奖学金在华盛顿特区的霍华德大学（Howard University）完成学业之后（他学习的专业是音乐理论），他选择了担任爵士乐队Ric Powell Trio的键盘手。

回到家乡芝加哥之后，Hathaway担任了The Impressions和Pops Staples等众多优秀音乐人的制作人，随后作为独唱音乐人/创作人/制作人签约Atlantic Records（大西洋唱片）。首张专辑——流畅深情的《Everything Is Everything》（1970）——发行之后，他得到了制作人Jerry Wexler（他认为Hathaway是"我遇到的最优秀的音乐理论家"）的帮助和鼓励。Hathaway的第二张专辑《Donny Hathaway》（1971）成绩更加出色，其中，他与Roberta Flack对James Taylor作品"You've Got A Friend"的对唱翻唱打进了排行榜前十名。两人是霍华德大学的同学，后来合作发行的专辑《Roberta Flack And Donny Hathaway》（1972）和歌曲"Where Is The Love"都非常成功，后者销量过百万并打进了排行榜前十名。70年代后期Hathaway将工作重心转移到了音乐制作上，不过1978年他再次与Flack合作演唱大热单曲"The Closer I Get To You"。两人亲密的对唱引起了人们对他们关系性质的猜疑，不过即便Hathaway倾慕Flack，他的感情也没有得到回应：Flack的婚姻十分美满。

他的去世至今仍谜团丛生。Donny Hathaway从纽约埃塞克斯酒店（Essex House Hotel）的十五楼坠落后死亡（他落在了二楼的窗台上），表面上看，他先小心地取下了窗户玻璃，然后从窗户中跳出。官方将他的死因定为自杀（"没有成年人会从齐腰的窗户意外摔落，"验尸官坚持道），但是他没有留下遗书；另外，Jesse Jackson神父后来在为他致悼词的时候也指出，要自杀的人不会特地戴上帽子，系上围巾再穿上大衣。Hathaway确实会时不时地抑郁一阵，但是他身边的人都觉得他去世那天心情不错：Hathaway和Flack在纽约见面为新的对唱专辑录制新歌——Flack此后发行的专辑《Roberta Flack Featuring Donnie Hathaway》（1980）收录了其中两首——据说他当时非常开心。

也许他的信仰才是解开这个谜团的钥匙。在家乡芝加哥的时候，Hathaway经常从他位于十七层的公寓中探出头来传教甚至引吭高歌——让邻居不胜其烦；他还曾因此被赶出很多酒店。他的英年早逝有没有可能是过度热情的布道所引发的意外呢？

右图 Justin Timberlake最喜欢的艺人就是Donny Hathaway。

SID VICIOUS
(SIMON JOHN RITCHIE,
后改名为 SIMON JOHN BEVERLEY)
药物过量

| 生于：1957年5月10日 |
| 卒于：1979年2月2日 |

Simon John Beverley（原名Simon John Ritchie，很快就会成为Sid Vicious）显然不屑于整天在Malcolm McLaren位于国王大道（King's Road）的精品店"性"（Sex）混日子——尤其是在他的朋友John Lydon1975年末接受McLaren的邀请成为新乐队Sex Pistols的主唱之后。次年，Vicious组建了短命的Flowers of Romance；1976年9月他在100俱乐部（100 Club）为刚刚起步的Siouxsie And The Banshees打鼓。1977年3月，Lydon（也就是Johnny Rotten）邀请他加入Sex Pistols，担任贝斯手。

> "死掉没什么值得骄傲的，"John Lydon在《Rotten》中不屑一顾地写道，"每个人都能做到。"

轻微的暴力行为之外，"那时Sid还像个孩子一样，"多年后Lydon在他的自传中回忆道。还有很多人评价他天资聪颖是个怪才。此时，发型和性格都可以用"刺头"来概括的Vicious已经拥有Sex Pistols成员的必备气质，他的形象与传统明星相去甚远，行为则与形象逐步靠拢。不过，事情是在他遇见Nancy Spungen——大多数人对她的印象都很糟糕——之后才变得一发不可收拾。这位来自纽约的金发女郎让Sid神魂颠倒，不久，海洛因成为了他的下一个痴迷对象。问题在乐队1978年不幸的美国巡演期间集中爆发。在达拉斯，Vicious上台时裸露的胸膛上刻着"给我解脱"（Gimme a Fix）几个字。他们的最后一场演出——在旧金山的温特兰舞厅（Winterland Ballroom）举行——以Rotten著名的退出宣言"你们知道被背叛的感觉吗？"结束。事情本应就此告一段落，但是Rotten离开之后Sid接过话筒录制了令人难忘的新版"My Way"（为他伴奏的个个都是大明星）——这首歌是乐队主演的电影《摇滚骗局》（The Great Rock 'n' Roll Swindle）中的亮点之一——并凭借对Eddie Cochran作品"Somethin' Else"和"C'mon Everybody"的翻唱收获了两首英国热门歌曲。

10月12日，Vicious从他和Nancy同住的切尔西酒店（Chelsea Hotel）房间致电纽约警方表示Nancy被人刺伤。Spungen穿着浸透鲜血的内衣躺在浴室的水池下面，已经死亡；Vicious被控二级谋杀，随即住进了臭名昭著的莱克斯岛教养所（Riker's Island Penitentiary）的病房。乐队经纪人McLaren用乐队厂牌Virgin（维京唱片）提供的二万五千美元（当时约合五万英镑）将他保释了出来。

1979年2月2日，Vicious在格林威治村（Greenwich Village）的一个派对上去世，死因是吸食过量海洛因引起的肺部积水；当时他吸食的毒品是他母亲付钱购买的。Vicious希望被葬在Nancy身边，这一要求被Spungen的母亲拒绝，不过他的骨灰可能被悄悄地洒在了Nancy的墓上。也有其他传闻显示他的骨灰瓮在机场被意外打碎（或扔进了垃圾桶）。

Sid狂乱的一生在混沌中画上了句号。朋克乐坛的第一位烈士就此诞生，但是Lydon对制造神话毫无兴趣："死掉没什么值得骄傲的，"他在《Rotten》中写道，"每个人都能做到。"

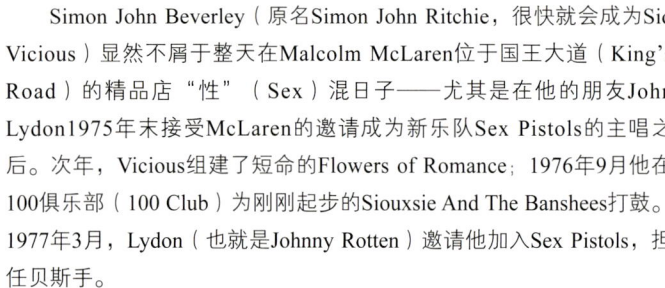

右图　1977年1月，Sid和Nancy在伦敦。

LOWELL GEORGE
(Lowell Thomas George)
心脏病突发

生于：1945年4月13日

卒于：1979年6月29日

他们是Jimmy Page"最喜欢的美国乐队"。Jackson Browne称他们的创始人是"摇滚乐坛的Orson Welles"。Pink Floyd校音时就播放他们的歌曲"Lafayette Railroad"。他们1975年在欧洲巡演的时候——让主秀乐队Doobie Brothers黯然失色——单独活动多年的The Rolling Stones成员集体露面与他们见面。

他们是Little Feat，他们的领袖名叫Lowell George。"他魅力十足，体型像只大熊，"《魔咒》杂志（Mojo）的一位作者回忆道，"他身上的衣服又旧又皱，本人则嗑药嗑得神志不清，根本没法走酒店套房里的螺旋楼梯。"George在音乐方面从小多才多艺，他在吉他划奏（slide guitar）从布鲁斯被引入摇滚的过程中起到了关键的作用。1965年，他首次加入乐队，为The Factory效力，还在车库摇滚组合The Standells（"Dirty Water"是他们最著名的作品）做过短暂停留。"我顶替了主唱Dicky Dodd……"他在接受《锯齿》杂志（ZigZag）的采访时说道，"他因为不能忍受退出了乐队。后来我也因为同样的原因选择了退出。"随后他加入了Frank Zappa的Mothers Of Invention。"他们一开始是雇我当主唱的……"George回忆道，"但是我最终还是主要负责弹吉他。"

为一系列Zappa专辑增光添彩之后——他对1969年经典专辑《Hot Rats》也有贡献，但没有署名——George被赶出了Mothers of Invention，据说是因为他建议乐队录制他的歌曲"Willin'"（显然为人节制的Zappa反对这首歌中对毒品的多次提及）。

试音带取得积极反响之后——"Willin'"被Linda Ronstadt看中——George大受鼓舞，组建Little Feat（乐队的名字来自Mothers 鼓手Jimmy Carl Black对Lowell 8码的脚的评论）【译注：美国8码相当于欧洲42码。Little Feat与表示"小脚"的"Little Feet"发音相同】。推出"Dixie Chicken"和"Feats Don't Fail Me Now"等经典歌曲之后，他们凭借1978年的现场专辑《Waiting For Columbus》登上了演艺事业的高峰。

1979年6月28日，George在拥有大量Little Feat歌迷的华盛顿特区演出，这场表演是他宣传独唱新专辑——乐坛期待已久的《Thanks, I'll Eat It Here》——巡演的一站。次日，他在弗吉尼亚州阿林顿（Arlington）的双子桥万豪酒店（Twin Bridges Marriott Hotel）去世，享年三十四岁。

官方判定的死因是心脏病突发。"George变得非常胖，"《新音乐速递》（NME）报道，"他的体重可能接近三百磅，去年大半年他都因为肝炎而身体衰弱，肝炎也可能是他肥胖的罪魁祸首之一……一位歌迷曾经说过，就他的体型和健康状况来说，George的精力似乎旺盛得不太正常。"

然而，根据目击者的说法，他的尸体"嘴唇惨白，眼周发青……与因吸毒过量而死亡的人呈现的症状一致。"《新音乐速递》还引用了一位酒店工作人员的说辞，他声称看到了"半个网球球桶大小、残留着白色粉末的空瓶"。1979年7月2日，George在华盛顿被火化。根据本人遗嘱，他的骨灰由家人撒入太平洋。Little Feat后来复出，吸纳歌手兼创作人Craig Fuller之后，乐队在80年代和90年代初相当成功。"在我们迈向80年代时，摇滚音乐将会迎来什么样的未来？"1978年《潮流》杂志（Chic）提出了这样一个问题。"还是那些换汤不换药的老东西，"George回答道。

右图 1978年，Lowell George作为Little Feat成员演出。

BON SCOTT
(Ronald Belford Scott)
急性酒精中毒

| 生于：1946年7月9日 |
| 卒于：1980年2月9日 |

"Bon是个非常独特的人，"AC/DC的Angus Young 1979年说道，"他疯狂又伟大。"Scott则简明扼要地说："我是这支乐队里的诗人。"

"嗨，撒旦！我参加过摇滚乐队/已经付出代价/……我即将到达应许之地……我在通往地狱的高速公路上疾驰！"他为自己撰写了摇滚乐坛最精彩的墓志铭，诗人的称号名副其实。

Ronald Belford Scott加入AC/DC之前人生道路十分坎坷。他1946年在苏格兰出生，儿时移居澳大利亚。"听到我的苏格兰口音之后，我的新同学说要把我踢得屁滚尿流。如果想逃过一劫的话，就必须在一周之内学会他们的口音。当然，这一套对我不起作用。没人可以强迫我做任何事情。"

他加入过一些澳大利亚的乐队，较为著名的是泡泡糖（bubblegummy）流行乐队The Valentines和嬉皮乐队Fraternity。"赚钱并不是我们的终极目标，"作为Fraternity成员接受采访时他曾说过，"我们希望能帮助彼此成长和生活。"

在一次严重的摩托车事故之后，Scott离开了Fraternity，1974年，他偶尔为刚刚起步的AC/DC担任司机。相较于他的车技来说，乐队十分欣赏他的唱功，很快便邀请他加入并担任主唱。

"可能除了公开我的房间号码之外，"Scott宣称，"我这辈子没有向任何人传达过任何讯息。"在乐队越来越受欢迎的专辑中——如Keith Richards的最爱《Powerage》（1978）和卖出好几百万张的《Highway To Hell》（1979）——不乏这种酒鬼式的恶作剧顽皮。

Scott个人风格强烈的作品包括挑逗的"Whole Lotta Rosie"，将自己神灵化的"Live Wire"和一反常态充满反思的"Ride On"。1980年2月15日，Scott与法国乐队Trust重新录制了"Ride On"。这也是外界所知他人生中的最后一次录音。

2月19日，他在伦敦的一家俱乐部泡吧，凌晨3点与友人Alisdair Kinnear一同离开。Kinnear无法把烂醉如泥的歌手从车里拖出来，只能让他在车里睡觉醒酒。第二天早晨他醒来之后，发现Scott因自己的呕吐物窒息死亡。"意外死亡，"验尸官对他的死因做了如此定论，"急性酒精中毒。"他的遗体在澳大利亚西部的弗里曼特尔公墓（Fremantle Cemetery）被火化。

AC/DC继续了他们的音乐旅程，于1980年推出《Back In Black》，专辑朴素的封面和开头的丧钟都是对Scott的纪念。Scott随性打出的鼓点成为了这张专辑的同名歌曲，他甚至推荐了顶替自己的人选——Brian Johnson作为Geordie成员在舞台上的嘶吼让他印象深刻，不过他并不知道Johnson是因为得了阑尾炎才献上了如此充满激情的演出。

Scott留下的音乐遗产在AC/DC1997年发行的盒装套装中再次得到传扬。不过他本人可能会认为他去世之后在其他方面引起的波澜更加有趣。2007年，有传闻说出演警匪剧《盾牌》（The Shield）的演员Alex O'Loughlin是他的儿子。另外，2006年在Scott六十岁冥寿那天，立在他墓地上的一块铭碑被盗。

右图 1979年，Bon Scott在伦敦演出。

IAN CURTIS
(IAN KEVIN CURTIS)

上吊自杀

生于：1956年7月15日

卒于：1980年5月18日

在1993年的纪录片《新秩序故事》（New Order Story）中，Peter Hook被问到谁是乐队里最懒的成员。"Ian Curtis，"这位贝斯手回答道，"我觉得他连续好几年什么都没做。"

1976年，在Sex Pistols的启发下，Curtis与Hook和吉他手Bernard Dicken（后来的Sumner）联手创立了自己的乐队。随着鼓手Stephen Morris的加入，1977年Joy Division正式诞生。尽管常常与低沉静谧的合成器联系在一起，当时的乐队其实相当暴力；制作人向他们的录音中增录合成器效果之后，他们干脆直接放弃了首张专辑。"Transmission"（后被The Smashing Pumpkins翻唱）和"Dead Souls"（后被Nine Inch Nails翻唱）都是乐队早期的经典作品。

在1979年Martin Hannett制作的阴郁专辑《Unknown Pleasures》中，他们的音乐风格发生了改变。Martin Hannett的另外一个客户U2曾经在Joy Division录制"Love Will Tear Us Apart"期间造访，看到他们在听Wagner和Frank Sinatra的作品之后表示十分困惑。乐队1980年又可怕又悲伤的作品《Closer》中并没有两者的痕迹。"乐坛没有比Joy Division更黑暗的地方，"Bono回忆道，"他们的名字、歌词和歌手就像一块无比巨大的乌云。"

与此同时，Joy Division准备开始首次美国巡演。1980年5月18日航班起飞之前，Ian Curtis在自家厨房上吊自杀。年仅二十三岁。

他的死因永远是个谜。根据他妻子Deborah的说法，Curtis留给她的信并不是遗书。在信中，Curtis表示感到无法与妻子沟通，希望妻子暂时不要与他联系。事实上，Curtis当时与比利时女孩Annik Honoré有染，这也让这一事件更加扑朔迷离。

Curtis的癫痫是他自我了断唯一合理的理由，此前他也因此自杀未遂。"每个人都有自己的理论……"Joy Division厂牌老板Tony Wilson的妻子Lindsay Reade说道，她还曾与人合著过一本有关Curtis的书籍，"……但是如果用心研究的话……癫痫确实是最合理的解释，他因患病身体虚弱，对未来感到无望。"在写给Deborah的信中，他说道："此时此刻我希望我已经死去，我再也无法面对这一切了。"

《Closer》——在Curtis去世之前就设计好的封面上有一具坟墓中被包裹好的尸体——成为了不朽的经典。"Love Will Tear Us Apart"【译注：意为"爱让我们分离"】——Curtis被葬在位于柴郡的麦克尔斯菲尔德公墓（Macclesfield Cemetery），墓碑上就刻着这首歌的标题——成为了乐坛最受欢迎的歌曲之一。

市面上有不少与他的故事有关的书籍，其中较为著名的是Deborah Curtis的《触不可及》（Touching From A Distance）。2007年9月，根据Curtis生平改编的电影《控制》（Control）上映，这部影片由Joy Division的摄影师Anton Corbijn导演，使用了Iggy Pop的音乐，Curtis去世时唱片机上的唱片就是Iggy Pop的《The Idiot》。

Joy Division剩余的三位成员继续合作，创立New Order。"曼彻斯特南面的近郊有一个墓园，"《面孔》杂志（The Face）1983年报道说，"墓园旁边有一个排练间，New Order的四位成员就在这里练习。他们确实挺有幽默感的。"

左图 年轻的歌手就长眠在这里：歌手位于英格兰柴郡（Cheshire）的坟墓。

JOHN BONHAM
(JOHN HENRY BONHAM)

窒息

生于：1948年5月31日

卒于：1980年9月25日

从Frankie Goes To Hollywood到Dr. Dre，从Depeche Mode到Massive Attack，一段鼓点——因不断被引用——响彻云霄四十年。它来自"When The Levee Breaks"——Led Zeppelin没有名字的第四张专辑中收录的一首歌曲，由John Henry Bonham演奏。

1948年，"Bonzo"历经艰险才来到这个世界。他的母亲分娩二十六小时将他生下之后，他心脏停跳，经医生抢救才捡回一条命。一位护士说"那是一个奇迹"。

十岁就开始打鼓的Bonham与歌手Robert Plant都曾是乐队Band Of Joy的成员。在舞台上，为了与其他人分享聚光灯，他的鼓都放得很靠前。"你算是不错的了，"他曾经对Plant说，"不过你唱歌的能耐不

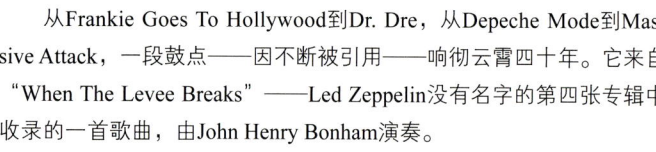

"昨晚打碎1019房间所有窗户的人……"

及我打鼓水平的一半。"Jimmy Page在The Yardbirds解散之后邀请两人与他一起重组乐队。乐队最初叫做The New Yardbirds，很快改名为Led Zeppelin（为此Bonzo拒绝了Joe Cocker和Chris Farlowe的邀请）。随着贝斯手John Paul Jones的加入，历史上最伟大的乐队之一就此诞生。Page表示他们为了Bonham必须买更大的扩音器。

他的鼓点是很多Zeppelin经典作品的核心。"Rock And Roll"的开头是他演奏的Little Richard作品"Good Golly Miss Molly"中的鼓点。录制"When The Levee Breaks"时，他把架子鼓放在楼梯井里，把麦克风设在三层楼之上录制充满回响的鼓声。"Kashmir，"用Plant的

话说，"则是因为他没有肆意发挥而出色。"Bonzo还为乐队贡献了"Sick Again"中的干咳，"In My Time Of Dying"最后的"就是这个了"，以及"Out On The Tiles"的创作灵感。

舞台上，他打扮得好似《发条橙》（A Clockwork Orange）中的流氓，在乐队演奏"Moby Dick"时上演大段独奏（这首原名"Pat's Delight"的歌曲是为他的妻子创作的）。舞台下，他在酒店走廊里骑摩托车，也时常践行Led Zeppelin的著名爱好——破坏。"昨晚打碎1019房间所有窗户的人，" Plant在某天晚上曾经这样介绍过他，"砸碎衣柜的人，放火烧自己的床的人……安眠酮【译注：是一种镇静安眠药】先生——John Bonham！"然而70年代末，Page和Bonham都吸食海洛因。1977年Bonham因车祸折断三根肋骨，并且因为殴打一名保安被捕。在1980年的一场演出中，他在三首歌之后从板凳上滑落。

1980年9月24日，一边排练一边豪饮伏特加一整天之后，Bonham在Plant位于英格兰温莎的家中过夜。次日早晨，Paul Jones发现他因自己的呕吐物窒息身亡，年仅三十二岁。他被葬在家乡伍斯特郡（Worcestershire）的一块位于拉肖克（Rushock）的墓地。

1980年12月4日，乐队解散："挚友的离世、我们对他家人的尊重以及我们曾经拥有的默契……让我们决定就此停下脚步。"随着年轻一代开始认识Led Zeppelin，随着Dave Grohl等乐坛先锋纷纷向他致敬，Bonham的传奇还将继续。

"他从来不知道自己有多么重要，" Plant说道，"他的离去简直让人恼火。"

右图 1968年9月14日，乐队The New Yardbirds在哥本哈根格莱萨克瑟青年俱乐部（Gladsaxe Teen Club）首次演出。"Bonham，"摄影师Jorgen Angel说道，"是可以用'生猛'来形容的鼓手。"一个月之后乐队改名为Led Zeppelin。

JOHN LENNON
(John Winston Lennon)
被狂热歌迷射杀

生于：1940年10月9日

卒于：1980年12月8日

作为世界上最伟大的歌曲创作二人组的成员之一，John Lennon在流行乐坛是一个不朽的神话；简单地说，他和Paul McCartney合作创作出了摇滚乐坛（可能的）最伟大的专辑《Sgt. Pepper's Lonely Hearts Club Band》（1967）以及大量经典流行歌曲，令其他创作人望洋兴叹。

人们普遍认为Lennon擅长歌词创作，McCartney则是作曲天才，然而这种宽泛的概括无法准确体现两人音乐才华上的微妙差异，Lennon在文字上的创新启发McCartney创作了一批较其一般作品更具野心的歌词（如"Eleanor Rigby"）。Lennon拥有高超的语言技巧，出版过两本充满荒诞主义幽默的书——《自己的文字》（In His Own Write）和《破坏》（A Spaniard In The Works）。前者1964年获得"福伊尔文学奖"（Foyle's Literary Prize）——对于"区区"一位流行歌手而言这可是一项殊荣。

在The Beatles掀起的第一波疯狂热潮当中，John Lennon成为了"绝妙四人组"中思维最敏捷的成员，用诙谐的话语征服了媒体和大众——这种幽默和他撰写的书籍一样，深受维多利亚时期的怪才Edward Lear、Lewis Carroll以及50年代滑稽广播节目《傻瓜秀》（The Goon Show）的影响。在新闻发布会上，他的回答总是最及时和最搞笑的。（"问题：'The Beatles是不是对政治不感兴趣？'" Lennon：'不。我们只是认为政治十分无趣而已。'）

另外，Lennon还拥有摇滚乐坛最出色的嗓音之一。他的尖叫功力一流——对"Twist And Shout"（1963）、"Money（That's What I Want）"（1963）、"Revolution"（1968）和"I Want You（She's So Heavy）"（1969）的热血演绎是首张独唱专辑《John Lennon/Plastic Ono Band》（1970）中声嘶力竭的呐喊的前奏。众所周知，这张专辑受到"原始尖叫"（primal scream）疗法的影响【译注：原始尖叫疗法是Arthur Janov创立的一种心理疗法，Janov认为儿时不幸造成的被压抑的痛苦引起了神经衰弱，在心理治疗中再次经历同一事件可以帮助病人觉察并最终去除这种痛苦】。演唱安静的歌曲也难不倒他，"If I Fell"（1964）、"Across The Universe"（1969）和"Love"（1970）也都因他的嗓音多了一分迷人的脆弱。

The Beatles成立之初，Lennon热烈的个人魅力让他成为了乐队的领袖。不过这种热血有时也会演化为暴力——1963年6月，在Paul McCartney的二十一岁生日派对上，Lennon暴打利物浦DJ Bob Wooler，让后者眼眶发黑，肋骨青紫。

Lennon的性欲也十分强烈（尽管他的妻子Cynthia 1969年才因为他和Yoko Ono的外遇与他离婚，整个60年代他的生活其实也相当放荡。）不过，他对生命、毒品（在汉堡期间吞服药片；后来是大量的大麻、致幻剂和海洛因）和性爱的渴望让他成为了著名的"摇摆"60年代的代表。这些早期的经历让他成为了一位和平主义者，在与Yoko在阿姆斯特丹蜜月时，他进行了一场倡导和平的不下床（"bed-in"）运动。"这就是我长期热衷和平的原因，"1980年在接受《花花公子》（Playboy）的采访时他说道，"最暴力的人才会去追求爱与和平。"

Lennon单飞之后先后发行了朴素的自白作品《John Lennon/Plastic Ono Band》和更加精致、更具旋律感的国际畅销专辑《Imagine》（1971），独唱事业可谓起步强劲。

然而，随着时间的推移，其他事务逐渐开始占据他生活的重心（争取获得美国绿卡；他和Yoko的儿子Sean的出生），他只是断断续续地推出了一些零散作品。70年代中期，他彻底抛弃了音乐，专心在家抚养儿子Sean。1980年，他才再次找到音乐创作的灵感。

右图 John Lennon和Yoko Ono在阿姆斯特丹希尔顿酒店的总统套房中为倡导和平连续七天不下床。

英年早逝对于John Lennon来说并不陌生。Lennon十六岁时,他的母亲被一位不在执勤的警察撞倒去世,这一事件让他多年无法释怀,造就了他性格爱嘲讽、暴力的一面("我认为我再也不需要对世界上的任何人负责了")。在他的两首个人色彩最为浓重的歌曲——"Julia"(1968)和"Mother"(1970)——中也有所体现。Lennon最亲密的大学好友是极具天赋的艺术家Stuart Sutcliffe,后来担任过乐队的贝斯手,曾随另外四人一起前往汉堡。1962年Sutcliffe在汉堡因脑出血去世,年仅二十一岁。Beatles经纪人Brian Epstein 1967年因药物过量去世,此后,绝妙四人组濒临解散——"那时我知道我们遇到了麻烦,"Lennon 1970年回忆道,"我当时想,'我们已经忍无可忍了。'"1976年,一直追随The Beatles的器材搬运员和支持者Mal Evans被洛杉矶警方射杀。Lennon被害也和以上事件一样出人意料。

1980年12月8日,Mark David Chapman拿着一张Lennon的新专辑在达科他大厦(Dakota Building)——Ono和Lennon在大厦中有一间公寓——前请Lennon签名。夜里10点49分,Lennon和Ono从Record Plant(唱片工厂)的录音棚回到达科他大厦,Lennon下车走向入口时,Chapman带着一把.38左轮手枪再次出现并呼唤"Lennon先生?"Lennon转身时,Chapman朝他连开五枪,击中了他的手臂和背部。在随后的混乱中,Ono尖叫着要叫救护车,Lennon则挣扎着通过六级台阶爬进门房的办公室,呼吸困难地说:"我中枪了,我中枪了。"警察两分钟之内赶到并将他送往罗斯福医院(Roosevelt Hospital),那里的医护人员为他进行了心脏按摩。然而那时大量失血的Lennon已经死亡。

残忍的谋杀让世界为之哀悼。就像60年代的另一位偶像人物肯尼迪总统遇刺事件一样,很多人都记得他们是在什么地方听到John Lennon遇刺的消息的;Lennon的唱片很快纷纷重回排行榜。讽刺的是,Lennon应对成为超级明星带来的压力(他的"The Beatles比耶稣还要受欢迎"的论断曾在1966年招来死亡威胁)近二十年之后,认为自己在纽约找到了平静。"我的意思是,人们走过来要签名,或者打招呼,"去世前两天,在接受BBC DJ Andy Peebles的采访时他说道:"但你知道吗?他们从来不烦你。"

右图 1975年Lennon在纽约麦迪逊广场花园(Madison Square Garden)的舞台上演出。这是他的最后一场演唱会。

死亡之手
DAVID BOWIE

不幸的熟人

Ziggy Stardust (1971–1973)
Marc Bolan (1947–1977)
Bing Crosby (1903–1977)
Sid Vicious (1957–1979)
Major Tom (1969–1980)
John Lennon (1940–1980)
Terry Burns (c.1938–1985)
Stevie Ray Vaughan (1954–1990)
Vince Taylor (1939–1991)
Freddie Mercury (1946–1991)
Mick Ronson (1946–1993)
Kurt Cobain (1967–1994)
Princess Diana (1961–1997)
George Harrison (1943–2001)
Luther Vandross (1951–2005)
Syd Barrett (1946–2006)

右图 地球人们，你们好！1996年左右David Bowie在舞台上。

对页右图 "我们的主……开个玩笑罢了！"——1999年左右。

很少有明星可以如此漫不经心地穿过死亡之谷。在他的事业不断向前发展的同时，与Bowie有交集的其他音乐人却不断撒手人寰。他的作品中常出现对死亡的嘲讽："My Death"、"Rock'N'Roll Suicide"、"We Are The Dead"、"Dead Man Walking"以及与现实不谋而合的"Somebody Up There Likes Me"。

追本溯源，是Bowie的家庭引发了这些黑暗思想。"所有人，"Bowie解释道，"都说'我的家人相当疯狂。'我家真的是这样的，没有一丝夸张。他们中的大部分人都是疯子——住在精神病院里，刚刚出来或者即将进去，还有一些已经死了。"他在1970年的"All The Madmen"（"Written for my brother"）、1971年令人不安的"The Bewlay Brothers"和1993年的"Jump They Say"中预见了患有精神分裂的继兄Terry的未来——1985年，Terry卧轨自杀。

1969年推出热门歌曲"Space Oddity"之后——这首歌讲述的是宇航员Tom少校的不幸命运——Bowie直到1972年才取得主流成功。《The Rise And Fall Of Ziggy Stardust And The Spiders From Mars》讲述了一个来自华丽星系的中性明星的故事，古怪的摇滚歌手Vince Taylor一定程度上是这个人物的原型。"他行事完全不符合一般逻辑，"Bowie回忆道，"我记得他在查令十字街的地铁站门口打开一张地图，把它铺在人行道上，拿着一个放大镜跪在旁边。然后,他指出了所有即将有UFO降落的地点。"专辑发行同月,Taylor推出了知名度相对较低的《Vince Is Alive, Well And Rocking In Paris》。后来他进过监狱和收容所,并最终于1991年因癌症去世。"诡异和吓人的是,"Bowie难以置信地说道,"可怜的Vince在瑞士去世时,我住的地方离他不远……当时他是日内瓦机场的飞机维护人员。你能相信吗?Ziggy是个维护人员!"

1973年,Bowie杀死了Ziggy这个人物——"他现在无论做什么都是重复,一直重复到死为止"——后来,他因吸食海洛因而逐渐消瘦到皮包骨头的程度,随即化身Thin White Duke(瘦白公爵)。当其他摇滚歌星纷纷把灵魂卖给恶魔时,Bowie则更加谨慎:他相信撒旦住在他洛杉矶宅邸的游泳池中并请人将他成功驱走。

70年代末,他担任Iggy Pop的伴唱,并与他一起认识了Sex Pistols。"Sid(Vicious)精神极度紧张,我非常同情他,"他回忆道,"他非常年轻,极度需要帮助。"1979年Vicious很快因药物过量死亡。1977年9月,Bowie向Marc Bolan伸出援手,与他风格半嬉皮半华丽的老对手在电视节目上同台演唱。正好一周之后,这位"舞蹈的精灵"(bop-ping elf)因一场致命的车祸再也无法起舞。其间,Bowie在Bing Crosby的电视节目上与他对唱。三天之后,Bing也因为心脏病去世。"好像所有和我合作的人都死掉了,"Bowie感叹道。

1980年,他凭借"Ashes To Ashes"再度走红。在这首歌中,他杀死了"Space Oddity"中的Tom少校。John Lennon——1975年曾与Bowie共同创作"Fame"——这一年则没有这么幸运。他在12月被一个疯狂的粉丝射杀。Lennon的伙伴、另外一位Beatles成员George Harrison 2001年因癌症去世,Bowie随后在专辑《Reality》(2003)中翻唱了他的"Try Some, Buy Some"。

Bowie录制《Let's Dance》(1983)期间发掘了当时几乎默默无闻的吉他手Stevie Ray Vaughan,并反复尝试说服他参与现场演出,但都以失败告终。在Bowie辗转于不同的体育场之间举办名为"声音+视觉"(Sound+Vision)的巡演的时候,Vaughan在1990年的一场直升机坠毁事故中丧生。另外一位吉他手Mick Ronson——参与过Bowie70年代多张突破专辑的录制,在演出中外型则与Ziggy形成对比——再度和Bowie联手翻唱Cream作品"I Feel Free"。这首歌被Bowie1993年4月发行的专辑

《Black Tie White Noise》收录，同年末Ronson因癌症去世。

与Bowie合作"Under Pressure"之后，Freddie Mercury又活跃了十年，随后于1991年因艾滋病并发症去世。在一场1992年的致敬演唱会上，Bowie跪在地下背诵《主祷文》（The Lord's Prayer），让百万观众无所适从。在与Bowie为专辑《Young Americans》（1975）共同创作歌曲"Fascination"并一同巡演之后，Luther Vandross安然无恙地度过了三十年，随后于2005年因中风去世。

Kurt Cobain 1993年11月在MTV"不插电"（Unplugged）演唱会上演唱了Bowie的"The Man Who Sold The World"。五个月之内，Cobain自杀。Bowie很快开始在现场演出时演唱这首歌曲，却被说成翻唱Nirvana作品。

1997年Diana王妃在车祸中去世，这一事件在媒体上的曝光率甚至超过Cobain自杀。在"四海一家"（Live Aid）演唱会上，Bowie是Diana唯一明确表示想要认识的艺术家，有人用相机拍下了两人在温布利体育馆（Wembley Stadium）坐在一起的场景。然而，他声称对英国王室没有兴趣，不过是在"两三个不同的场合"和Diana见过面。他表示，她的去世"不过是进一步证明了酒后驾车容易酿成恶果"，并在几周之内开始在现场演出中演唱Low的"Always Crashing In The Same Car"。

2004年，气喘如牛的死神终于跟上了Bowie的脚步，一根进入眼球的棒棒糖棍子（拜一位挪威观众所赐）和6月的一次轻度心脏病让他与死神擦肩而过。2006年，他和David Gilmour在伦敦的皇家阿尔伯特音乐厅（Royal Albert Hall）强势回归，演唱"Arnold Layne"——由对他影响最大的音乐人之一Syd Barrett创作——受到了热烈的欢迎。两个月之后，Barrett因癌症去世。

综上所述：如果没有Iggy Pop的体格，请避免与不可摧毁的危险人物B先生合作。

"墓碑！"在被问及墓碑上想要写些什么的时候他讥讽道，"我需要一座纪念堂。墓碑永远满足不了我。"

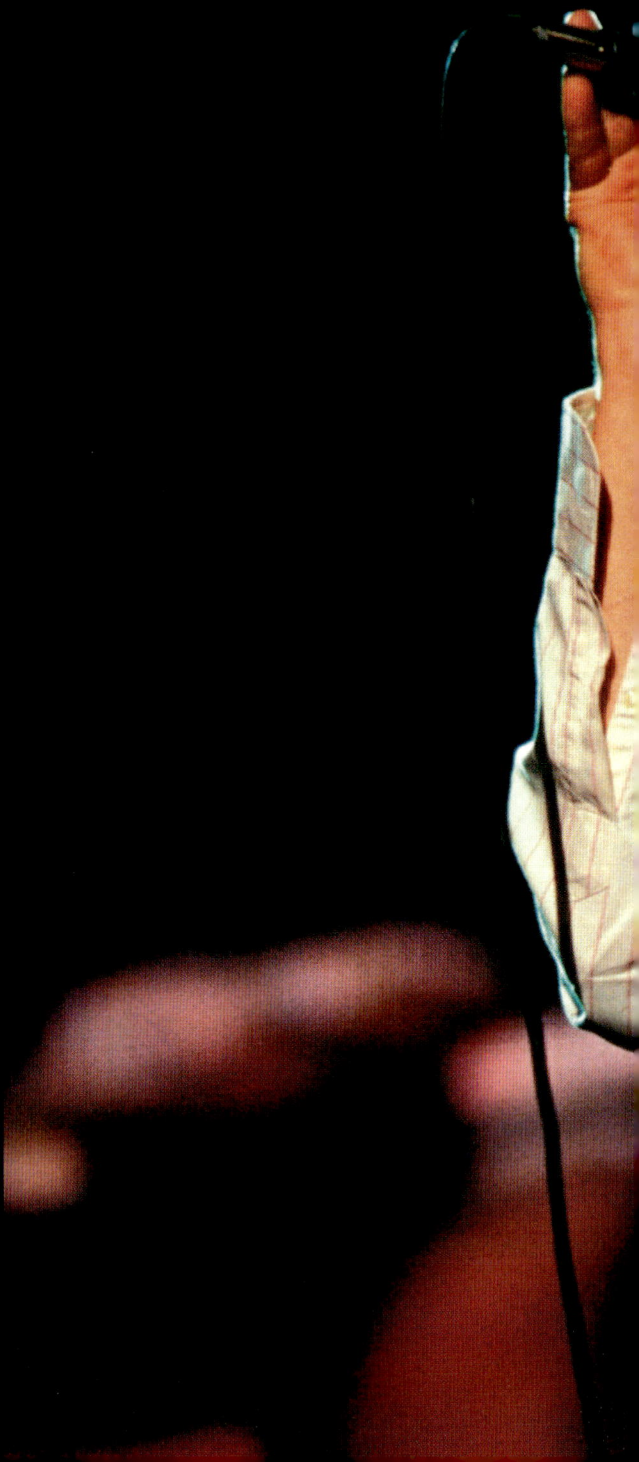

右图 不可摧毁的Jones先生在21世纪依然一往无前【译注：David Bowie原名David Robert Jones】。

BOB MARLEY
(Robert Nesta Marley)
脑、肺、胃癌

生于：1945年2月6日

卒于：1981年5月11日

他是发展中国家诞生的第一位也是最伟大的超级歌星，他的面容与Elvis和Jimi Hendrix一样尽人皆知，他的抗议歌曲与Bob Dylan的作品一样铿锵有力，极具感染力。他是一位信奉拉斯塔法里教（Rastafarian）【译注：拉斯塔法里教是30年代起自牙买加兴起的一个黑人基督教宗教运动。该运动信徒相信埃塞俄比亚皇帝海尔·塞拉西一世是上帝在现代的转世】的反叛分子，凭借前所未有的成就荣获牙买加荣誉勋章（Order of Merit），用牙买加特色的反抗音乐征服了全球主流乐坛。（他的合集《Redemption Songs》至今仍是有史以来最畅销的盒装CD套装。）对于世界各地的无数人来说，Bob Marley是雷鬼音乐（reggae）的灵魂。

Marley、Peter Tosh和Bunny Livingston构成的乐队The Wailers于60年代在他们的家乡牙买加推出了大量热门歌曲。然而，在三人皈依拉斯塔法里教——20世纪30年代在牙买加发源的一种宗教，在1966年4月埃塞尔比亚国王访问牙买加之后迅猛发展——之后，他们的斯卡（ska）和慢拍摇滚（rocksteady）风格发生了巨大的改变。

Marley在一次拉斯塔法里教的"grounation"活动（一种即兴打鼓合唱活动）中认识了美国歌手Johnny Nash。Marley的歌曲让Nash大为震惊。后来，他对商业伙伴Danny Sims（未来Marley的音乐发行商）说："我刚刚遇见了一个满头小辫子的人。天啊，他唱的每一首歌都能成为热门金曲！"不过，The Wailers与疯狂又优秀的制作人Lee "Scratch" Perry开始合作之后，奇迹才真的开始发生，三人甜美流畅的和声得到了更加大胆的声音的支持。70年代雷鬼音乐的原型就此诞生。

1972年4月，Nash凭借对Marley作品"Stir It Up"的翻唱收获了一首英国榜前五名热门歌曲。不过，The Wailers直到1973年与Island Records（岛屿唱片）首次合作发行专辑《Catch A Fire》才尝到在海外获得认可的滋味。Island老板Chris Blackwell向他们的歌曲中增录了更适合西方人口味的合成器音效和布鲁斯吉他乐句（lick），不过Nash雷鬼风格初现的热门歌曲和Jimmy Cliff主演的邪典贫民窟电影《不速之客》（The Harder They Come，1972）的流行也为The Wailers做了铺垫。这种新风格也许会惹恼一些纯粹主义者（Tosh曾经充满不屑地称Blackwell为"最烂白人"），但它取得了理想的效果。到乐队推出更加粗犷的续作《Burnin'》（1973）——其中收录了振聋发聩的行动呼吁"Get Up, Stand Up"——时，他们已经征服了一批新的歌迷，Eric Clapton对《Burnin'》中收录的歌曲"I Shot The Sheriff"的翻唱在1974年成为了美国榜冠军。

1975年7月9日，他们在洛杉矶罗克西剧院（Roxy Theater）的演出吸引了大量的大牌摇滚乐队和明星，如The Rolling Stones、George Harrison和The Grateful Dead。随后的美国巡演让《纽约时报》（The New York Times）称这位满头小辫子的歌手为"黑人雷鬼王子"（Black Prince of Reggae）。同年10月，The Wailers为Sly And The Family Stone伴唱（而且时常抢走后者的风头）。不过那时Tosh和Livingston早已离开乐队：两人于1973年宣布退出，他们不满乐队音乐风格和主题的变化——Marley最早演唱了大量慷慨激昂的歌曲激励黑人同胞，后来却开始传达有关普世之爱的讯息。

Marley定期举办的巡演和高质量的录音作品开始逐渐收获成效。1975年7月，他在伦敦兰心大剧院（Lyceum）激情演唱的录音作为专辑《Live!》发行后打进了英国榜前四十名（优美的"No Woman No Cry"是英国榜第八名），1976年的《Rastaman Vibration》则是美国榜第八名。同年12月3日，一群持枪歹徒从停在霍普路（Hope Road）上的两辆白色大产（Datsun）汽车中走出，向Marley的住所疯狂射击；

右图 1977年6月3日，《Exodus》巡演的第一场，Marley在伦敦的彩虹剧院（Rainbow Theatre）演出。

好几位乐队成员在袭击中受伤（Marley也不例外，不过他的伤势没有危及生命）。The Wailers当时正在为一场免费演唱会——"微笑牙买加"（Smile Jamaica）——排练，当时牙买加首相Michael Manley正好宣布两周以后举行大选，有些人可能将Marley的演唱会解读为对Manley领导的人民民族党的支持。

为远离暴力和紧张局势，Marley移居伦敦。在那里，家庭生活的美满（他还受到了"情人摇滚"［lover's rock］的影响，这种题材发源自英国，是对雷鬼音乐温柔、更具旋律感的演绎）启发他创作出了最受欢迎的一些作品，如"Jamming"、"Waiting In Vain"、"Three Little Birds"和"One Love/People Get Ready"（均被1977年的专辑《Exodus》收录）。确实，这位牙买加传奇的事业在70年代末格外辉煌。他成功说服了Michael Manley和Edward Seaga（来自牙买加工党）在1978年4月22日的"爱与和平"演唱会（One Love Peace Concert）中上台握手并分别与他们拥抱——这也证明了Bob Marley在当时巨大的影响力。70年代末，Marley和The Wailers在商业上极为成功：他们1980年在米兰举办的演出吸引了十万名观众（他们观众人数最多的表演），专辑《Uprising》（1980）则收录了热门歌曲"Could You Be Loved"和Marley最令人感动的作品之一"Redemption Song"。

辉煌之后，形势突然急转直下。1977年5月，为宣传《Exodus》在欧洲巡演期间，Marley在巴黎与法国记者踢足球时弄伤了大脚趾，伤口一直无法愈合。Marley回到英国就医之后才惊恐地得知这是因为他患上了癌症。因为截肢有违拉斯塔法里教的信仰，他选择了继续巡演。7月，他在迈阿密接受的手术似乎保住了他的脚趾也治愈了他的癌症，然而事实并非如此。后来，癌症复发并扩散到他的大脑。1980年9月，Marley在纽约中央公园（Central Park）慢跑时昏倒。次年5月，他在位于迈阿密的西达利兹医院（Cedar Lees Hospital）去世。

1981年5月21日，牙买加为Bob Marley举行国葬，下葬时他一手拿着翻开到《赞美诗第二十三首》（23rd Psalm）的《圣经》，另一手拿着他的金色吉布森（Gibson）吉他。

右图 1977年6月，Marley在彩虹剧院进行演出。

RANDY RHOADS
(Randall William rhoads)
坠机

生于：1956年12月6日

卒于：1982年3月19日

"所有人都说吉他演奏已经没有创新的余地了，"AC/DC成员Angus Young说道，"但是Randy这样的人一旦出现，他们就会发现自己错了。"

古典吉他发烧友Randall William Rhoads来自加州的圣塔莫妮卡（Santa Monica，此前他作为Quiet Riot乐队的成员在美国取得过小范围的成功），他生性谦虚，信奉天主教，1980年为与Ozzy Osbourne合作参加面试时有些困惑。他轻描淡写地说："我不是特别喜欢Black Sabbath。"

然而，他助疯狂的Osbourne一臂之力，让后者成为了最大牌的金属明星。"Randy Rhoads，"Ozzy说道，"是第一个坐下来听我哼唱曲调然后对它们进行加工的人。"Rhoads参与了"Crazy Train"等经典歌曲的创作，与歌手形成了一种独特的默契。婚前曾与这位吉他手共度良宵的Sharon Osbourne说过，Ozzy"和我都深爱Randy"。

1982年3月19日，在佛罗里达州的利斯堡Rhoads同意登上搭乘一架私人飞机兜风。飞机近距离越过乐队的巡演大巴，随后冲进一座大宅——机上无人生还。"飞机把大巴弄得粉碎，"Ozzy说道，"如果我再听到有人说这是我搞恶作剧的恶果，我一定掐死那个混账。这是一次意外，一次可怕的意外。"Rhoads当时年仅二十五岁。

他被葬在加州圣贝纳迪诺（San Bernardino）的山景公墓（Mountain View Cemetery）——Ozzy和大量歌迷都曾前去吊唁。1987年，Ozzy和Rhoads的母亲共同编制的专辑《Tribute》纪念了他留给世界的音乐遗产。

"他是一个天使，"Ozzy说道，"这世界不配拥有他。我会永远铭记他的离去。"

上图 1980年5月，Randy Rhoads在英格兰萨里郡的山脊农场录音室（Ridge Farm Studios）与Ozzy Osbourne一同录制《Blizzard Of Oz》。

JAMES HONEYMAN-SCOTT

心力衰竭

| 生于：1956年11月4日 |
| 卒于：1982年6月16日 |

两位原成员在一年之内相继去世之后，The Pretenders成为了你不能抛弃的乐队。最令人怀念的是吉他手James Honeyman-Scott。在接受朋友——贝斯手Pete Farndon——邀请参加面试之前，他正在英格兰赫里福德（Hereford）打理蔬菜消磨时间。

他们举办面试的真实目的其实是引诱鼓手Phil Taylor离开Motörhead加入Farndon和歌手Chrissie Hynd即将组建的新乐队。Taylor没有被说服，Honeyman-Scott也很警惕，不过他同意以"一百英镑（当时相当于二百美元）和大量安非他命"为报酬参与小样的录制。

"我认识Jimmy Scott的时候，他就已经对安非他命上瘾了，"Hynde在纪录片《百计千方》（No Turn Left Unstoned）中说道，"那时他还只是个孩子而已。"不过她承认："我心中的旋律都来自于他。"

鼓手Martin Chambers（Honeyman-Scott曾在乐队Cheeks中与他共事）加入之后，Pretenders正式诞生，他们凭借"Brass In Pocket"、1980年的《Pretenders》（专辑收录的歌曲"Tattooed Love Boys"被Lemmy称为"终极吉他独奏"，Honeyman-Scott在其中用很短的时间内模仿了他的几位偶像）和1981年的《Pretenders II》征服了世界。"无论如何，世界都会听到我的声音……"Honeyman-Scott说道，"你必须为之奋斗。"

Farndon——"被Johnny Thunders迷倒，"Hynde说道——1982年因滥用酒精和毒品被乐队解雇。"两天之后，"歌手回忆道，"我接到Dave（全名Dave Hill，乐队的经纪人）的电话，他说，'我有一个非常奇怪的消息。Jimmy死了。'在我们眼中Pretenders就此不复存在。"

"他和The Beach Boys合作过几次，"Chambers说道，"那是他人生的高潮之一。"1982年6月16日，Honeyman-Scott因可卡因引起的心力衰竭去世。此前，他还计划和前The Rolling Stones吉他手Mick Taylor合作。去世时他年仅二十五岁。

"我们非常吃惊，"Hynde说道，"因为他的毒瘾并不严重。他算不上嗜毒成性，只不过是个普通的瘾君子。"他被葬在赫里福德郡（Herefordshire）的派普莱德村（Pipe Cum Lyde）。

> "无论如何，世界都会听到我的声音……"

Hynde和Chambers请来Honeyman-Scott的偶像Rockpile的成员Billy Bremner演奏吉他，录制了"Back On The Chain Gang"——纪念他们的同伴。随之而来的是乐队最成功的时期（1983年的悲伤热门歌曲"2000 Miles"的灵感也来自Honeyman-Scott），然而这份苦甜交加的喜悦又因为随后发生的悲剧而蒙上阴影：1983年4月14日，Farndon在洗澡时注射海洛因后失去知觉溺水身亡，享年三十岁。

The Pretenders不断取得成功，在接受《压裤器》杂志（Trouser Press）的采访时Chambers说道，"全要感谢Jimmy。如果他地下有知，一定和我一样对我们的第一场演唱会深感激动、充满期待……你能感觉到那些与你亲近的人的存在，或者说你相信你能感受到。我的公寓里有一些奇怪的动静，和Jimmy非常亲近的姐妹也有类似的经历。Jimmy很擅长嘲笑人，他很有幽默感。"

右图 The Pretenders 1980年在田纳西州纳什维尔举办他们首次美国巡演演出。左起：Pete Farndon、Chrissie Hynde和James Honeyman-Scott。

DENNIS WILSON
(Dennis Carl Wilson)
溺水

生于：1944年12月4日

卒于：1983年12月28日

身材矫健的金发帅哥Dennis Wilson象征着他哥哥Brian在早期作品中表现的阳光与乐观。是Dennis最早建议Brian顺应50年代末横扫美国西海岸的热潮写一首有关冲浪的歌曲。Dennis是The Beach Boys中唯一真正会冲浪的成员，也是最早去世的一个。

一系列流行金曲（"I Get Around"、"Fun, Fun, Fun"、"Help Me, Rhonda"、"California Girls"）——其中都有乐队标志性的阳光和声——让The Beach Boys成为了60年代美国乐坛对The Beatles的回应。鼓手Dennis的才华并不招摇（"我不是艺术家，我只是喜欢去夜店而已"），很少现场演唱。不过，正如他的乐队伙伴Al Jardine回忆的一样，"在舞台上他只要站起来舒展一下筋骨，台下观众就会彻底疯狂……他天生拥有明星气质。"

然而，即便在他最成功的时候，Dennis Wilson也展示出了相当明显的自我毁灭倾向："这可能是我人生中最快乐的时刻……但是我知道我一定会闯祸的，"他对一位朋友说，"一切实在太过完美了。"

这个弱点让他结交了一些奇怪的朋友。60年代末，Dennis结识了Charles Manson和他的家庭——包括那些让他患上淋病的妙龄女郎。很快，Manson和他的伙伴们就住进了鼓手位于日落大道（Sunset Boulevard）的家，并把The Beach Boys大约十万美元的现金装进了自己的口袋。

Dennis在1969年臭名昭著的女演员Sharon Tate谋杀案之前就离开了Manson的圈子（"至少我失去的只是钱而已，"他对地区检察官说），不过，The Beach Boys曾在他的推动下翻唱过Manson的歌曲"Cease To Exist"（被重命名为"Never Learn Not To Love"），并于1968年作为单曲B面歌曲发行。

70年代末，随着Brian的才华和活力的衰减，Dennis探索了新的领域。他与James Taylor一同参演电影《双车道柏油路》（Two Lane Blacktop，1971），献上了精彩的荧幕处女秀，1977年他推出的独唱专辑《Pacific Ocean Blue》相当出色——收录了雄浑的福音摇滚歌曲"River Song"——总共卖出二十五万张。然而，他沙哑疲惫的嗓音也折射出了他的生活状态。Dennis大量使用可卡因，习惯性吸食海洛因的同时还酗酒。毒品和酒精让他的行为不可预测、难以控制，他曾烧毁女友Christine McVie的泳池别墅。（事后她曾对Denni的朋友Gregg Jackobson说："你的朋友Dennis有点极端，不是吗？"）他还习惯性地沾花惹草；他的五任妻子之一——少女Shawn Love——是The Beach Boys另一位成员Mike的私生女。

80年代初，Dennis彻底破产，偶尔露宿街头，曾因毒品和酒精问题被送往加州圣塔莫尼卡的圣约翰医疗中心（St. John's Medical Center）。1983年12月28日，抑郁的Dennis Wilson几乎一整天都在反复从友人Bob Oster的小艇"翡翠号"（Emerald）跳入洛杉矶玛丽安德尔湾（Marina del Rey）冰冷的水中。Wilson曾经将他深爱的游艇"和音号"（Harmony）停泊在这里，所以他多次潜入水中取回他多年前丢在这里的东西。他在重回水面时，头部撞到了船只底部随后失去知觉并溺水身亡。有些奇怪的是，人们后来为他举办了官方的海岸警卫队仪式和海葬。

The Beach Boys的其余几位成员对这位才华没有得到充分认可的同伴也十分怀念："他不仅在摇滚乐坛没有得到应有的欣赏，" Al Jardine 2002年接受《魔咒》杂志（Mojo）采访时说道，"在我们的乐队里也是这样，我们没有意识到他的重要。"

右图 1970年元旦，The Beach Boys成员Carl和Dennis Wilson在舞台上合作无间。

MARVIN GAYE
(Marvin Pentz Gay, Jr.)

被其父枪杀

生于：1939年4月2日

卒于：1984年4月1日

他与偶像Sam Cooke拥有很多相似之处。两位灵魂明星都天生魅力十足、长相英俊、嗓音甜美。两人出道之初都演唱福音歌曲，都成为了黑人偶像，都年纪轻轻就在暴力事件中殒命。

Marvin Gay（他名字中的"e"是为了向Cooke致敬后来添加的）最早在家乡华盛顿特区作为使徒教堂唱诗班的成员公开表演；他的父亲是一位有正规资质的牧师，非常严格，强调纪律，Marvin从很小就开始对他心存不满。在美国空军服役一段时间之后，Gaye回到家乡，于1957年（不顾父亲的反对）加入了嘟喔普（doo-wop）乐队The Marquees。乐队幸运地被歌手/创作人/制作人Harvey Fuqua看中，在华盛顿的霍华德剧院（Howard Theater）顶替他原来的伴唱乐队The Moonglows登台演出。后来乐队随Fuqua迁居芝加哥为Chess Records（西洋棋唱片）录音。1959年，Gaye在那里录制了他的首支歌唱作品"Mama Loccie"。

乐队很快解散，Gaye则与Fuqua继续合作，再次随他迁居底特律。Fuqua在那里创立了几家厂牌，并聘请Gaye担任自由音乐人。Fuqua的厂牌被Motown（摩城唱片）老板Berry Gordy迅速收购之后，Gaye也一同投奔新东家，为The Marvelettes演唱伴音，为Smokey Robinson的The Miracles打鼓。（1961年，Gaye娶Berry的姐姐Anna——比他年长十七岁——为妻，进一步融入了Motown的团队。）是Robinson第一个鼓励Gaye尝试歌曲创作，Gaye的第一张独唱专辑《The Soulful Moods of Marvin Gaye》（1961）不是非常成功，但是他参与了The Marvelettes 1962年的热门歌曲"Beechwood 4-5789"的创作。

Gaye抛弃了他流畅的高级夜总会艺人风格，紧跟灵魂音乐的潮流，很快推出了"Hitch Hike"、"Ain't That Peculiar"等一系列热门歌曲。"I Heard It Through The Grapevine"是Gaye 1968年最火爆的热门歌曲（一项相当了不起的成就——Gladys Knight And The Pips一年之前也凭借同一首歌大红大紫），不过他与Kim Weston、Mary Wells、Diana Ross和Tammi Terrell合作推出的热门歌曲也证明他与人对唱的实力。Gaye和Terrell既是亲密的朋友又是歌唱搭档，后者1970年——1967年夏天曾在舞台上晕倒在他的怀抱之中——去世之后，Gaye伤心欲绝，暂别乐坛。

强势回归之后，Gaye开始展露他特立独行的才华。他厌倦了Motown流水线生产的流行歌曲，极度渴望创作一张反映时代的作品：随后，他创造了《What's Going On》（1971），这张专辑是新十年的缩影，收录了有关民权运动、越南战争和地球生态的歌曲。这组歌曲以Gaye非正规的多声道华丽人声为中心，十分惊艳（没有了他以往灵魂热门作品中的沙哑，更加流畅）；专辑中突出的歌曲包括爵士风格的活泼同名歌曲（公告牌排行榜第二名）和黑暗迷人最后一曲"Inner City Blues（Make Me Wanna Holler）"。Berry Gordy最初担心这张专

左图 1980年7月，Gaye在蒙特勒爵士音乐节（Montreux Jazz Festival）上演出。

右图 Gaye的棺材

辑不够专业，所以反对发行，不过稳健的销售成绩和评论界的赞扬安抚了他的情绪。

两年之后的续作体现了他的又一次转向：令人热血沸腾的专辑《Let's Get It On》（1973）展示了Marvin多情的一面，灵感来自他的新爱人也就是未来的第二任妻子Janis Hunter（比他小十七岁）。随后，Gaye与Motown签署了一份收益丰富的新合同。然而70年代后期他过得并不顺利。他和Anna Gordy的婚姻即将破裂，尽管收获了公告牌排行榜冠军歌曲"Got To Give It Up"（1977），次年他宣告破产——法律费用、赡养费和他对可卡因的极度依赖让他入不敷出。随后他以优秀的《Here, My Dear》（1979）对这一切做出回应，清理了失败婚姻的废墟。

Gaye不堪税务局烦扰先后逃往伦敦和比利时的奥斯坦德（Ostend）。在那里，他节食、锻炼、玩飞镖（水平不佳）并创作了一系列歌曲，这歌曲构成了由Gaye老友Harvey Fuqua制作的专辑《Midnight Love》（1982）。轻声哼唱的极具诱惑力的歌曲"Sexual Healing"是专辑的亮点，这首极简主义杰作在英美两国都取得了成功。

好景不长。在房产被没收之后，Gaye不得不搬回他父母的家，Marvin和他父亲之间一贯的紧张局势又迅速升级。

1984年4月1日，身材臃肿、身心疲惫的Marvin Gaye与父亲激烈争吵，甚至发生肢体冲突。他的父亲用Marvin的.38左轮手枪近距离击中了儿子的胸部；Marvin倒地之后，他的父亲又再次开枪。

你可以将其理解为自杀——一个身处巨大压力之下的绝望之人策划了一出只可能以悲剧收场的戏。Gaye的父亲显然认为他的儿子才是发起袭击的一方，在摄像机前展示了自己身上的淤青。还有一条令人伤感的花絮：Gaye去世时并没有订立遗嘱——他的资产全部用来偿还债务，没有留给任何儿女。这是一位才华横溢、掀起乐坛革命的歌手悲剧性的人生终点——Janet Jackson称他为"我们的John Lennon"。

右图　1976年9月29日，在舞台上表演的Marvin Gaye。

被诅咒的乐队
MÖTLEY CRÜE

乐队成员

VINCE NEIL
(Vincent Neil Wharton)
生于：1961年2月8日

MICK MARS
(Robert Alan Deal)
生于：1955年4月4日

TOMMY LEE
(Thomas Lee Bass)
生于：1962年10月3日

NIKKI SIXX
(Frank Carlton Serafino Feranna)
生于：1958年12月11日

不幸的熟人

Nicholas "Razzle" Dingley
Robbin Crosby
Randy Castillo
Skylar Neil
Daniel Karven-Veres
Michael Koda

 右图 Mötley Crüe的宣传照

对页右图 1980年1月1日，Mötley Crüe在演唱会上表演。

作为世界上最欢乐无赖的乐队，Mötley Crüe集合了朋克暴力的虚无主义、Led Zeppelin邪恶的毁灭和Aerosmith泛滥的迷幻。四位原始成员——Vince Neil、Mick Mars、Tommy Lee和Nikki Sixx——奇迹般的都还健在。其他被这份疯狂诱惑与乐队扯上关系的音乐人就没有这么幸运了。

1984年12月9日，Nicholas "Razzle" Dingley——华丽金属乐队Hanoi Rocks的鼓手——和Neil一同驾驶后者全新的潘特拉（Pantera）跑车去购买啤酒。距离他位于加州的住宅仅仅几个街区时，Neil的车失去控制撞上了迎面驶来的车辆。Razzle头部受伤不治身亡。

抑郁的Mick Mars此前曾试图淹死自己，但在前往自杀地点的路上晕倒。Razzle去世之后，Mars回到Neil的房子，以为派对上哭泣的人们都是在为自己哀悼，因此确信自己已经成为鬼魂。试图穿过一扇玻璃门后，他意识到了事情的真相。

乐队的下一张专辑原名《Entertainment Or Death》，发行时改为《Theater Of Pain》。乐队在专辑说明中警告歌迷不要酒后驾车。因情感冷漠而著称的乐队用"Entertainment Or Death"命名了他们1999年的回顾专辑，并于2003年发行了一张名为《Music To Crash Your Car To》的合集。

Sixx用它屡试不爽的惯用伎俩应对这一悲剧——吸食海洛因。1986年他险些因为吸毒过量（和Hanoi Rocks的吉他手Andy McCoy一起）命丧黄泉——他还以此为灵感创作了专辑《Girls, Girls, Girls》中的歌词——但是Sixx拒绝接受教训。1987年12月22日，他与Ratt的Robbin Crosby和Guns N' Roses的Slash一同下榻洛杉矶的一家酒店，Crosby的御用毒品贩子向他体内注射了海洛

因，他随后面色发青，不省人事——后来急救人员用肾上腺素让他苏醒了过来。私自出院之后，Sixx将他的电话答录机录音改为"嗨，我是Nikki。我不在家，因为我已经死了。"随

> "嗨，我是Nikki。我不在家，因为我已经死了。"

后再次将大量毒品注入体内，失去知觉。2002年，Crosby因吸食过量海洛因去世。同年，Randy Castillo——1999年取代Lee——死于癌症。Neil的女儿1995年也死于癌症，当时年仅四岁（Mötley可怕的自传《尘土》[The Dirt]对于这一事件的描述倒是十分动人）。

2001年，四岁的Daniel Karven-Veres参加鼓手Lee的儿子的派对时在泳池中溺亡，乐队热门歌曲"Smokin' In The Boys Room"的创作人Brownsville Station成员Michael Koda因肾衰竭死亡。

Matthew Trippe制造了乐队最疯狂的时刻，他声称1983年Sixx因车祸身受重伤期间，有人秘密雇用他顶替Sixx。他与乐队对簿公堂整整五年，组建并领导了一支名为Sixx Pakk的乐队，启发Mötley Crüe创作了歌曲"Say Yeah"。他最终于1993年放弃了这场诉讼。

RICKY WILSON
(RICKY HELTON WILSON)
艾滋病并发症

生于：1953年3月19日

卒于：1985年10月12日

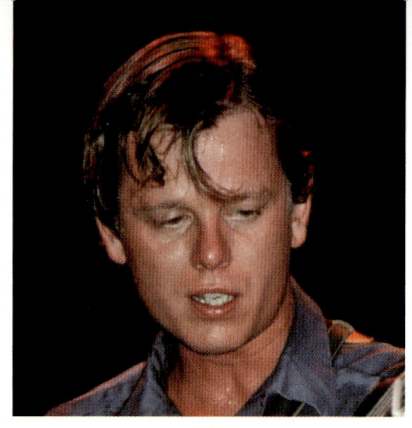

Ricky Wilson因他的吉他演奏技艺而著称，B-52没有贝斯手的事实让他不得不大举创新。他的演奏着实让John Lennon印象深刻。"有一天我在百慕大的一家舞曲夜总会里……"1980年接受《滚石》杂志（Rolling Stone）采访时他说道，"突然，我第一次听到了B-52的'Rock Lobster'……听起来像Yoko的音乐，当时我告诉自己'是时候拿出电吉他，把老婆叫醒了！'"

B-52的明星粉丝还包括Frank Zappa、William Burroughs、David Byrne和后来的Dave Grohl。

舞台前沿是三位行为夸张的歌手Fred Schneider、Cindy Wilson和Kate Pierson，三人在Ricky（Cindy的哥哥）和鼓手Keith Strickland的伴奏下蹦蹦跳跳。《The B-52's》（1979）和《Wild Planet》（1980）收录的"Planet Claire"和"Private Idaho"都是他们的经典作品，Ricky的节奏吉他是这些歌曲的核心。

Wilson和Strickland并不是公开的同性恋人，不过，托Schneider的福，大家都心知肚明。"人们一般不会那么做，"鼓手说道，"但是私下里，我们是出柜的。"

Strickland和Wilso合作的最后作品被《Bouncing Off The Satellites》（1986）收录。1985年10月12日，Wilson在纽约斯隆-凯特林纪念医院（Memorial Sloane-Kettering Hospital）因艾滋病引发的并发症去世，享年三十二岁。他被葬在佐治亚州阿森斯（Athens）的奥科尼山公墓（Oconee Hill Cemetery）。

乐队凭借1989年的"Love Shack"、"Roam"和《Cosmic Thing》在事业上取得了巨大的突破，Strickland将其比作"新奥尔良那种有爵士乐队伴奏的、所有人都在派对和庆祝的葬礼。"

"Ricky的影响和精神是其中重要的组成部分……"Pierson说道，"悲剧过后，我们有重生的感觉。"

右图 1979年，Ricky Wilson在洛杉矶的希腊剧院（Greek Theater）现场表演。

RICKY NELSON
(Eric Hilliard Nelson)
坠机

生于：1940年5月8日

卒于：1985年12月31日

他小小年纪就踏入了演艺圈，与他的亲生父母（歌手Harriet Hilliard和乐队领导Ozzie Nelson）一起参演流行广播/电视秀《Ozzie和Harriet大冒险》（The Adventures Of Ozzie And Harriet）。

女友对Elvis的崇拜让Ricky Nelson也开始尝试唱歌；参演电视节目的曝光率让他的首张单曲的AB面——"A Teenager's Romance"和"I'm Walkin'"——都打进了公告牌排行榜前十名。此后他又推出一系列热门歌曲——包括"Poor Little Fool"（1958）和"Travelin' Man"/"Hello Mary Lou"（1961）两张榜单冠军，这时Ricky已经化身Rick——尽管Nelson少女杀手式的外表可能让人误解，他乡村摇滚（rockabilly）风格的唱片证明了他的才华。

1972年，Nelson作为乡村摇滚乐队Stone Canyon Band的主唱推出的"Garden Party"意外走红，销量过百万。1971年在麦迪逊广场花园的一场演奏会上他因为没有演唱经典作品而遭到诟病——不过80年代Nelson之所以生活优渥，靠的就是反复演唱怀旧金曲——随后他以此为灵感创作了"Garden Party"。

1985年，在从阿拉巴马冈特斯维尔（Guntersville）前往达拉斯的途中，Nelson乘坐的DC-3航班出现问题：飞机尾部的一个煤气炉冒烟并随后起火。飞机朝地面俯冲，掠过一间农舍，撞上电线和树木，在落地之前失去了一侧的机翼。两位飞行员虽严重烧伤但等幸免于难；然而，Nelson、他二十七岁的未婚妻和Stone Canyon Band的另外四位成员均在事故中丧生。

后来的调查显示，这架飞机的前任主人是Jerry Lee Lewis，Nelson买下之后的六个月内，飞行员进行了两次紧急降落。乘坐这架飞机时，一向害怕飞行的Nelson打破了他的两条人生准则：只乘坐商业航空公司的航班和不坐螺旋桨驱动的飞机。

右图 1981年，Nelson正在卖力演出。

PHIL LYNOTT
(Philip Parris Lynott)
心力衰竭和肺炎

生于：1949年8月20日

卒于：1986年1月4日

"我反对，"Phil Lynott在去世之前接受采访的时候这样说道，"他人吸食毒品。"

Lynott是最受欢迎的硬摇滚野人。从Jon Bon Jovi到Henry Rollins，他长腿明眸的牛仔式形象迷倒了一代又一代的歌迷。

Lynott生于英格兰伯明翰，在曼彻斯特的莫斯塞德（Moss Side）长大，后来又迁居爱尔兰都柏林。他的深色皮肤来自他长期缺席的巴西父亲，70年代Lynott才与父亲首次见面——这让他成为了种族歧视的受害者。他很快开始沉迷酒精、打架和吹牛。1969年，他组建Thin Lizzy，担任乐队的贝斯手、主唱和领袖。"我尝到了自由的滋味，"他说道，"我喜欢那种感觉。"

乐队的突破在1976年到来。当时，英国处于朋克问世前了无生气的阶段，美国则迪斯科泛滥，《Jailbreak》和其中收录的出色作品"The Boys Are Back In Town"为乐坛注入一股新风。

> "我尝到了自由的滋味，我喜欢那种感觉。"

制作人Tony Visconti有这样一段关于1977年专辑《Bad Reputation》的回忆："一辆加长礼车毫无预兆地停在了我简陋的居室外面，里面走出了两位醉醺醺的摇滚歌星，手里挥舞着打开的大罐福斯特啤酒（Fosters lager）。这两位摇滚明星是Phil Lynott和（吉他手）Scott Gorham……他们喝高了——可以说是烂醉如泥！不过他们在笑，态度也很友好。"

巡演经理Frank Murray揭露了Lynott黑暗的一面："为了熬夜到凌晨5点，他吸食大量的可卡因，之后又为了入睡吃大把的安眠药。几个小时之后，需要有人去敲他的门，把他叫醒让他上车……这样的后果就是，他的心情一直很差，总是想找人打架。"

1978年，Lynott和Sex Pistols成员Paul Cook、Steve Jones在分别为自己的乐队效力的同时，还以The Greedy Bastards的名义共同活动。"Phil，"当时的伴唱乐队U2成员Bono评论道，"即将堕入深渊。"1979年，Phil开始吸食海洛因。"和Phil合作越来越难，"吉他手Gary Moore说道，"首先，你没办法把他弄出酒店房间……Scott曾经说我们是乐坛最缺乏职业精神的职业乐队，这话一点儿都没错。"乐队当年作品《Black Rose》中收录的歌曲"Got To Give It Up"反映了乐队当时的状态【译注："Got To Give It Up"意为"是该放弃的时候了"】。

种种乱象之中，尽管Thin Lizzy在商业上状态尚佳，Lynott开始单飞发展。1980年的《Solo In Soho》十分成功，但是1982年的《The Philip Lynott Album》则惨遭失败。

在Lynott和Gorham几乎被毒品摧毁的情况下，Thin Lizzy 1983年推出了《Thunder And Lightning》——讽刺的是，这是他们多年来最优秀的作品——并进行告别演出，随后退出乐坛。Lynott组建了Grand Slam，然而Thin Lizzy的歌迷感到自己被喜爱的乐队背叛，不愿给予支持，唱片公司也没有表现出丝毫兴趣。他的妻子也带着两个女儿离开了他。

1985年与Gary Moore合作的"Out In The Fields"是他的最后一首热门歌曲。同年圣诞节，他因为酒精和毒品引起的肾脏和肝脏感染被送进威尔特郡（Wiltshire）的索尔兹伯里医院（Salisbury Hospital）。1986年1月4日，他因心力衰竭和肺炎去世，享年三十六岁。他被葬在位于都柏林萨顿（Sutton）的圣芬南奥图尔公墓（St. Fintan's Cemetery）。

"诚实是我唯一的借口，"他在Thin Lizzy的出道作品中唱道，"我掌控自己的命运，肆意挥霍生命。"

右图　1978年，Phil Lynott在英格兰伦敦的温布利帝国游泳馆（Wembley Empire Pool）演出。

RICHARD MANUEL

上吊自杀

生于：1943年4月3日

卒于：1986年3月4日

60年代初——和Robbie Roberston、Levon Helm、Rick Danko和Garth Hudson一起——键盘手、歌手、创作人兼鼓手Richard Manuel通过在北美各地为具有传奇色彩的摇滚明星Ronnie Hawkins伴唱，得到了摇滚启蒙。五人组成的乐队名叫The Hawks，他们制造简洁刺激、充满活力的音乐——也常常在录音之后玩命派对。"哦，天啊，"Manuel后来回忆道，"不停有人喊'把酒拿出来，把音乐调大点'，很多人挤在一个房间里大汗淋漓。"

1965年，他们极擅长现场演出的名声吸引了Bob Dylan的注意，那时的他正想摆脱以原声音乐为主的民歌，转投劲爆的电子摇滚。在60年代中期的巡演上他们演奏的劲爆音乐遭到了Dylan民歌粉丝的尖叫抗议，但是《时代》杂志（Time）称之为"摇滚历史上最具决定意义的时刻"。

1966年7月，Dylan的摩托车事故让这位摇滚乐坛的伟大诗人不得不待在他位于纽约州伍德斯托克（Woodstock）的家中休养一段时间。养伤期间，The Hawks（已改名为The Band）聚集到了他的身边，并与他一同录制了一张朴素的、表达美国精神的新专辑，公然叫板迷幻摇滚。Dylan简洁的乡村风格专辑《John Wesley Harding》（1968）标志着他风格的第一次正式改变，不过The Band的首张专辑《Music From Big Pink》（1968）可能更值得被关注。专辑涉及灵魂、R&B、摇滚和乡村，极具影响力（在The Beatles和The Rolling Stones之前引领了"回归本源"的潮流，与续作《The Band》（1969，收录了Manuel脆弱的"Whispering Pines"）让乐队扬名立万。

他们成功的关键是Manuel的键盘技艺和他高音出色的深情嗓音。他凭借对Ray Charles的歌曲"Georgia On My Mind"的演绎赢得了加入The Hawks的机会，他充满渴求的假声有时忧伤到令人不能自已——来自《...Big Pink》的"I Shall Be Released"和"Tears Of Rage"两首歌都是对他唱功的展示。（"他和Patsy Cline一样，被赋予了优美的嗓音，"Helm 2000年回忆道，"一开始，我和Rick不过是在Richard休息的时候做做替补而已。"）然而，在录音棚之外，抑郁的Manuel有自我毁灭倾向。他七岁就开始喝酒；录制《...Big Pink》时，他习惯性地豪饮金万利白兰地（Grand Marnier），根据Helm的说法，他的祝酒词总是无忧无虑得"一点不留"！

70年代，现场专辑《Rock Of Ages》（1972）是The Band突出的作品，1976年在旧金山举办的大牌云集、大获成功的最后一场演奏会（Martin Scorsese用镜头记录了这场演奏会并推出了相应的影片《最后华尔兹》[The Last Waltz]）则是另一个高潮。Manuel一直无法摆脱滥用毒品和酒精的问题，不过，他将于1979年进入戒瘾机构。

80年代初，The Band复出（Robertson没有参加），Manuel担任主唱。1986年3月4日，在佛罗里达冬日公园（Winter Park）面对面厅（Cheek To Cheek Lounge）举办演奏会之后，Richard Manuel喝酒并吸食了一些可卡因，但并没有显示出什么异常；当晚他在位于冬日公园的一家名为品质酒店（Quality Inn）的汽车旅馆的洗手间内上吊自杀。事情发生时，他的妻子就在隔壁房间睡觉。他并没有留下遗书。然而，令人伤感的是，鉴于他一直有自我毁灭的倾向，这种结果似乎是不可避免的。或者，用Levon Helm前女友Libby Titus的话来说："自我贬低、古怪、深情、温柔、严重的自我毁灭倾向、酗酒，他完全不懂得如何活在这个世界里。"

右图 1969年，Manuel在家中。

CLIFF BURTON
(CLIFFORD LEE BURTON)

巡演大巴事故

生于：1962年2月10日

卒于：1986年9月27日

"我决定投身音乐事业，" Cliff Burton说道，"拒绝为生活中的其他破事分心。"对于他来说，名气和偶像崇拜都属于分散精力的破事。"他不喜欢被盲目崇拜，"鼓手Lars Ulrich说道。Burton要求他的亲生姐妹不要叫他摇滚明星。

1982年，Burton离开旧金山乐队Trauma，加入了Metallica。"我们听到一段狂野的独奏，但是又觉得'在台上没有看到吉他手'，"歌手James Hetfield回忆道，"事实上，那是拖把头Cliff用贝斯和哇音踏板（wah-wah pedal）制造出来的。"

"我嬉皮我骄傲"的Burton——与Faith No More成员、同样与时代格格不入的Jim Marti曾是校友——在早期的Metallica起到了非常重要的作用，Hetfield和Ulrich甚至特地为了他从洛杉矶移居旧金山。展示他精湛技艺的独奏后来成为了1983《Kill 'Em All》中收录的歌曲"（Anesthesia）Pulling Teeth"。他也参与了《Ride The Lightning》（1984）收录的歌曲"For Whom The Bell Tolls"以及《Master Of Puppets》（1986）同名歌曲等经典作品的创作。

1986年9月26日，Burton、Hetfield、Ulrich和吉他手Kirk Hammett在斯德哥尔摩最后一次同台演出。第二天黎明，在从瑞典前往哥本哈根的路上，一辆巡演大巴突然转向，翻倒并发生碰撞。

司机表示事故是黑冰引起的，Hetfield对这种解释并不满意："我只知道，他开车害死了Cliff。"从床位被甩出后又被大巴碾压的Burton当时只有二十四岁。"摇滚歌手去世不是稀罕事，"Ulrich说道，"但大多数时候都是死者自己造成的……但他是完全无辜的。这太糟糕了，实在是太糟糕了。"

1986年10月7日，Metallica在他的追悼会上演奏了"Orion"——一首以Burton为灵感创作的歌曲，此后，Metallica整整二十年都没有再演奏过这首歌曲。火化之后，这位贝斯手的骨灰被洒在旧金山湾。

1988年的专辑《...And Justice For All》收录了Burton的"To Live Is To Die"，1987年的一则音乐录音带则被命名为"Cliff 'Em All"。

> "停滞不前、甘于乏味才会让人了无生气。"

在乐队2004年的电影《金属制品合唱团》（Some Kind Of Monster）中，乐队最早的吉他手Dave Mustaine对眼含热泪的Ulrich说："我希望Cliff也在这里。"Mustaine在他的乐队Megadeth的作品"In My Darkest Hour"中向Burton致敬，这首歌被乐队专辑《So Far, So Good...So What!》（1988）收录。"我直接去找毒贩子，"他说，"买了点药，然后开始唱歌、哭泣和创作这首歌。"

2007年，瑞士乐队Krokus也在前往哥本哈根的路上遭遇了一起车祸。"我们比Metallica幸运很多，"歌手Marc Storace表示，在距离我们不远的公路上，他们失去了一位知己和一位优秀的贝斯手。"

Burton以一头长发、爱穿喇叭裤的形象被人们铭记，他曾对一位记者说道："快速前进不会将热情耗尽，停滞不前、甘于乏味才会让人了无生气。"

左图 1985年的Metallica，左起：Kirk Hammett、James Hetfield、Lars Ulrich 和Cliff Burton。

PETER TOSH
(WINSTON HUBERT MCINTOSH)
被劫匪枪击

| 生于：1944年10月19日 |
| 卒于：1987年9月11日 |

少年Peter Tosh亲手制作了自己的第一把吉他，60年代早期，他以Peter Touch的假名演奏斯卡音乐（ska）试水独唱生涯。在与Bob Marley和Bunny Livingston一同组建The Wailers之后，他的运气改善了许多。今天Marley是三人之中最受尊敬的创作人，但是在当年是才华横溢的Tosh在歌曲创作和吉他演奏方面对他进行了指导。他们1964年为Studio One（一唱片）的出道单曲"Simmer Down"仅在牙买加就卖出七万五千张——尽管他们足以挑战当时牙买加最大牌的乐队The Maytals的地位，The Wailers的版税收入十分微薄。事实上，在他们刚刚开始大笔盈利的时候，Tosh和Livingston于1973年选择了退出，他们认定乐队厂牌Island Records（岛屿唱片）准备让Marley单飞发展。（"我不是为了做伴唱歌手来到这个世界上的，"Tosh不屑一顾地说。）

> "我不是为了做伴唱歌手才来到这个世界上的……"

Tosh是一位坚定的拉斯塔法里教徒（Rastafarian）和忠实的大麻消费者，因此他将首张独唱专辑命名为《Legalize It》（1976），更是在同名歌曲中竭力要求大麻合法化（在专辑封面上，这位吉他手蹲在大麻田里，手里拿着烟斗）；这首歌立刻吸引了很多关注——随后在牙买加电台被全面禁止【译注："Legalize It"意为"将它合法化"】。Tosh在商业上没有Marley成功，不过次年他凭借"Stepping Razor"（来自《Equal Rights》，Sly Dunbar和Robbie Shakespeare也为这首歌曲献声）成功打进了排行榜。在1978年的"爱与和平"演唱会（One Love Peace Concert，他在舞台上抽大麻烟，批评牙买加政要）上的精彩表演让他与Rolling Stone Records（滚石唱片）签约。同年，他推出另一首热门歌曲——与The Rolling Stone领袖Mick共同翻唱的The Temptations作品"（You Gotta Walk And）Don't Look Back"。1988年3月，他凭借专辑《No Nuclear War》荣获格莱美"最佳雷鬼音乐人"的殊荣——然而那时，Peter Tosh已经去世。

Peter Tosh的脾气暴烈，冲动易怒，经常招来争议和暴力。他经常被牙买加警察毒打（甚至在"爱与和平"演唱会结束之后遭受了九十分钟的虐打），然而，是盗贼终结了他的生命：1987年9月的一天晚上，三个强盗来到了他的住处——位于金斯顿（Kingston）中上阶层聚居的圣安德鲁（St. Andrew）教区——他们说服Tosh为他们开门，随后向他要钱。Tosh嘲弄了他们，随后因此被毒打，最终歹毒将两枚子弹射入了他的额头，一同遇害的还有他的草药医生Wilton "Doc" Brown和DJ Jess "Free-I" Dixon。杀死Tosh的匪徒，有前科的Dennis "Leppo" Lobban（Tosh曾经是他的朋友）自首，在审讯中经过陪审团十一分钟的审议后被判绞刑。

几乎没有人对Tosh暴力血腥的死亡表示惊讶——尤其是The Rolling Stones的吉他手Keith Richards。"很多年以前，我允许他使用我的房子，突然他好像认为房子是他的，"Keith回忆道，"我与他取得联系，说'那房子我自己要用，我马上过去，'他回答，'你敢靠近的话，我就开枪打你。'我就说，'你赶紧看看你会不会用那把枪，看看弹匣装得对不对，因为我半个小时之内肯定过去。'然后他就离开了……"

右图 Peter Tosh 1979年5月在洛杉矶罗克西戏院（Roxy Theatre）演出。

HILLEL SLOVAK
药品过量

生于：1962年4月13日

卒于：1988年6月25日

为Red Hot Chili Peppers演奏吉他会对你的身体健康造成严重的伤害：Dave Navarro毒瘾复发；John Frusciante差点死掉。他们最早的吉他手Hillel Slovak则真的不幸去世。Slovak生于以色列海法（Haifa），四岁时来到美国，在洛杉矶完成高中学业之后，与歌手Anthony Kiedis、贝斯手Michael "Flea" Balzary和鼓手Jack Irons组建乐队What Is This？。乐队随后演化为Red Hot Chili Peppers，但是Slovak和Irons不愿离开What Is This？，因此没有参加Red Hot Chili Peppers 1984年首张专辑的录制（讽刺的是，这张专辑的制作人是Slovak的偶像，Gang Of Four的Andy Gill）。

Slovak在《Freaky Styley》（1985）——由放克教主George Clinton制作——中回归，对乐队放克风格越发浓重的音乐做出了不小的贡献。

Clinton和Kiedis与毒品孽缘不浅；在后来的巡演中，Slovak也染上毒瘾。《The Uplift Mofo Party Plan》（1987）是他参与录制的最后一张专辑，他还在《The Abbey Road E.P.》（1988）中翻唱了偶像Hendrix的"Fire"。1988年6月25日，他在洛杉矶因吸食过量海洛因去世，享年二十六岁。他被葬在西奈山纪念公园公墓（Mount Sinai Memorial Park Cemetery）。

Slovak的崇拜者John Frusciante随后加入乐队。"Knock Me Down"（被1989年的专辑《Mother's Milk》收录）和"My Lovely Man"（被1991年的专辑《Blood Sugar Sex Magik》收录）都以他的前任为主题。

Slovak的兄弟1999年出版了《太阳之后：Hillel Slovak日记及艺术作品》（Behind The Sun: The Diary And Artwork Of Hillel Slovak）一书。不过，吉他手计划创立名为"Slippity Slop Scrotum Stoppers"的内衣品牌的计划一直未能实现。

左图 1985年，The Red Hot Chili Peppers在纽约演出。从左到右：Cliff Martinez、Anthony Kiedis、Hillel Slovak和Flea。

NICO
(CHRISTA PÄFFGEN)
脑出血

生于：1938年10月16日

卒于：1988年7月16日

因为拥有冷若冰霜的美丽容颜（引用Andy Warhol曾经的合作伙伴Mary Woronov的话："足以让家具动容"），Nico为香奈儿（Chanel）做模特，出演Federico Fellini的电影《甜蜜的生活》（La Dolce Vita，1960）并与法国大众情人Alain Delon恋爱。此时，还没有人听过她唱歌。Nico金发碧眼、日耳曼人式的出众外表和她独特低沉的嗓音让她在流行乐坛无往不利，在参演电影《雀西女郎》（Chelsea Girls，1966）之后，Warhol的合作伙伴Paul Morrissey安排她与黑色艺术摇滚五人组The Velvet Underground合作。从"Femme Fatale"中的冷淡老成到"All Tomorrow's Parties"中的尖利（这两首歌曲均被The Velvet Underground的同名出道专辑收录），Nico口音很重的嗓音并不符合一般意义上悦耳动听的标准，却拥有一种古怪的魅力。然而与前男友Lou Reed的紧张关系导致她很快离开了乐队。

The Velvet Underground的贝斯手兼中提琴演奏家兼Nico的前男友John Cale制作了她的首张独唱专辑《Chelsea Girl》（1967）和续作《The Marble Index》（1969）——一张前卫的邪典经典，她在这张专辑中首次演奏了印度风琴（Indian harmonium，她师从Ornette Coleman学习演奏这种乐器），这种乐器在她后来的作品中常被用来伴奏。然而，内心深处的不快乐严重影响了她的独唱事业。60年代末，忧郁的女歌手开始吸食海洛因，后来毒品逐渐成为了她生活的全部，让她的事业逐渐下滑；70年代Waronov在洛杉矶的威士忌俱乐部（Whisky a Go Go）观看Nico的演出时发现她的牙齿已经腐坏脱落，十分震惊。她曾经一度迁居英格兰曼彻斯特——只为获得更加充足的货源——在这里，她和著名的曼彻斯特诗人John Cooper Clark成为了朋友。

奇怪的是，她并没有被毒品杀死。事实上，有报道称1988年她在伊比沙（Ibiza）的巴利阿里岛（Balearic island）上骑自行车时已经戒毒成功，然而她从自行车上摔下，头部受到撞击引发脑出血而亡。

上图 1961年，Nico的摄影棚肖像，当时她尚未加入The Velvet Underground。

ROY ORBISON
(ROY KERTON ORBISON)
心脏病突发

生于：1936年4月23日

卒于：1988年12月6日

Roy Orbison的音乐是天使唱摇滚的声音。尽管如今被誉为摇滚乐坛真正具有独创性的音乐人之一，Orbison在音乐道路上曾走过不少弯路。

1949年，Orbison作为The Wink Westerners的成员唱乡村出道，但后来在另一位北德克萨斯州大学（North Texas State University）学生Pat Boone的敦促下改唱乡村摇滚（rockabilly）。他将乐队改名为The Teen Kings，凭借乡村摇滚风格的"Ooby Dooby"在本地取得了一定反响，这首歌是在Noman Petty位于新墨西哥州克洛维斯（Clovis）的录音棚里录制的（这首歌还得到了Buddy Holly的喜爱）。经Johnny Cash推介，Orbison与Sam Phillips的Sun Records（太阳唱片）签约。尽管重新录制的"Ooby Dooby"1956年在全美都具有一定的知名度，乡村摇滚却不是他真心想要追寻的道路。

迁居田纳西纳什维尔之后，Orbison作为创作人在Acuff-Rose（阿卡夫罗斯唱片，曾雇佣过乡村巨星Hank Williams）工作了一段时间。在寻找自己音乐风格的道路上，他创作了一系列不成功的单曲，不过，1958年The Everly Brothers凭借他（为第一任妻子）创作的"Claudette"收获了一首热门歌曲。最终，1960年的"Only The Lonely"让他的事业开始起飞——此前Elvis Presley和The Everlys都拒绝演唱这首歌——最终，他凭借一系列滥情的流行金曲声名鹊起。

与Elvis、Little Richard甚至Buddy Holly不同，Orbison从不嚎叫。他拥有横跨三个音阶的音域和纯净自然的声线，用飙高音表达情感。"一般来说，他会从几乎听不见的低音域开始，保持一段时间，然后突然转换成夸张的唱法，"Bob Dylan 2004年回忆道，"他的声音可以把死人惊醒……电台上听不到任何与他的作品类似的音乐。"

在"Running Scared"（1961）中，Orbison在波列罗舞（bolero）节奏的伴奏下演唱着充满忧愁的歌词；"Crying"（也是1961年发行）和"It's Over"则表现出了悲伤难以名状的美感。与这些歌曲相比，他最畅销的作品"Oh, Pretty Woman"（1964）——开头是摇滚乐坛识别度最高的吉他重复乐段（riff）之一——反倒是一首气氛欢快的另类作品。

1964年，Orbison的明星地位已经十分稳固，他标志性的雷朋旅行者墨镜（Ray-Ban Wayfarer，最初佩戴是为了掩盖他的散光）、一丝不乱的黑发和笔挺的西装与The Beatles的拖把头和无领西装一样著名。事实上，1963年绝妙四人组（Fab Four）与Orbison一同巡演时非常紧张，与这样一位极具情感冲击力的歌手同台演出给他们带来了不小的压力。（John Lennon原创的慢版"Please Please Me"是对Orbison刻意的模仿。）

然而，后来The Beatles引领的新一代摇滚歌手与Orbison以及他这种风格的音乐人分道扬镳，不过和很多摇滚歌手一样（Bill Haley、Chuck Berry、Gene Vincent和Eddie Cochran就是四个例子），Orbison在美国失去影响力之后，仍然得到了英国歌迷的支持，整个60年代他在英国的巡演一直没有中断。

Roy Orbison的世界在他的事业最高峰突然天翻地覆。1966年，他的妻子Claudette在一场摩托车事故中去世，两年以后，他位于田纳西州亨德森维尔（Hendersonville）的住宅起火，他三个年幼的儿子有两个在事故中去世。后来他再度坠入爱河，与Barbara Wellhonen交往并于1969年再婚；过往热门歌曲的商业价值彻底枯竭之后，他搬进了新妻子位于德国乡村的家。60年代和70年代是Orbison的低潮，他的事业直到80年代才重见起色，那时他又搬回了美国。1980年，Don McLean对"Crying"的忠实翻唱在英国登上排行榜冠军宝座，同年Orbison成为Eagles乐队的伴唱歌手，与Emmylou Harris合唱热门歌曲"That Lov-

右图 天使唱摇滚的声音……全盛时期的Roy Orbison。

上图 "绝妙五人组"。左起：Roy Orbison、Jeff Lynne、Bob Dylan、Tom Petty 和George Harrison。

ing You Feeling Again"，这首歌后来荣获格莱美奖。导演David Lynch探索了Orbison作品不为人知的黑暗一面，"In Dreams"在电影《蓝丝绒》（Blue Velvet，1986）中被他用作一个凶恶难忘场景的配乐。更可喜的是，Orbison在80年代与Bob Dylan、George Harrison、Tom Petty 和Jeff Lynne共同组建的超级乐队The Traveling Wilburys推出的不少歌曲在榜单上都有上佳表现。

《Mystery Girl》（1989）——同名歌曲由Bono和The Edge创作——取得了英国榜第二名的佳绩，"You Got It"（1989）打进前十名；两张唱片均为独唱作品，也都在他去世之后才真正走红。1988年12月6日，在亨德森维尔（Hendersonville）看望他的母亲的时候，Orbison突发严重心脏病（十年之前他接受了三重心脏搭桥手术）。

有些歌曲时长不过三分钟，却能囊括爱情的痛苦，拥有让时间停止的魔力，这些迷你经典是流行乐坛最精彩的时刻，如"The Sun Ain't Gonna Shine Anymore"、"You've Lost That Lovin' Feelin'"和"Stay With Me Baby"。这些歌曲都受到了Roy Orbison的影响：是他描绘出了心碎的美好。

PETE DE FREITAS
摩托车事故

生于：1961年8月2日

卒于：1989年6月14日

出生于西班牙港的Pete de Freitas之所以能加入利物浦传奇乐队Echo And The Bunnymen，还是因为乐队的前任打击乐手——一台鼓机——出了故障。有了他的加入，乐队阵容终于完整，日后，他们成为了英国最受尊崇的后朋克乐队。乐队制造有迷幻风格的大气吉他摇滚，拥有Ian McCulloch雄壮的嗓音，在80年代初推出过"The Back of Love"（1982）、"The Cutter"（1983）和"The Killing Moon"（1984，来自享有盛誉的半管弦乐专辑《Ocean Rain》）等一系列热门作品，而驱动这些作品的正是de Freitas充满活力的鼓点。

次年发行的迷人作品"Bring on the Dancing Horses"是他们最优秀的单曲，然而至此这位追求享乐、私立学校出身的摇滚歌手已经厌倦了音乐产业，他退出乐队，在新奥尔良过了一个放纵的假期——出于只有他自己明白的原因——改名为"Mad Louie"，花掉了他在Echo And The Bunnymen赚得的所有收入。然而1986年，他又回归乐队。

事实上，Bunnymen已过巅峰时期，推出质量一般的《Echo And The Bunnymen》（1987）之后——这张专辑让乐队在美国取得了突破——主唱McCulloch于1988年退出乐队。这一举动一定程度上和他父亲的突然去世有关。剩下的三位成员不顾死忠粉丝的反对，继续活动。

McCulloch离开后不久，de Freitas在去排练的路上骑摩托车与一辆汽车相撞，很快便不治身亡，享年二十七岁。

右图 1987年7月，Echo And The Bunnymen成员de Freitas在伦敦牛津街（Oxford Street）HMV商店的屋顶上。

ANDREW WOOD
海洛因过量和脑出血

| 生于：1966年1月6日 |
| 卒于：1990年3月19日 |

如果Melvins是垃圾摇滚的教父，Andrew Wood就是这一题材的教母。Pearl Jam的成立有他一份功劳（如果他没有去世的话，Pearl Jam的几位成员恐怕永远也不会走到一起），不过乐队的一本正经与他无关。做过工程师的Nirvana的制作人Jack Endino称他为"西雅图唯一一位擅长搞笑的主唱。"

Wood生于密西西比，少年时迁居华盛顿州。1980年组建的Malfunkshun是他的第一支值得关注的乐队，当年他称自己为"爱之子Andrew"。1985年Wood进入戒瘾机构戒断可卡因，乐队的活动随之中断，1988年随着Mother Love Bone的成立，Malfunkshun被彻底抛弃。乐队的第一张专辑《Apple》结合了Guns N' Roses的狠毒和Led Zeppelin的华丽，收录了刺耳的"Stardog Champion"和冷漠的"Crown of Thorns"，总体十分优秀。

高中时初次接触毒品的Wood在西雅图认识了海洛因，并最终在那里去世。在唱片发行之前，Wood因吸毒过量连续三天昏迷不醒。他同在Malfunkshun效力的兄弟回忆道："在使用生命支持系统期间，他动脉瘤出血，失去了所有的大脑功能……（医生表示）没有必要继续维持他的生命。"他去世时年仅二十四岁。

Mother Love Bone剩下的成员联合Soundgarden录制了致敬专辑《Temple Of The Dog》，后来歌手Eddie Vedder加入，乐队更名为Pearl Jam。也有其他音乐人用音乐向他致敬，其中较为著名的是Alice In Chains的热门歌曲"Would?"。2005年广受好评的纪录片《Malfunkshun：Andrew Wood的故事》（Malfunkshun: The Andrew Wood Story）也让这位歌手永垂不朽。

右图 1990年3月，Mother Love Bone在华盛顿州西雅图。左起：Andrew Wood、Jeff Ament、Stone Gossard、Greg Gilmore和Bruce Fairweather。

STIV BATORS
(Steven John Bator)
卡车撞击造成的内部损伤

生于：1949年10月22日

卒于：1990年6月4日

受Iggy Pop 的启发，Bators1975年与人共同创建了Frankenstein。在接受Johnny Thunders的邀请访问纽约之后，Frankenstein眼界大开，于1976年更名为The Dead Boys，风格也更加朋克。他们的风格类似Sex Pistols的作品，包括"Sonic Reducer"（后来被Pearl Jam翻唱）和"Ain't It Fun"（Guns N' Roses的翻唱版本相当热门）。Bators对Rocket From The Tombs亦有贡献，这支乐队在他去世之后成为了一个相当有影响力的团体。

1979年，The Dead Boys经济上属于破产状态，心理上则因为鼓手Johnny Blitz差点被刺死的事件深感不安，乐队随即解散。Bators迁居洛杉矶，录制了专辑《Disconnected》（1980），随后再次搬家，前往英国。他和Sham 69当时的剩余成员组建了The Wanderers，后来与The Damned的吉他手Brian James组建了The Lords Of The New Church。他们制作了三张专辑，对Madonna作品"Like A Virgin"的改编和翻唱令人瞠目结舌。不过，正是百无禁忌的疯狂现场演出为他们赢得了最多的关注。1983年，Bators的舞台表演险些酿成惨剧：他假装用话筒线上吊，结果电线意外收紧——从医疗角度说，他经历过短暂的死亡。据吉他手Jimmy Zero的回忆，早在The Dead Boys时代这个把戏就在"观众抓住他开始拉扯"的时候出过危险，"再晚十秒他就死了。"

1988年，The Lords Of The New Church分崩离析，Bators则移居巴黎。1990年，他在那里被一辆卡车撞倒。和Iggy Pop一样痛觉迟钝，Bators若无其事地走开了——后来在睡眠中因内部损伤去世。

"我在舞台上死过一次……"他曾经沉思自问，"这要如何才能超越呢？"

右图 1977年12月，Stiv Bators在伦敦卡姆登（Camden）圆屋剧院（The Roundhouse）作为The Dead Boys成员表演，这场演出是他们"侵略英国"（UK Invasion）巡演的一部分。

STEVIE RAY VAUGHAN
直升机坠毁

生于：1954年10月3日

卒于：1990年8月27日

"我喜欢这样想，"在说起他劲爆的现场演出时Stevie Ray Vaughan解释道，"这或许是我人生中最后一场演出，我一定全力以赴。"

80年代，Eric Clapton沉迷于制作适合以专辑形式发行的摇滚乐，是Stevie Ray Vaughan让布鲁斯的大旗屹立不倒。他在德克萨斯州奥斯汀的俱乐部被Mick Jagger发掘，1982年他在蒙特勒爵士音乐节（Montreux Jazz Festival）上吸引了David Bowie的关注。

Bowie邀请他参与《Let's Dance》（1983）的录制并试图说服Vaughan加入他的乐队。然而，这位吉他手坚持与自己的乐队Double Trouble携手并进，在1983年到1989年录制了四张专辑。这期间，他戒掉了可卡因和威士忌这两种损害健康的东西。"外面的世界很大，"他说，"充斥着痛苦和悲惨，我不应该通过伤害自己和关心我的人让情况变得更加糟糕。"

"我一定全力以赴……"

1989年8月26日，他在威斯康星州东特洛伊（East Troy, Wisconsin）的阿尔卑斯山谷音乐剧院（Alpine Valley Music Theater）演出，与几位同行——Clapton、Robert Cray、Buddy Guy和他的哥哥Jimmie（1990年两兄弟曾经合作录制《Family Style》）——一同返场。第二天凌晨，他登上一架前往芝加哥的直升飞机。飞机凌晨00：40起飞后不久就在雾中坠毁，机上人员无一生还。Clapton和Jimmie Vaughan协助验尸官辨认了尸体。Vaughan去世时年仅三十五岁。

"Stevie是我最好的朋友，"Buddy Guy说道，"我认识的最优秀的吉他手和你所能认识的最好的人。"

右图 1984年，Stevie Ray Vaughan在旧金山沃菲尔德剧院（Warfield Theater）演出。

STEVE CLARK
(STEPHEN MAYNARD CLARK)
饮酒和吸毒引起的呼吸衰竭

生于：1960年4月23日

卒于：1991年1月8日

"Steve的早逝令大家十分难过，" Def Leppard成员Joe Elliott说道，"但是并不吃惊，这是早晚要发生的事情。"

Def Leppard早期之所以能取得成功，"Steamin'" Steve Clark起到了关键的作用。1979年，这位吉他手威胁如果刚刚创立不久的乐队不现场演出，他就退出乐队。五人组锲而不舍的努力没有白费，1983年他们凭借《Pyromania》征服美国。

在乐队经历的众多坎坷之中，鼓手Rick Allen失去一只手臂的事件赚得了最多的笔墨，然而其他成员也都经历了自己的不幸。吉他手Pete Willis被赶出了乐队——Clark嗜毒成瘾。制作人Mutt Lange安排滴酒不沾的Phil Collen——顶替Willis加入乐队——承担了《Hysteria》中大部分的吉他演奏。这张专辑的录制过程十分痛苦纠结，然而Clark大部分时间都无所事事，1987年，他进入戒毒所，但未能成功戒毒。

在巡演期间——据《吉他世界》杂志（Guitar World）报道："他轮番摄入伏特加、杜松子酒、啤酒、可卡因、止痛药和镇静剂。""除了把他的手绑在背后，" Elliott说道，"我们什么方法都尝试过了。一次录音时，Steve血液中的酒精含量是John Bonham去世时的两倍，但他活了下来。"

1991年1月8日，Clark在他位于伦敦的家中因呼吸衰竭死亡。享年三十岁。"一个酗酒吸毒的瘾君子不幸为自己的行为付出了代价，"验尸官说道。

被Def Leppard专辑《Adrenalize》收录的歌曲"White Lightning"是对Clark的致敬。"我知道他有这方面的问题，" Ozzy Osbourne说道，"但我没想到事情变成这样……这让人非常难过。"

左图 1983年的Def Leppard，左起：Steve Clark、Phil Collen、Joe Elliott、Rick Savage和Rick Allen。

幕后故事

MARTIN HANNETT
心力衰竭

生于：1948年5月31日

卒于：1991年4月18日

上图 这是他的地盘……1979年左右的Martin Hannett。

"我敬重那些在无须夸张的时候也走夸张路线的制作人，"Martin Hannett曾经说过。尽管Joe Meek等人更加著名，古怪的Hannett制作了一些英国最重要的唱片。

Joy Division的歌曲是他最出色的作品。"对于制作人来说，他们是最理想的合作对象，因为他们什么都不懂，"1989年他对作家Jon Savage说。他的任务是"让乐队的歌曲更具吸引力"，然而他的数码音效让《Unknown Pleasures》（1979）和《Closer》（1980）听起来更加冷漠、古怪和刺耳。二十五年过后，从Nine Inch Nails到Interpol，这些唱片依然影响着新一代的音乐人。

Hannett——有时会在作品上署名Martin Zero——与创建初期的Buzzcocks（1977年的经典作品《Spiral Scratch EP》）、U2（1980年的"11 O'Clock Tick Tock"）、New Order（1981年的《Movement》）和The Stone Roses（1985年的《Garage Flower》）都有合作。他最后一张广受好评的作品是Happy Monday的《Bummed》（1988）。

Hannett的强迫症倾向来自他对技术和毒品的热爱。在接受《野蛮》杂志（Savage）采访时，他曾说过"83年我才开始'大量吸毒'"，事实上，70年代末他就已经开始吸食海洛因："我觉得这可能和身体的耐受性增强有关……就像Anthony Burgess所说，鸦片被夺走之后，我们又得到了啤酒和足球。"

与Joy Division/ New Order的老板Rob Gretton、Factory Records（工厂唱片）主管Tony Wilson和Alan Erasmus关系破裂让Hannett的心情更加糟糕。吸食海洛因之外，他还开始饮酒——最终于1991年4月18日因心力衰竭去世。

STEVE MARRIOT
(STEPHEN PETER MARRIOTT)
在住所火灾中吸入烟尘

生于：1947年1月30日

卒于：1991年4月20日

十二岁时，来自伦敦东区的Marriott参演过Lionel Bart作词作曲的舞台音乐剧《雾都孤儿》（Oliver!），并在1963年Peter Sellers主演的电影《天堂之上》（Heavens Above!）和其他几部二流青少年电影中饰演小角色。不过，他在1965年迎来了音乐上的突破。他是位于东哈姆（East Ham）的J60音乐商店的雇员，Ronnie Lane从他手上买了把贝斯；两人随即成为朋友，很快Marriott就开始与Lane的乐队The Outcasts一同活动，乐队的另一位成员是鼓手Kenney Jones。他的演艺才华早早便显露无遗（在一场早期的演出上Marriott毁坏了一台钢琴），有了这样强大的主唱，改名为The Small Faces的乐队（阵容还包括Jimmy Winston和键盘手Ian MacLagan）很快在英国的俱乐部中掀起了一场风暴。

从1965年开始，他们推出了一系列60年代最经久不衰的歌曲，包括早期受到摩登族（Mod）欢迎的"Whatcha Gonna Do About It?"（1965）和"All Or Nothing"（1966，乐队的唯一一首英国榜冠军单曲）；"Here Come The Nice"和"Itchycoo Park"（均于1967年发行）这样的优秀迷幻流行歌曲；以及具有浓重英伦风味的怪异专辑——英国榜冠军《Ogden's Nut Gone Flake》（1968）。渴望脱离流行风格的Marriott于1969年退出乐队，与吉他手Peter Frampton组成布鲁斯风格的Humble Pie，然而新乐队只在成立之初取得了短暂的成功。此后，Marriott加入过各种各样的音乐团体，但都没能够重塑他60年代的辉煌。（The Small Faces剩余的三位成员联合Rod Stewart和Ron Wood，以70年代终极男孩乐队The Faces的名义继续活动。）

1991年4月，Marriot和Frampton结束在洛杉矶的工作之后回国，当时他尚未适应时差又处于醉酒状态，很快在家中睡着——他的住所位于埃塞克斯郡（Essex），历史可以追溯到16世纪——手中还拿着一根点燃的香烟。神志不清的Marriott没能逃脱这根香烟引发的火灾（处方药弱化了他的本能），他因吸入烟尘去世。

右图 1972年，Marriott在纽约麦迪逊广场花园（Madison Square Garden）作为Humble Pie的成员演出。

GENE CLARK
(Harold Eugene Clark)
心脏病突发

生于：1944年11月17日

卒于：1991年5月24日

Clark是不愿乘飞机的The Byrds成员——也是乐队中最具创作才华的一个。1965年，The Byrds对Dylan作品"Mr Tambourine Man"吵闹的民歌摇滚风格的翻唱在世界各地都登上了排行榜的冠军宝座。不过在乐队刚刚成名时，Clark是唯一一个真正拥有创作实力的成员，是他和Roger McGuinn、David Crosby一同创建了The Byrds，此后不久Chris Hillman和Michael Clark相继加入。他们的出道专辑收录了Clark暴风般的歌曲"Feel A Whole Lot Better"，不过苦甜交加的"I Knew I'd Want You"更具代表性。续作《Turn! Turn! Turn!》中收录的"Set You Free This Time"展示了Clark玩文字游戏的娴熟技巧，他对乐队最出色的歌曲"Eight Miles High"也做出了很大的贡献。

直到1966年3月，Clark创作歌曲所获得的版税在乐队内部引起了摩擦（"第一张专辑发行之后，Gene买了一辆跑车，此前我们都太忙了，完全没有意识到他写了多少歌"），这个问题以及他对乘飞机的恐惧导致Gene离开乐队。

Clark的单飞事业有不少亮点。首张独唱专辑《Gene Clark And The Godsin Brothers》（1967）相当出色；他与Doug Dillard合作的两张专辑——尤其是《The Fantastic Expedition Of Dillard And Clark》（1968）——是优秀的乡村摇滚尝试；从演唱和创作两个方面来看，《White Light》（1971）都堪比经典，但这张专辑没有得到应有的好评；惊艳的《No Other》（1974）——一组野心勃勃、制作手法丰富的歌曲——至今仍是他最优秀的作品。然而，这么多作品中没有一张称得上热门和流行。

Clark酗酒的同时与毒品也拥有多年的交情。1988年4月，他接受手术将大部分胃切除，为糟糕的生活方式付出了代价。他认真尝试过戒毒戒酒，但失败之后的放纵更具毁灭性，有时甚至涉及海洛因和霹雳可卡因（crack cocaine）。因此，他的死讯并不令人惊奇：1991年5月，他在位于加州谢尔曼奥克斯（Sherman Oaks）的家中躺在地板上因动脉瘤引起的心脏病突发死亡。

也许他性格太过敏感，根本不适合成为明星。The Byrds的另外一位成员Chris Hillman也同意这种说法："Gene Clark非常善良，任何负面的事情对他都有影响，让他失去斗争的意志……有时候我觉得他不该来好莱坞，如果留在密苏里，领导一支本地乐队，生儿育女，他可以过得更好。"

上图 1979年，The Byrds在舞台上，左起：Gene Clark、Roger McGuinn和Chris Hillman。

幕后故事

BILL GRAHAM
(WOLFGANG GRAJONCA)
直升机坠毁

生于：1931年1月8日

卒于：1991年10月25日

悲剧性的开始，悲剧性的结束；中间则是波澜壮阔的一生。小Wolfgang（俄裔犹太人）出生后不久，他的父亲就在事故中去世。他在德国和巴黎的孤儿院长大，后来迁居纽约（他的妹妹在离开巴黎孤儿院的路上去世，他的母亲死于集中营）。在纽约，Wolfgang Grajonca改名为Bill Graham（"我后悔改名了，"他曾在1968年感叹道，"Bill Graham是个毫无意义的名字"）并成为了流行音乐历史上最具影响力的演唱会主办人。

Graham最早在为Grateful Dead乐队和Allen Ginsberg筹办演出时显露出了商业头脑。这场演出旨在为因违反美国反淫秽法律而陷入困境的旧金山默剧团（San Francisco Mime Troupe，一个屡获殊荣的剧团，以粗野的政治讽刺著称，经常因其社会主义倾向受到关注）筹款。Graham很快从慈善活动组织者变成了彻底的演唱会主办人，在灯光表演、商品销售和当今摇滚产业的众多重要领域都走在前列。他对演出团体的选择和搭配也一样创意十足，誓以"拓展大众音乐品味"为己任，"让来听The Doors的孩子也听到The Staple Singers"。列举经他组织在（旧金山）西费尔默音乐厅（Fillmore West）和（纽约）东费尔默音乐厅（Fillmore East）演出的音乐人就是列举当年最重要的美国乐队——如此前提到过的Grateful Dead、Janis Joplin、The Doors、Jimi Hendrix、Santana和Frank Zappa And The Mothers Of Invention——还有从英国远道而来的Cream、The Who和Led Zeppelin。

70年代，Graham继续为这些乐队中的一部分做宣传（组织了The Band的最后一场演唱会，并在Martin Scorsese的镜头下，以纪录片《最后华尔兹》[The Last Waltz]的形式成为永恒）。80年代初，他还承接了The Rolling Stones的巡演和"四海一家"（Live Aid）演唱会的美国演出，并担任Van Morriso和Santana的经纪人。他激进、不兜圈子的商业手段让他树敌无数，但也让他在1990年的年收入达到一亿美元。

Graham充满变故的一生在一场Huey Lewis And The News演出之后画上了句号。在回家的路上，他乘坐的直升飞机遭遇强烈风暴，在旧金山以北二十五英里处撞上了一座输电杆塔。他和女友Melissa Gold及飞行员Steve Kahn都在事故中丧生。

上图 1985年，Bill Graham在"四海一家"（Live Aid）美国费城的演出上。

FREDDIE MERCURY
(FARROKH BULSARA)
艾滋病引起的支气管肺炎

生于：1946年9月5日

卒于：1991年11月24日

"我走上舞台的时候，"1981年接受《旋律制造者》（Melody Maker）的采访时，Freddie Mercury说过，"无论是富有还是挨饿，我都会全力以赴。我想要上台，为演出献出生命！"

有些明星因英年早逝而著名。Freddie Mercury与他们不同。他因Queen而著名，因"四海一家"（Live Aid）而成为传奇，因死亡而永垂不朽。

Farrokh Bulsara的音乐事业始于家乡桑给巴尔（Zanzibar）的学生乐队The Hectics。迁居英国之后，他于1970年加入乐队Smile，与Brian May和Roger Taylor合作。他的艺名取自众神的信使墨丘利，不过从星座上说，水星也是他的上升星座。贝斯手John Deacon加入之后，Smile成为Queen——乐队推出了大量的经典歌曲，其中一部分被"Bohemian Rhapsody"这样的超级热门歌曲所掩盖。

"我想要上台，为演出献出生命！"

Mercury的独唱事业没有这么辉煌。1973年，他启用嘲弄Gary Glitter的假名Larry Lurex，与May和Taylor一同翻唱了The Ronettes的"I Can Hear Music"，这首歌以失败告终。十年之后，由于Queen的几位成员争吵不断，剑拔弩张，他再度单飞，并于1984年和1985年分别推出歌曲"Love Kills"和"I Was Born To Love You"。在独唱专辑《Mr. Bad Guy》（1985）中，Mercury感谢他的乐队伙伴们"没有横加干涉"。其中收录的"Made In Heaven"——当时是一首失败单曲——后来又起死回生，成为了一张Queen的专辑的标题曲。

1985年更令人难忘的事件是一场名为"四海一家"（Live Aid）的演出。一开始，Queen对是否参加持保留态度，但是后来被Bob Geldof说服："我告诉那个娘娘腔这是世界上最盛大的演出！"尽管美国不为所动，欧洲没有忘记自己对Queen的热爱。"这是Freddie的完美舞台，"Geldof说道，"他可以在世界面前搔首弄姿了。"

此后乐队于1986年举办的名为"魔法"（Magic）的演出证明他们是体育场摇滚大师。巡演的最后一场——也是Mercury人生中参加的最后一场巡演演出——在英格兰赫特福德郡（Hertfordshire）的纳贝沃思（Knebworth）举办，十二万歌迷观看了这场精彩的演出。此后Mercury继续独唱事业，1987年翻唱了The Platters的"The Great Pretender"并与歌剧歌手Montserrat Caballe强强联手，合唱华丽又愚蠢的"Barcelona"。Mercury人生中最后一首独唱单曲是1989年早已被人遗忘的"How Can I Go On？"。

同时，Queen通过以乐队而非创作人个人的名义署名的方式解决了一部分争端。"现在我们年纪都太大了，不能再解散了，"Mercury说道，"你能想象四十岁的时候组建新乐队吗？有点傻，不是吗？"与乐队录制《Innuendo》是他重拾目的感之后采取的行动之一——这张1991年发行的专辑也是Mercury人生中最后一张专辑。

歌手一直过着一种"极端放纵淫乱的生活"——对于这一点他本人坦然承认——还有高档红酒和可卡因助兴。"就好像一直没有长大一样，"Brian May在接受《魔咒》杂志（Mojo）采访时说道，"我们都为此痛苦……但Freddie反应显然特别激烈，所以他患上了那种可怕的疾病。他人并不坏，但曾一度完全失去控制。"1983年，Mercury认识了Jim Hutton——早期女友和终生知己Mary Austin之外唯一的长期伴侣。谈到生活放纵时，他曾这样说过："我改邪归正了，现在开始种郁金香了。"然而，1990年，曾经宣称"为性而活"的Mercury告诉他的家人他感染了HIV病毒，患有艾滋病。

右图 80年代的Freddie Mercury在舞台上火力全开。

上图 瑞典蒙特雷高山录音棚（Mountain Studios）门上歌迷留下的纪念涂鸦，Queen在这里录制了最后几张专辑。

右图 1982年，Mercury在英格兰米尔顿凯恩斯体育场（Milton Keynes Bowl）表演。

"当时我们坐在他的卧室里喝咖啡，"他的姐夫回忆道，"他突然说，'你们要知道……我的病是绝症。我很快就要死了。'我们看到他的脚踝上有一些斑点，知道他确实身体不好。后来我们没有再谈论过这件事情。"

去世前不久，他参与录制了Roger Taylor的"These Are The Days Of Our Lives"和May的"The Show Must Go On"等几首歌曲。吉他手回忆道："我问，'你觉得那样可以吗？你能唱吗？'他说，'亲爱的，我能唱，我会毫无保留地唱的。'因为他明白这首歌在说些什么，不需要多费口舌解释。"在Taylor作品令人心碎的音乐录影带中，几乎不成人形的Mercury做出了"我依然爱你"的口型。"他自己决定了离世的时机，"Mary Austin接受《每日邮报》（Daily Mail）采访时说道，"他知道自己大限将至，死亡从来没有离他这么近过。然后他突然说，'我决定了，是我离开的时候了！'他的生活质量急速下降，每天都在被越来越严重的疼痛折磨……一天，他决定结束这种生活，停止了所有维持他生命的医疗用品……他直面死亡说道，'好的，我接受——我愿意离开。'"

1991年11月24日，Freddie Mercury在伦敦肯辛顿（Kensington）因支气管肺炎去世。享年四十五岁。简单的仪式之后，他在伦敦西部被火化，Elton John参加了纪念仪式；他的棺材上有一朵玫瑰装饰。Ringo Starr、Boy George、U2和David Bowie都送来了花圈。

Mercury去世之后更受欢迎。"Bohemian Rhapsody"再度成为英国榜冠军。1992年，在温布利体育馆（Wembley Stadium）的一场群星云集的纪念演唱会上，主办方播放了一则视频，视频的内容是Mercury与观众互动的常规流程，当天演唱会现场的歌迷全体参与到互动当中，就好像Mercury本人就在现场一样。

1995年的《Made In Heaven》是他去世之后发行的作品之一，其中忧伤的"Mother Love"是Mercury生前录制的最后一首歌曲。音乐剧《摇滚万岁》（We Will Rock You）场场爆满，May和Taylor甚至和歌手Paul Rodgers合作再次以Queen的名义巡演。一尊Mercury的雕像被树立于瑞士蒙特雷（Montreux）——Queen录制他们最后几张唱片的地方。

Mercury无意享受这种夸张的待遇。不过正如他1981年所说，"我从来不过度分析自己。有时候不去管它才是最好的选择。"

ERIC CARR
(Paul Charles Caravello)
癌症引起的并发症

生于：1950年7月12日

卒于：1991年11月24日

即便对于化浓妆、喷火吐血的Kiss来说，"Rusty Blades"这个名字也太过荒唐了。因此，加入这支纽约噪音乐队之后，Paul Caravello改名"Eric Carr"（后来他经常在酒店登记入住时使用Rusty Blades的假名）。Carr最初的化妆形象是一只鹰，然而，由于这个形象类似《芝麻街》（Sesame Street）中的人物大鸟（Big Bird），他放弃了这种妆容，化身"狐狸"（Fox）。

1980年，Carr通过面试加入乐队，不过他和原鼓手Peter Criss一直保持着良好的关系。"他非常尊敬他，"Carr的姐妹说道，"Peter对Eric也一直非常绅士。"Carr雷鸣般的Bonham式的鼓点——他是Kiss最优秀的鼓手——在乐队1982年让人头盖骨发麻的专辑《Creatures Of The Night》中得到了淋漓展示。

Carr为乐队贡献了"All Hell's Breakin' Loose"等被反复演唱的歌曲，有时还会顶替Gene Simmons演奏贝斯。他还翻唱过Criss的热门歌曲"Beth"。

1990年被诊断患有癌症之后，Carr连续几个月接受手术，治疗他心脏和肺部的肿瘤。"听起来都很可怕，"他曾说过，"但是我在这里。我胸口有一条十一英寸长的伤疤，但我已经做好滚床单的准备了。"然而随着身体状况的恶化，他与Gene Simmons以及Kiss的另外一位创始人Paul Stanley日益疏远——后者一直把Carr看成少年。不过，在乐队录制热门歌曲"God Gave Rock 'N' Roll To You"时，他参与了和声演唱，随后于1991年11月24日去世。与Freddie Mercury同一天去世意味着Carr的离开不幸地被人们忽略。

"是梦想成真的感觉……"Carr这样评价他担任Kiss成员的感受，"我希望每个人在人生的某个阶段都能有这种感受。"

右图 身高五英尺七英寸的Fox作为Kiss成员完成一段独奏之后站在舞台上。

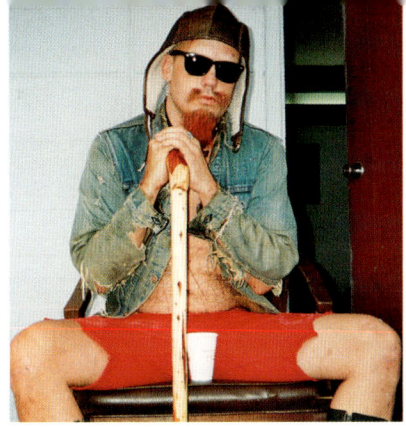

GG ALLIN
(JESUS CHRIST ALLIN，后来改名为 KEVIN MICHAEL)
药物过量

生于：1956年8月29日

卒于：1993年6月28日

Jesus Christ Allin 于1956年在新罕布什尔州出生，他的父亲有一些情绪问题。尽管母亲将他的名字改为Kevin Michael（"GG"是他兄弟将Jesus拼错的结果），在成长的过程中Allin还是与周边的环境格格不入，他投身摇滚是为了"摧毁破坏所有曾经碍我事的东西"。

他带领The Jabbers乐队录制了《Always Was, Is And Always Shall Be》（1980），这张专辑是他音乐风格的典型代表（既有Stooges式的朋克又有Hank Williams, Jr.风格的乡村音乐）。然而，Allin无法无天的本性展露之后，乐队解散。此后十年，他沉迷海洛因，终日在混乱中度过。

Allin因他臭名昭著的现场演出著称，在舞台上他经常有一些不雅行为，比如排便然后再把排出来的东西吃掉、裸体演出、自慰、恐吓袭击观众和其他乐队成员。因此，媒体对他的关注与他在音乐上取得的成功根本不成正比。在访谈节目《杰拉尔》（Geraldo）上，他宣称："我的肉体、我的血液、我的体液都是与他人的交融。"他的现场演出经常几首歌之后就被警察叫停。

Allin经常威胁在舞台上自杀，但最终于1993年6月28日在纽约的一个派对上因吸食过量海洛因去世。派对现场的其他人拍摄了他尸体的照片。下葬时，他身上——也没有人帮他清洁身体——穿的还是当时的皮夹克和护裆。前来参加葬礼的人们把毒品塞进他的嘴里，把威士忌放进他的棺材里。"我体内存在无法控制的东西，"1992年在监狱接受Doug Levy采访时他说道，"我不知道为什么无法停止……但是我保证这一次我出去之后，一定试一试。"

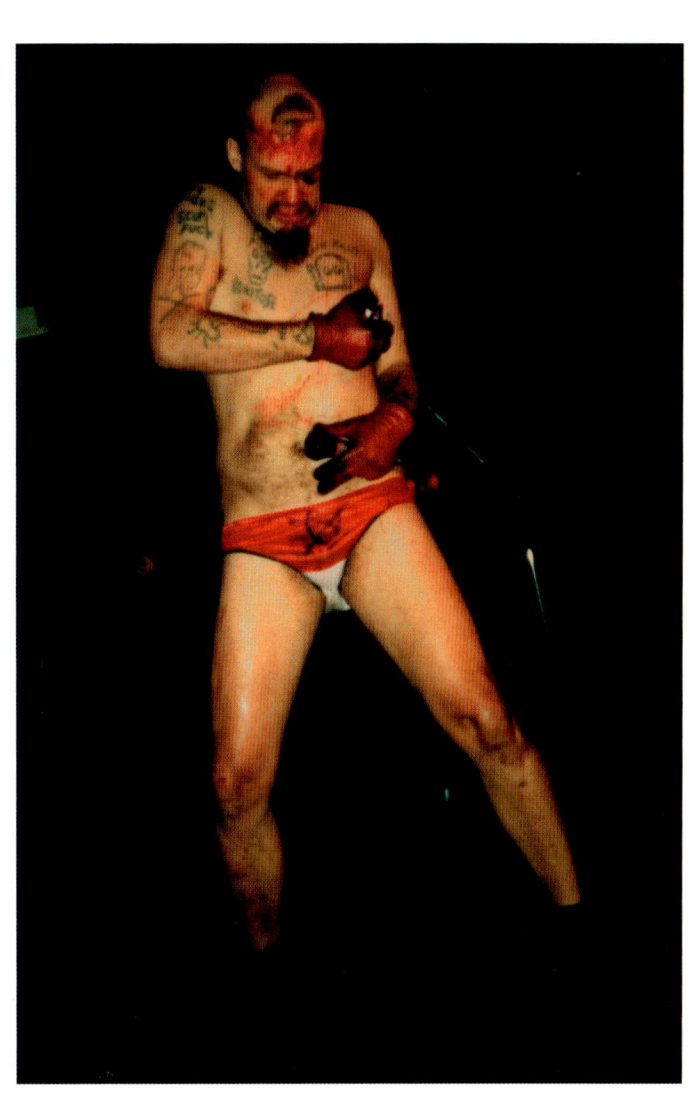

右图 1992年2月，GG Allin作为the Murder Junkies的成员在佐治亚亚特兰大的残骸屋（The Wreck Room）演出。

FRANK ZAPPA
(FRANK VINCENT ZAPPA)
前列腺癌

| 生于：1940年12月21日 |
| 卒于：1993年12月4日 |

"美国人对任何理智的事物都持怀疑态度，"《辛普森一家》（Simpsons）的创作者Matt Groening说道，"Zappa的智慧隐藏得不够彻底。Frank Zappa是我的Elvis。"

有些特立独行的音乐人，比如Sun Ra和Jandek，推出了大量不凡的作品，但都与主流乐坛不沾边。大多数摇滚歌迷都没有听过Frank Zappa一生推出的近百张专辑，但是Alice Cooper、Steve Vai、Bart Simpson以及不知疲倦的反音乐审核活动都受到了Zappa的影响。

Zappa出生于马里兰州巴尔的摩市的一个希腊/西西里岛裔家庭，九岁迁居加州。在那里，他在学校和酒吧的乐队演奏，并且为1962年的电影《世界上最伟大的罪人》（The World's Greatest Sinner）配乐。他用为电影配乐的酬金在库卡蒙加（Cucamonga）创立了自己的工作室——然而，由于被人陷害，他的工作室很快就因为生产色情产品而被查处关停。这让他致力于与社会虚伪和法定道德斗争，也让他将精力集中在了自己的乐队the Muthers身上（在唱片公司的严正要求下，后来改名为The Mothers Of Invention）。

乐队反映了一个将布鲁斯传奇Howlin' Wolf和电子作曲家Edgar Varèse视为偶像的音乐人在音乐风格上的兼收并蓄。他们的第一张专辑是相当具有影响力的《Freak Out!》（1966）。乐队随后于1967年和1968年分别推出《Absolutely Free》和《Lumpy Gravy》，后者是Zappa第一张与交响乐团合作的独唱专辑。同年，乐队还发行了R&B致敬专辑《Cruising With Ruben And The Jets》和攻击《Sgt. Pepper's Lonely Hearts Club Band》的作品《We're Only In It For The Money》（不喜欢《Sgt. Pepper's Lonely Hearts Club Band》）John Lennon 1971年与Zappa一同即兴演出。1988年，Zappa在他的最后一次巡演中翻唱"I Am The Walrus"时，Lennon大概会在天堂发出一声轻笑）。

为了让洛杉矶在孕育反主流音乐文化方面超越旧金山，Zappa在这里建立了Bizarre（离奇唱片）和Straight（直接唱片），两家厂牌旗下的艺人包括Tim Buckley、Tom Waits、Alice Cooper和他的高中校友Captain Beefheart。

出色的独唱专辑《Hot Rats》（1969）展示了他超凡的吉他技艺，也标志着The Mothers Of Invention原始阵容的终结。他的作品——光是70年代就有二十一张专辑，其中1973年的《Over-Nite Sensation》、1974年的《Apostrophe》（'）和1975年的《One Size Fits All》都适合刚刚接触他音乐的人欣赏——背后没有比尼古丁和咖啡因更强效的物质。"对我来说，香烟就是食物，"坚决反对毒品的Zappa说

> "癌症可以把人烦死。我在为生命战斗，到目前为止都在打胜仗……"

道，"我抽烟，喝这个杯子里的'黑水'才能活得下去。"他对禁烟活动和其他限制自由的行为一样持怀疑态度："吸烟已经从一个健康问题变成了一个道德问题，我认为，一件事被降级为道德问题之后，就无法在任何立法过程中得到重视。"

因为收录了嘲讽迪斯科的"Dancin' Fool"和引起争议的"Jewish Princess"——这首歌让Zappa不得不与反诽谤联盟（Anti-Defamation League）针锋相对，为自己辩护——《Sheik Yerbouti》（1979）让Zappa在他狂热的粉丝圈之外得到了关注。1982年，Zappa与女儿Moon Unit合作的硬摇滚滑稽作品"Valley Girl"成为热门歌曲，1981年的

右图 1970年5月，Frank Zappa作为The Mothers Of Invention的成员参加名为"母亲节之旅"（Mothers Day Tour）的巡演。

《Tinseltown Rebellion》则成为了天才吉他手Steve Vai登场的舞台。随着对合成器和采样器的依赖日益严重，Zappa对吉他的兴趣——以及运营一支乐队的成本和难度——随之下降。

1985年，他在参议院委员会面前作证，反对在专辑上粘贴警告贴纸——领导粘贴警告贴纸运动的是Al Gore（即后来曾担任过美国副总统的戈尔）的妻子Tipper。他的专辑《Jazz From Hell》（1986）因为收录了名字听起来很有料——但其实完全是器乐作品的——"G-Spot Tornado"被贴上了警告贴纸。

1988年，Zappa用《Guitar》（收录大量独奏）和《You Can't Do That On Stage Anymore》（他全长六张专辑的现场回顾系列的首张作品）回馈了那些在他实验古典风格或用Synclavier系统【译注：Synclavier系统是一种早期的数码合成器、复调数码采样系统和音乐工作站】生成音乐时仍对他不离不弃的歌迷。"我对浪费时间缺乏宽容度，"他说。

1990年，Zappa接受当时捷克斯洛伐克领导人Václav Havel——一位热情的摇滚粉丝和反共产主义运动的先锋——的邀请前往捷克斯洛伐克，并因此再度受到人们的关注。"在布拉格，"他说道，"有人告诉我共产主义捷克最大的敌人就是Jimmy Carter和我。我遇见的一个学生说他被秘密警察逮捕殴打，他们说要把Zappa的音乐从他身体中打出来。"

Zappa甚至计划竞选美国总统，然而1990年他被诊断患有前列腺癌。"已经潜伏了八到十年了，"接受《花花公子》（Playboy）采访时他说道，"发现的时候已经无法手术治疗了。"

随后到来的是多年痛苦的治疗——期间他还有幸收到一封来自Tipper Gore的"甜蜜来信"——不过，1992年9月，他还是出席了他的管弦乐作品《The Yellow Shark》的首发仪式。"我还没有死，"他宣称，"并且没有计划在本周或可预见的未来离开人世。"《卫报》（The Guardian）问道"你有没有考虑过停止工作？" "那我做什么呢？" Zappa回答道，"打高尔夫吗？"

"癌症令人心烦，"在他所接受的最后几次采访中，他对《脉搏》杂志（Pulse）承认道，"可能会把你烦死。我在为生命战斗，到目前为止都在打胜仗。我已经战胜了厄运。刚被确诊患有癌症时，医生说我活不了多久了。能坚持这么久，所有人都很吃惊。"

然而，1993年12月4日，这位曾经在两张早期专辑中以不同形式引用过Varèse（瓦雷兹）名言"现在的作曲家拒绝死亡"的音乐人终于向死神屈服。追悼会没有对外界公开，随后，他的遗体被葬在韦斯特伍德村纪念公园墓地（Westwood Village Memorial Park Cemetery）。他的长眠之地——为避免被恶意破坏没有做任何标记——在Roy Orbison坟墓的附近。接受歌迷杂志《社会页面》（Society Pages）采访并被问及来世时，他这样说道："如果用具体的科学名词来定义这些事情，会因为没有意思而被人们抵触。那会削弱死亡的浪漫色彩……但是我基本认为死了就是死了。理应如此。"

他的家人继续发行他的作品。"作曲家最基本的工作就是装饰时间的碎片，"他曾经说过，"没有音乐的修饰，时间只是制作期限或者账单付款截止日期的乏味集合。"

左图 1972年9月15日，The Grand Wazoo震撼柏林的德国馆（Deutschlandhalle）。

上图 Lynn Goldsmith——也就是因"Kissing With Confidence"著名的Will Powers——拍摄的Zappa肖像。

HARRY NILSSON
(Harry Edward Nelson III)
心脏病突发

生于:1941年6月15日

卒于:1994年1月15日

摇滚明星和银行工作?这就是唱作人/钢琴演奏家/吉他手Harry Nelson III离奇的职业生涯。在加州第一国家银行(First National Bank)工作时,Nelson在业余时间写广告小曲(他的母亲也是一位创作人)。他用假名Nilsson——他的姓的瑞典写法——录制了首张LP《Spotlight On Nilsson》(1966)。市场对这张唱片反应冷淡,但它却引起了RCA唱片的注意。

尽管常走搞怪路线,他出众的才华在主流厂牌发行的首张唱片《Pandemonium Shadow Show》(1968)中显露无遗。Nilsson对The Beatles歌曲进行复杂加工后完成的串烧歌曲"You Can't Do That"是专辑的亮点之一。The Monkees则凭借对Nilsson作品/怀旧歌曲"Cuddly Toy"的翻唱收获了一首热门歌曲(Monkee成员Mickey Dolenz和他之间的友谊维系终生)。The Beatles的助手Derek Taylor把Nilsson介绍给了他的老板,1968年在新闻发布会上被问及最喜欢哪位美国歌手时,John Lennon回答"Nilsson"。(当被问及最喜欢哪支美国乐队时,Paul McCartney给出了相同的答案。)

Nilsson对Fred Neil作品"Everybody's Talkin"轻松活泼的翻唱——此前被他的第二张专辑《Aerial Ballet》收录——因被用作电影《午夜牛郎》(Midnight Cowboy)的配乐,歌曲于1969年在公告牌排行榜(Billboard)上最高排到第六名,1970年他又以《Nilsson Sings Newman》向另外一位才华横溢的另类创作人致敬。

不过,1972年才是他事业的商业高峰,当年发行的《Nilsson Schmilsson》收录了他最脍炙人口的歌曲。"Without You"也是翻唱作品,原作者是Badfinger成员Pete Ham和Tom Evans,但是Nilsson把相对平淡的原版加工成了一曲情感充沛的史诗——好莱坞心碎风格。结果是:英美两地榜单冠军,创作者还收获了一座格莱美奖杯。《Son Of Schmilsson》(1972)销售成绩也相当不错,不过还是《A Little Touch Of Schmilsson In The Night》(1973)——一组以交响乐伴奏的优美准摇滚流行作品,由Derek Taylor制作——更能体现Nilsson与众不同的才华。

Nilsson是一位精明的商人,在房地产和电影发行上都做了成功的投资——良好的经济状况抵消了他后来推出的几张专辑在榜单上的糟糕表现。不过他也有点贪杯……

后来John Lennon出现在了他的生活当中。Lennon和Yoko Ono分开后,有过长达一年的著名"迷失周末"(Lost Weekend),这期间,这位前Beatles成员过着与酒精作伴的单身生活,与Nilsson成为了朋友。1974年3月,烂醉如泥的Lennon和Nilsson在洛杉矶的吟游诗人俱乐部(Troubadour club)粗鲁地打断了The Smothers Brothers'的演出,制造了一起臭名昭著的事件。两人的友谊延续了一生;1980年Lennon被枪杀之后,Nilsson成为了控枪运动的积极支持者。

1991年,Nilsson的财政顾问侵吞了他的收入,仅仅给他和他的家人留下三百美元。1993年2月,Nilsson心脏病突发,导火索是长期饮酒造成的身体虚弱。他的身体一直没能完全恢复,但是经济压力让他不得不重返录音棚录制最后一张专辑(但是没能发行)。人声录制完成后不久,他的心脏终于不堪重负永久停跳。

右图 1973年,帅气的Nilsson在夏威夷拿着尤克里琴。

KURT COBAIN
(KURT DONALD COBAIN)
自己造成的枪伤

生于：1967年2月20日

卒于：1994年4月5日

"我觉得他入错行了，"Keith Richards说道，"做世界上最大牌摇滚乐队的主唱有什么难的？兵来将挡水来土掩就好。"

Kurt Cobain不快乐的一生开始于距离华盛顿西雅图一百英里的多雨城市阿伯丁（Aberdeen）。Cobain的父母在他七岁时离婚，他学会了弹吉他以避免卷入是非。他不愿意在当地的伐木业工作，因此从高中辍学，前往满街都是毒品的西雅图。

没有人认为他的乐队Nirvana会成为乐坛的明日之星。不过，乐队还是说服了Sub Pop（地下流行唱片）于1990年发行他们的专辑《Bleach》——一张结合Beatles式旋律和Black Sabbath式重复乐段的作品。在Sonic Youth的要求下，Nirvana离开了Sub Pop，加盟MCA唱片帝国。如果Cobain不想成名的话，他就选择了错误的道路。他还选中了制作人Andy Wallace（曾经和Jeff Buckley、Bruce Springsteen和Prince合作）并随后抱怨专辑过于圆滑。

因为"Smells Like Teen Spirit"的走红——对The Pixies"强弱强"模式和Boston的歌曲"More Than A Feeling"的模仿——《Nevermind》（1991）将Michael Jackson赶下了公告牌排行榜专辑榜单冠军的宝座。可以想见，Cobain对于让他成名的音乐录影带——由MTV拍摄——持厌恶态度。

与此同时，他开始与Courtney Love恋爱。"大约一年前我和他在一场演出上相识，"她1992年接受《时髦》杂志（Sassy）采访时说道。Love很快被贴上了傍大款的标签，然而事实上在他们认识的时候，Love的乐队Hole比Nirvana更加成功。

1990年11月，首次吸食海洛因的Cobain诱使Love毒瘾复发——而非Love让Cobain染上毒瘾。媒体尽职尽责地报道嗜睡病造成了他接受采访时精神萎靡不振，他吸食海洛因是为了缓解胃痛。奇怪的是，Love接受《名利场》（Vanity Fair）的采访，在承认吸毒之后却遭到了口诛笔伐。

主唱沉迷毒品欲仙欲死之时，Nirvana成为了摇滚乐坛最著名的乐队。不过在唱片销量上，他们比不过Pearl Jam和Guns N' Roses。Cobain曾身着印有"商业机器还是很烂"（Corporate magazines still suck）字样的T恤登上《滚石》杂志（Rolling Stone）的封面，堕落到玩这种把戏之后，Cobain承认道"我认为我们看起来已经很荒唐了"。

> "我应该去上个有关做摇滚明星的培训班。"

他的女儿Frances Bean——唯一能让Cobain感到快乐的事物——1992年8月在混乱中诞生。为分娩Love住进了洛杉矶的一家医疗中心，Cobain当时也在那里戒毒。Courtney的密友Everett True描述道："她的丈夫也进了产房，但因为接受治疗所以身体虚弱，自己也在打点滴——他在Frances出生前几分钟昏倒在地。"次日，有传言说Cobain试图说服他的妻子与他一同自杀，随后离开去买海洛因。

《In Utero》（1993）——录制期间暂名《I Hate Myself And I Want To Die》——是Nirvana的下一张专辑。"Radio Friendly Unit Shifter"这样的歌名暗示着歌曲中对超级明星烦恼的长篇大论。"我应该去上个有关做摇滚明星的培训班，"他抱怨道。不过，Cobain谨慎地请R.E.M的制作人Scott Litt对"Heart-Shaped Box"和"All Apologies"——《In Utero》中最具旋律感的歌曲——进行了重新混音。

在巡演过程中，向伴奏中加入大提琴并拒绝演唱"Smells Like

左图 Cobain著名的激情演出

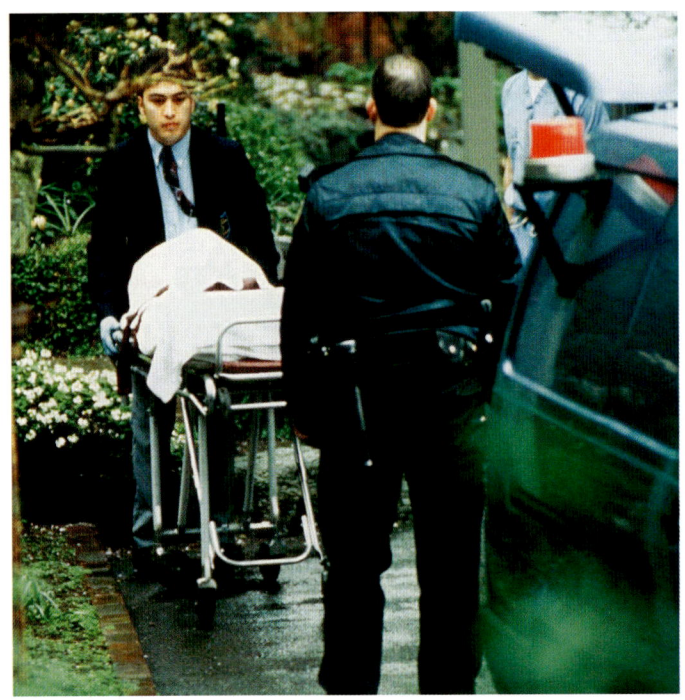

Teen Spirit"没有为乐队赢得任何朋友。反倒是让一场MTV"不插电"（Unplugged）演唱会成为了他们最精彩的表演。Cobain翻唱了David Bowie和the Meat Puppets的歌曲，他对Leadbelly作品"Where Did You Sleep Last Night?"的重新演绎——Love在Hole的巡演上经常演唱这首歌曲——得到了评论家的赞赏。

Cobain长期生活在媒体的聚光灯之下，婚姻生活不快，嗜赌成瘾，没能按照约定与乐队其他几位成员平摊版税并随之与他们疏远，1994年，他试图自杀。尽管他在罗马摄入罗眠乐（Rohypnol）和酒精——这两种物质混合会引起昏迷——的事件被定义为意外，Love接受《旋转》杂志（Spin）采访时表示Cobain当时写好了遗书，说他的心理医生告诉他，"和Hamlet一样，他必须在生命和死亡之间选择，而他决定选择死亡。"

4月，Cobain再次从戒毒机构中逃出，回到西雅图。在航班上坐在他身边的是Guns N' Roses成员Duff McKagan——Guns N' Roses的另外一位成员Axl Rose曾经连续三年遭受Cobain学生式的嘲讽。

Love在外地时，Cobain买了海洛因又弄来一把猎枪。4月8日，一位电工报告他在Cobain华盛顿湖（Lake Washington）住所车库楼上的房间里发现了一具尸体。Cobain向体内注射了大量海洛因，随后开枪自杀。解剖结论显示4月5日，Cobain"因自己造成的头部枪伤"死亡。

阴谋家们认为Love害死了Cobain，并且质疑他去世前一周行踪不定。"他在罗马自杀未遂之后，"Keith Richards说道，"我没想到应该照顾他的人居然让他买猎枪，整天闷闷不乐地宅在家里。"Nick Broomfield导演的电影《科特和考特妮》（Kurt And Courtney，1998）表现了有关Love的种种猜测。

"我已经很多年没有感受到听音乐和创作音乐的兴奋了……"Cobain在遗书中说道，"我的愧疚超乎言表。"在西雅图为前来吊唁的人朗读遗书时，Love回答道："那就别做摇滚明星，混蛋。"

Cobain的母亲——说到Jimi Hendrix、Janis Joplin和Jim Morrison都是二十七岁去世的时候——表示："现在他离开去加入那个愚蠢的俱乐部了。"

Neil Young——Cobain在遗书中引用了他的作品"My My, Hey Hey（Out Of The Blue）"中的歌词——录制了"Sleeps With Angels"向Cobain致敬。Nirvana剩余的几位成员继续活动，推出了现场专辑《MTV Unplugged In New York》（1994）和《From The Muddy Banks Of The Wishkah》（1996）——后来还搜肠刮肚地发行了一些合集。Love一边推出优秀的专辑一边与媒体斗争，她的自我沉溺和毒瘾总是招来口诛笔伐，但同样的品质却让Cobain成为传奇。

2007年，已长成少女的Frances Bean写道："我不再生他的气了。我依然希望他没有离开我和妈妈，但是……我有一些Nirvana的T恤，有时会穿。"

上图 1994年4月，警方将Cobain的遗体送走。

右图 1992年，Kurt Cobain作为Nirvana的成员在雷丁音乐节（Reading Festival）上表演。

LEE BRILLEAUX
(Lee Collinson)
咽喉癌

| 生于：1952年5月10日 |
| 卒于：1994年4月7日 |

Dr Feelgood 1971年在英国埃塞克斯郡的肯维岛（Canvey Island）成立，乐队以南非出生、才华横溢的音乐人Brilleaux（人声、口琴）和广受赞赏的吉他手Wilko Johnson为中心，很快成为了一支激动人心的R&B乐队。（乐队的名字可能是对以假名"Piano Red"录音的美国布鲁斯音乐人Willie Perryman 1962年的歌曲的致敬。）当时，很多乐队都专注于制造艺术性高的概念专辑和令人头脑发麻的独奏。在这样的时代背景之下，Dr Feelgood紧凑、直接、大胆的音乐——以Brilleaux嘶哑的声线和Johnson技艺精湛的吉他演奏为中心——在乐坛刮起一股新风（紧凑的出道单曲"Roxette"就是一个很好的例子）。乐队很快成为了酒吧摇滚圈的领头羊，他们的短发、西装革履的形象以及强有力的音乐影响了朋克明星The Jam和后来的新浪潮乐队。他们的魅力没有打动美国乐坛，但是Dr Feelgood凭借现场专辑《Stupidity》（1976）登上了英国榜榜首；三年后——此时1977年退出的Johnson已经不在乐队——他们再度凭借令人难忘的热门歌曲"Milk And Alcohol"收获英国榜第九名。

80年代，Dr Feelgood成为过气乐队，曾经的辉煌不复存在，不过Brilleaux定期带领不同阵容的Dr Feelgood上路巡演，一年大约进行两百场演出。（小细节：1982年，Brilleaux是唯一一位Dr Feelgood的原始成员，此前，除了他之外，所有参加过Dr Feelgood的音乐人名字都叫做John。）1986年，Brilleaux发行的同名独唱专辑反响平平。1993年，咽喉癌导致他健康状况下降。去世时，他还在与一个新版本的Dr Feelgood一同演出——演出的地点正是肯维岛，一切开始的地方。

右图 和任何典型的酒吧摇滚歌手一样，Brilleaux一定不会让酒离开身边。

VIV STANSHALL
(VICTOR ANTHONY STANSHALL)
住宅火灾

生于：1943年3月21日

卒于：1995年3月5日

古怪又出色的英国音乐人Viv Stanshall（又名Vivian）最早因担任The Bonzo Dog Doo-Dah Band的主唱而出名，这支60年代的摇滚乐队集合了综艺表演、达达主义（dada）、传统爵士、《呆瓜秀》（The Goon Show）、音效、爆炸、自制道具、疯狂的创作天才（Stanshall和Neil Innes负责创作）和出色搞怪的幽默感。Stanshall的机智、对文字的热爱、浑厚的嗓音和英国上流社会的口音是Bonzos的主要魅力来源。（"Viv以前定期和Captain Beefheart通电话，"备受尊敬的DJ John Peel回忆道，"没法想象他们俩都聊些什么……"）

70年代，Stanshall离开Bonzos之后的事业杂乱无章，根深蒂固的安全感缺失和自我毁灭性的豪饮——The Who的疯狂成员Keith Moon有时是他的酒友——影响了他卓越的才华。在他的独唱作品中，与众不同的《Sir Henry At Rawlinson's End》——一位离经叛道的贵族的故事，后来被拍成了Trevor Howard主演的电影——最为著名，不过，在Mike Oldfield的畅销作品《Tubular Bells》（1973）中，每段乐器演奏之前都有Stanshall优美的嗓音。（Oldfield非常兴奋："他不是摇滚乐坛的Peter Cook吗？"）1988年，老歌迷The Who成员Pete Townshend和作家兼名人Stephen Fry出资赞助Stanshall在伦敦布卢姆斯伯里剧院（Bloomsbury Theatre）排演话剧《臭脚》（Stinkfoot），然而那时，酗酒和安定（Valium）上瘾让他出了名的不靠谱又特别虚弱（他的很多财物都被他遇见或者请回家的强盗偷走）。

1995年3月5日，一个周日的清晨，Stanshall位于伦敦的公寓发生火灾，他本人不幸去世，起火原因可能是床头灯倾倒——这一天正好是Henry Creswicke Rawlinson爵士去世一百周年，这位19世纪亚述学研究者（Assyriologist）【译注：亚述学是对古代美索不达米亚以及其他使用楔形文字的相关文化的考古、历史和语言学研究】正是Stanshall邪典经典作品的灵感来源。

右图 The Bonzos 1969年在萨塞克斯郡（Sussex）普兰普顿（Plumpton）第九届爵士和布鲁斯音乐节（Jazz and Blues Festival）上尽情——带着艺术感——摇滚。

EAZY-E
(Eric Lynn Wright)
艾滋病引起的并发症

生于：1963年9月7日

卒于：1995年3月26日

"我是注定长命百岁的黑人，"Eric "Eazy-E" Wright在"Gangsta Gangsta"中唱道，这首歌的名字后来被用来命名一个体裁。黑帮说唱之所以能在音乐版图上占据一席之地——最终又成为世界上最流行的音乐体裁——他的贡献无人能及。

Eazy-E的乐队伙伴，Niggaz With Attitude的另外几位成员——Ice Cube、Dr. Dre、MC Ren和DJ Yella——都来自中产阶级，Eazy更熟悉他们说唱的主题——街头；据说Ruthless Records（无情唱片）就是他用贩毒收入创立的。"Express Yourself"（根据Charles Wright的一首歌曲改编，他有时会被误认为是Eazy的父亲）和颇具争议性的"Fuck Tha Police"让NWA凭借《Straight Outta Compton》（1988）一夜爆红。

在NWA的协助下录制的个人专辑《Eazy-Duz-It》（1988）同样卖出几百万张。Ice Cube抱怨受到欺骗，但他的退出没有让NWA停滞不前：1989年的《100 Miles And Runnin' EP》是金专辑，《Efil4Zaggin'》（1991）则是榜单冠军。然而Dre的离开——和Cube理由相似——对乐队造成了致命的打击。

Dr. Dre转投他与企业家Suge Knight共同创立的Death Row（死囚唱片）。据说Knight为了帮助Dre解除与Eazy的合同曾带着一群手持棍棒的手下造访Ruthless的办公室。

Eazy很快将Dre的歌曲从1992年的《5150: Home 4 Tha Sick》（当时隶属Ruthless的Black Eyed Peas成员will.i.am参与了这首歌曲的录制）中删除，两人随后开始了一场唱片战争：Dre发行了《The Chronic》（1992），Eazy则推出了《It's On（~~Dr Dre~~）187um Killa》（1993）。尽管Dre在销量上占优，Eazy还有Ruthless旗下乐队Thugs-n-Harmony后来的成功可以炫耀。他还通过支持被指控袭击Rodney King的洛杉矶警察之一和参加共和党筹款活动制造争议。"我只花了一千五百美元，却得到了一百万美元的曝光率，"他洋洋自得地说道。

然而，1995年2月24日，他入住雪松-西奈医疗中心（Cedars-Sinai Medical Center），当时院方声称他因哮喘入院。被诊断患有艾滋病（在男性说唱界，患有艾滋病被看作一件可耻的事情）之后，他利用自己的疾病导演了一场精彩的救赎大戏。"我有成千上万的年轻歌迷需要学会分辨有关艾滋病信息的真伪……"他在一份激昂的声明中说道，"除了我自己，我并不想责怪其他人。上周我了解到艾滋病真的存在，而且任何人都有可能被感染。"

Dre和Cube到重症监护室看望了Eazy，根据英国《独立报》（The Independent）的报道，"医院接到的歌迷来电比1989年Lucille Ball去世时还要多。"Eazy于3月26日去世。

在葬礼上，Eazy的遗体被安放在黄金棺材之中。曾经谴责Eazy在歌曲中贬低他所管理的地区的市长Omar Bradley称这位说唱歌手为"康普顿（Compton）最受爱戴的孩子"。只有Yella这一位NWA成员参加了他的葬礼。Eazy被葬在洛杉矶的玫瑰岗纪念公园（Rose Hills Memorial Park）。

Ruthless由Eazy的遗孀继续经营。The Game（"洛杉矶人像罗马人尊崇Caesar一样爱戴Eazy"）和Kanye West都承认受到了她亡夫的影响。"也许，"Eazy在临终的声明中说到，"我不适合享有成功。"

右图　1994年，Eazy-E在加州康普顿坐在他的车上，一年之后他英年早逝。

SELENA
(Selena Quintanilla-Pérez)
枪伤

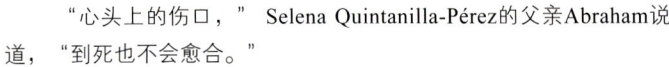

生于：1971年4月16日

卒于：1995年3月31日

"心头上的伤口，" Selena Quintanilla-Pérez的父亲Abraham说道，"到死也不会愈合。"

出生于德克萨斯州科珀斯克里斯蒂（Corpus Christi）的Selena 五岁就开始随父亲的乐队Los Dinos演出。"我在事业上领先他人，对商业的态度也更加成熟，"她回忆道，"尽管我根本不清楚到底发生了什么。"

> "我在事业上领先他人……尽管我根本不清楚到底发生了什么。"

她的音乐是特吉诺（Tejano）风格【译注：特吉诺是源于德州南部的综合音乐，结合了乡村音乐、节奏蓝调和流行的拉丁曲风】。"是乡村，"她说，"是爵士，源头可以追溯到德国波尔卡舞（polka），也是墨西哥音乐。"和Beyoncé一样（在Destiny's Child创立之初，Selena和Beyoncé曾同台演出），她在舞台上性感万分，完全不顾传统道德观念。

Selena拥有一家服装精品店，羡慕Gloria Estefan的好运，梦想能取得主流成功。她在拉丁市场的人气让她有机会于1995年在休斯敦巨蛋体育馆（Houston Astrodome）的六万七千名歌迷面前演出，并与David Byrne合作电影《天生爱情狂》（Don Juan DeMarco, 1995）的原声带。

同时，Selena的朋友Yolanda Saldivar从管理Selena的歌迷俱乐部转而经营她的精品店。Selena一家并不知道Saldivar曾被以前的雇主指控偷窃，没有偿还她的助学贷款，并且因不明原因辞去了做护士助理的工作。1995年3月，Abraham发现了她挪用公款的证据。Selena让Saldivar从墨西哥出差回来之后提供可以证明自己清白的证据。

回国之后，Saldivar致电Selena声称自己被绑架和强奸。3月30日，歌手前往科珀斯克里斯蒂的一家汽车旅馆看望Saldivar。当着Selena丈夫的面，Saldivar拒绝在遭到所谓的强奸之后就医，并且没有拿出任何Selena要求她出具的证据。

次日早晨，Selena带Saldivar 前往医院就诊，随后后者改口称没有遭到强奸。两人返回汽车旅馆之后，一位酒店女服务员听到了叫喊和一声枪响。Selena背后中枪，流着血逃到酒店大厅。她被送往医院后不幸死亡。

Saldivar坚称这是一场意外。然而，正如公诉人在她的审判上指出的一样，"她既没有报警也没有利用自己的护理知识对Selena进行急救。"最终谋杀罪名成立，她被判终身监禁。

在科珀斯克里斯蒂会展中心（Corpus Christi Convention Center），Selena的遗体被安放在被白玫瑰环绕的棺材之中，成千上万人前往吊唁。为了平息陈列空棺材的流言，她的家人选择打开棺材。她被葬在科珀斯克里斯蒂的海滨纪念公园（Seaside Memorial Park）。

去世后发行的《Dreaming Of You》（1995）获得了她所追求的跨界成功，空降公告牌排行榜两百强榜单冠军。当时的德州州长George W. Bush签署了一项禁止藏匿手枪的法案，并将歌手的生日（4月16日）定为"Selena Day"。

1997年，Jennifer Lopez在电影《哭泣的玫瑰》（Selena）中饰演女主人公的表现广受好评。对于Selena的死，Lopez感叹道，"提醒我们未来发生的事情无法预知，活在今天才是最好的选择。"

右图 1994年，Selena在演出。

JERRY GARCIA
(JEROME JOHN GARCIA)

心脏病突发

生于：1942年8月1日

卒于：1995年8月9日

早年对迷幻药的热情让他收获绰号"迷幻上尉"（Captain Trips），毒品在The Grateful Dead成员Jerry Garcia的生活——和死亡——中扮演了重要的角色。更加了不起的是，他闯荡乐坛三十年，凭借出色的音乐技艺留下了令人难忘的作品。

祖父母对乡村音乐的兴趣是Garcia受到的最早的音乐影响（1948年，目睹父亲溺亡之后，Garcia就开始与祖父母同住），不过是他哥哥对T-Bone Walker和Chuck Berry的热爱让他拿起了吉他。1965年，他作为The Warlocks——后来的The Grateful Dead——成员在Ken Kesey名为"酸性测试"（Acid Tests）的派对上表演。他们的出道专辑，1967年的The Grateful Dead，是一张紧凑的快节奏"唱片"，但是乐队很快就开始探索未知领域——比如《Live Dead》（1969）中带有爵士色彩的迷幻摇滚。

勒紧腰带度日多年之后，频繁进行现场演出的乐队终于从中得到了回报。1985年，他们的演唱会收入是一千一百五十万美元，90年代，《福布斯》杂志（Forbes）将他们列为娱乐圈收入最高的团体之一。

然而，80年代Garcia的状态严重下滑。以不断巡演、垃圾食品、毒品为主要内容的生活方式导致他于1986年陷入糖尿病引起的昏迷。醒来之后，他不得不辛苦地重新学习如何演奏音乐。

1995年7月，他入住棕榈泉（Palm Springs）的贝蒂·福特诊所（Betty Ford Clinic）戒除海洛因，两周之后，他感觉身体状况良好便离开了医院。然而，不可避免的结局次月在加州怡心诺尔斯（Serenity Knolls）的另外一家戒瘾机构到来。一位护工发现他在床上去世。Garcia睡觉时心脏病突发。

他去世的消息公布之后，旧金山市长宣布降半旗致哀。后来，人们用他的名字命名了太阳系中新发现的一颗星，对于音乐风格常被人用"有宇宙感"形容的Garcia来说，这种纪念方式再合适不过了。

左图 1982年正在进行现场演出的The Grateful Dead，左起：Jerry Garci、Bill Kreuzman（鼓手）、Bob Weir和Phil Lesh。

右图 Garcia的追悼会于1995年8月3日在金门公园（Golden Gate Park）举行，乐队全体成员、Garcia的家人和朋友以及几千名歌迷出席了仪式。

SHANNON HOON
(RICHARD SHANNON HOON)
药物过量

| 生于：1967年9月26日 |
| 卒于：1995年10月21日 |

"十七岁那年，"Richard Shannon Hoo说道，"我意识到我已经浪费了多年时间，去做我父母希望我成为的那个人。"因此，他带着十足的摇滚范儿，在印第安纳拉斐特（Lafayette）登上一辆灰狗长途汽车（Greyhound）前往洛杉矶，并与人合伙创立了Blind Melon。正当乐队为专辑创作纠结时，Hoon拜访了另外一位从拉斐特来到洛杉矶的朝圣者Axl Rose。最终，他参加了《Use Your Illusion》中的歌曲"Don't Cry"的录制。

> "我现在要考虑的事情很多，保住性命就是其中之一。"

Blind Melon 1992年发行的同名出道专辑——迷幻风格和the Allman Brothers的结合——一开始表现不佳，然而后来"No Rain"迷人的音乐录影带——里面有一个打扮成蜜蜂的女孩——掀起了一场席卷MTV的热潮。然而与成功一同到来的还有药物滥用，毒瘾让Hoon时不时中断巡演，还成为了戒毒所和监狱的常客。"我放弃希望了，"他的母亲说道："有时候我觉得他活不了那么久。"

1995年乐队推出灾难性的续作《Soup》，Hone的毒品问题依然没能得到解决，他再次进入戒瘾机构。"显然，作为一位父亲，我现在要考虑的事情很多，"他承认道，"保住性命就是其中之一。"

乐队在新奥尔良（New Orleans）——"一座无时无刻不考验人的意志力的城市，"Hoon曾说过——时，歌手因吸食过量可卡因在巡演大巴上去世。享年二十八岁。《Blind Melon》的销量很快突破四百万张。Hoon被葬在印第安纳的德顿公墓（Dayton Cemetery）。

"他并不想死，"吉他手Rogers Stevens痛惜地说道，"他总是游走在边缘地带，这次终于没能逃过一劫。"

左图 1994年，Shannon Hoon在伍德斯托克音乐节（Woodstock）上演出。

幕后故事

PETER GRANT

心脏病突发

生于：1935年4月5日

卒于：1995年11月21日

Peter Grant辞去了他片状金属厂的工作，追寻自己进入演艺圈的梦想。他做过舞台工作人员、酒吧保镖、特技演员、演员和摔跤手，最终以制作人的身份安定下来。和他合作过的音乐人包括The Animals、Chuck Berry、Bo Diddley和Jeff Beck。

在The Yardbirds境况不佳时，Grant是乐队的经纪人。1968年，Jimmy Page为履行巡演承诺组建新阵容之后，他继续担任这一职务。New Yardbirds就是后来的Led Zeppelin，在Grant的经营策略（对乐队友善，对主办人和厂牌极不友善）的帮助下，统治70年代的摇滚乐坛。

Grant鼓励乐队将精力集中在专辑和巡演上，忽略单曲和电视节目，让他们富甲一方又笼罩着神秘色彩。"他是第一位把艺术家放在第一位并且确保我们得到合理酬劳的经纪人，"The Everly Brothers成员Phil Everly回忆道。Grant在业界人见人惧，却深受音乐人爱戴——Robert Plant和Elvis都曾在舞台上提到他。

1980年John Bonham的去世让Led Zeppelin停滞不前，此时，超重和可卡因已经开始影响Grant的健康。Grant选择了退休，并且最终戒掉毒瘾，成功减重。在开车返回英格兰萨塞克斯郡老家的途中，他突发心脏病去世。他的遗体被埋葬在萨默塞特郡（Somerset），Led Zeppelin剩余的几位成员都参加了他的葬礼。

"我不需要豪华的办公室，"他曾说过，"我不需要举办演出。这些都没有用处。唯一能让人留下深刻印象的就是Led Zeppelin的音乐。"

上图 左起：Peter Grant和Led Zeppelin主唱Robert Plant、贝斯手John Paul Jones。

TUPAC SHAKUR
(Tupac Amaru Shakur)
驾车枪击事件

生于：1971年6月16日

卒于：1996年9月13日

"人生就是一场游戏，"1996年Tupac Shakur说道，"我到底是输是赢？我知道这游戏总有一天会结束，但我会在退出之前尽情游戏、尽情探索。"

Pac的人生游戏刚开始，形势就对他大为不利。他的母亲Alice Williams（后来改名Afeni Shakur）是活跃的黑豹党（Black Panthers）【译注：黑豹党是一个由非裔美国人所组织的团体，在上世纪60、70年代非常活跃，致力于为美国黑人争取民权，另外他们也主张黑人应该有更为积极的正当防卫权利，即使使用武力也是合理的】成员，曾身陷囹圄，被控阴谋策划种族战争。她在儿子出生前不久被宣告无罪——但是她的新任丈夫Mutulu Shakur被判监禁。

在哈林区出生的Pac儿时安静孤僻。"我看很多书，"他说，"我写诗。"1984年，他迁居马里兰，并以MC New York的名义说唱。1988年，他再度搬家，这次的目的地是加利福尼亚。随后他长期定居西海岸。

Pac做过说唱团体Digital Underground的伴舞和巡演器材管理员，后来拿到了独唱合约。然而他的首张专辑《2Pacalypse Now》（1991）并不出众，如果他没有在日后显露出黑暗面的话，Pac的故事很可能会就此画上句号。

1992年，Pac在电影中对一个精神病患者令人不安的演绎让他成为了疤面煞星一样的偶像，也让他的公众形象就此定格。同年，一颗从Pac的手枪中射出的子弹——据说是他同母异父的弟弟在一个加州音乐节上射出的——杀死了一个六岁儿童（1995年这一事件结案，检方没有提出刑事指控），此后Pac就经常因此类不幸事件登上报纸头条。

同时，《2Pacalypse Now》——一个枪击德州警察的少年被发现拥有这张唱片——遭到了副总统Dan Quayle（丹·奎尔）的批评。Pac的音乐因以贝斯为动力的暴力倾向而著名，《Strictly 4 My N.I.G.G.A.Z.》（1993）就此大做文章。然而，他选择与Janet Jackson搭档出演爱情电影《因果循环》（Poetic Justice）——抱怨Jackson坚持要他做HIV测试才愿意在电影中与他接吻，随后又无视他的存在。

《Menace II Society》火上浇油。因为在片场有不良表现被解雇之后，Pac殴打了导演Allen Hughes。1993年接近尾声时，他在亚特兰大向不当班的警察开枪后被捕，随后又因在纽约的一家酒店对歌迷进行性虐待而被起诉。

1994年，混乱仍在继续。春天，Pac因藏匿毒品和携带隐藏武器被捕，他还因为袭击Hughes坐了十五天的牢。更糟糕的是，纽约说唱歌手The Notorious B.I.G.——与Pac在洛杉矶相识并成为朋友——所取得的成功掩盖了Pac的成就。"Biggie是布鲁克林黑人梦想中西海岸风格的标志……"Pac抱怨道，"Biggie的音乐和我的难道不像吗？他唱出的难道不是我的风格吗？"

尽管局势紧张，《Thug Life Volume 1》（1994）和《Me Against The World》（1995）放弃了暴力的放克，转投深情内省的风格。《Thug Life Volume 1》的试音带收录了一首Pac和B.I.G.的合唱，但是这首歌没有在唱片最终版中出现。另外，Pac在篮球电影《霹雳硬小子》（Above The Rim，1994）中饰演了一个抢戏的角色。"他对极具诱惑力的邪恶人物进行了精彩地演绎，"《滚石》杂志（Rolling Stone）评论道。

1994年11月，Pac等待1993年性虐待案件的审判结果时，在一个纽约录音棚被抢劫并受枪伤。尽管他的同案被告嫌疑最大，Pac认定当时也身处同一幢建筑之中的B.I.G.和Puff Daddy才是罪魁祸首。多疑让他身心俱疲。

次日，Pac违抗医嘱离开医院，坐轮椅出庭。最终，性虐待罪名成

左图 Tupac去世之前不久的演出

立,他被判四年半监禁;《Me Against The World》(1995)是有史以来第一张在创作者坐牢时登顶公告牌排行榜的专辑。基本被说唱团体抛弃的Pac得到了Madonna(曾与Pac约会过很短的一段时间)、演员Mickey Rourke和老朋友Jada Pinkett的支持。

然而,面对一百四十万美元的高额保释金,Pac需要一位更加慷慨的捐助人。此时Death Row(死囚唱片)的大块头CEO Suge Knight开始介入。1996年初,Pac与该公司签约,在纽约重新获得自由,在加州恢复工作。

在狱中他曾声称:"一心想要报复的Tupac已经不复存在。"然而Suge Knight对Puff Daddy帝国的厌恶让他愈发多疑。《All Eyez On Me》(1996)卖出几百万张的同时,他彻底失去了控制。

在单曲"Hit 'Em Up"中,Pac声称曾和B.I.G.的妻子Faith Evans上过床,并且攻击了Biggie、Biggie的伙伴和纽约说唱歌手Mobb Deep。沉浸在金钱、毒品和女色中的Pac将自己视为东西海岸战争中的将军——"Makaveli"。

1996年9月7日,他在拉斯维加斯观看了一场拳击赛。后来,与Knight一同驾车沿赌场大道行驶的时候,他被一辆路过车辆中射出的四发子弹击中。他依靠生命支持系统又活了六天。"他们对他进行了七次紧急抢救,"Afeni说道,"我请求医生顺其自然。"他去世时年仅二十五岁。阴谋论者怪罪Knight(Pac听从他的建议脱掉了防弹背心)和B.I.G.(次年被杀害,可能是因此事遭到报复)。有人甚至认为说唱歌手伪造了他的死亡。Pac去世前一个月为"I Ain't Mad At Cha"拍摄的音乐录影带中有他中枪身亡的情节,这也成为了假死理论最为合理的"证据"。Pac为他人生中最后一张专辑《The Don Killuminati: The 7 Day Theory》(1996)选择的封面描绘的就是他被钉在十字架上的场景。在Richie Rich 1996年发行的歌曲"Niggas Done Changed"中,Pac说唱道:"我中枪身亡,怎么发生的不告诉你……"

这一事件的真相一直未能水落石出;最经常被提到的嫌疑犯1988年也被杀害。Afeni将儿子的骨灰埋葬在她位于北卡罗来纳州的农场,计划以后再带去索韦托(Soweto)。Tupac去世后发行的专辑让他成为说唱界唱片作品最畅销的音乐人之一。

"有时,"曾去医院看望Pac的Jesse Jackson神父说道,"暴力文化极具诱惑力,即便已经拥有足以远离这种文化的物质财富,人仍会被吸引。他没能打破这种惯例。"

左图 Suge Knight的宝马车在犯罪现场,Shakur中枪时就坐在这辆车里。

右图 美国各大城市到处都有纪念Tupac的涂鸦。

RANDY CALIFORNIA
(RANDOLPH CRAIG WOLFE)
溺水身亡

生于：1951年2月20日

卒于：1997年1月2日

Randy California的母亲Bernice Pearl有着让儿子在娱乐圈发展的宏伟计划。Pearl的兄弟Ed创办了洛杉矶最棒的民歌/布鲁斯俱乐部。Randy师从来自密西西比的John Hurt、John Lee Hooker等人，练就了精湛的吉他技艺。在校友（也是后来的乐队伙伴）Jay Ferguson的回忆中，他是"戴着牙套的十四岁少年，弹起三角洲布鲁斯（Delta blues）简直是天才"。事实上，Jimi Hendrix（Randy绰号"California"的来源）和他在Jimmy James And The Blue Flames 中一同演奏之后，1966年希望Randy和他一起前往伦敦；California——当时尚未成年——没能成行。

后来，他与人合伙建立了另外一只五人乐队Spirit，鼓手由他年过四十的继父Ed Cassidy担任。乐队集合摇滚、布鲁斯和爵士风格，现场演出十分精彩，1967年中期他们每周一晚上在灰树丛（Ash Grove）举办的演出场场爆满。乐队很快与Lou Adler的Ode Records（颂歌唱片）签约，但和厂牌之间的关系十分紧张（Adler在乐队不知情的情况下向他们的同名出道专辑中加入了交响乐）。Spirit最优秀的专辑——1970年极具创意的《Twelve Dreams of Dr. Sardonicus》——以失败告终，乐队随后解散。

California是迷幻药爱好者，后来又迷上了可卡因——这种生活方式并不适合这位从童年到成功一直深受压力困扰的音乐人——他的心理健康也受到了影响。在英格兰演出时，他中断表演，后来在后台用剃刀割破了自己的手臂。1973年4月，他从伦敦的切尔西桥跳进了泰晤士河。

尽管当时他游到岸边，自救成功，他生命的终结还是与水有关。1997年初，拜访她母亲时他在夏威夷莫洛凯（Molokai）被卷入海中，据说他当时是在水中营救十二岁的儿子。他的尸体一直没有被找到。

右图 1979年在雷丁音乐节（Reading Festival）上，California作为Spirit成员演出。

BILLY MACKENZIE
(WILLIAM MACARTHUR MACKENZIE)
服药过量自杀

生于：1957年3月27日

卒于：1997年1月22日

尽管无缘主流乐坛，The Associates以有创见的先锋音乐向80年代英国流行乐坛注入了可喜的新鲜血液。歌手Billy MacKenzie是乐队影响力的核心，他横跨多个音阶的嗓音和迷人的唱功是他卓尔不凡、极具独创性的证明（据说他是The Smiths作品"William, It Was Really Nothing"的主人公）。乐队最成功的单曲"Party Fears Two"（英国榜第九名）就是一个很好的例子，这首歌结合了出色的键盘重复乐段和奇怪的歌词，歌手则时而放松，时而尖叫，时而大喊。

MacKenzie和伙伴Alan Rankine为录制收录这首歌的专辑在两个月之内花掉了六万英镑（时值十二万美元）预付款。他们购置了高级合成器，将一套架子鼓没入水中，向吉他中撒尿（想知道这样的吉他会发出什么样的声音），还——这一点可能一点也不出人意料——吸食了大量可卡因。随后推出的专辑——一张厚重、充满想象力的华丽作品——一直是评论界的最爱。"这是专辑录制的反面教材吗？"2007年4月，贝斯手Michael Dempsey提出过这样的疑问。"是的。但是这种方法也奏效了。"

成功稍纵即逝，热门歌曲掀起的热潮很快过去。MacKenzie在一场英国巡演前一天退出，并且拒绝了一家美国厂牌的六十万美元预付金；乐队解散，他的独唱似乎也毫无起色，90年代中期他宣告破产。1996年，深受困扰的MacKenzie回到丹迪（Dundee）阿科特豪斯（Auchterhouse）和父母一同居住，同年夏天他母亲的去世让他的心情更加低落。

Billy MacKenzie在自家花园小屋中服用过量处方药，结束了自己的生命。他的父亲Jim——发现儿子窝在一床棉被中，手里攥着一本相册——后来烧掉了那座小屋。

右图　1982年，Billy MacKenzie和小狗一起在后台。

BRIAN CONNOLLY
(BRIAN FRANCIS CONNOLLY)
肾衰竭

生于：1945年10月5日

卒于：1997年2月9日

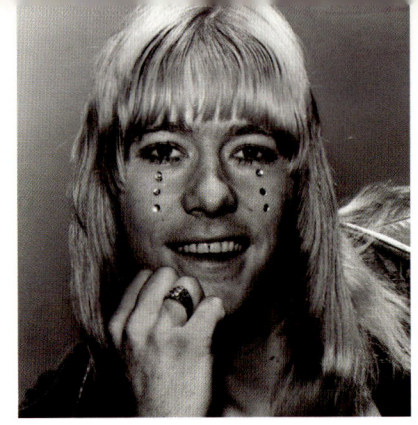

"我的生活就是红酒、威士忌和音乐，"提及他的乐队Sweet所取得的成功时Brian Connolly说道，"其他时间我都是在浑浑噩噩中度过的。"Connolly在格拉斯哥（Glasgow）出生，随后便被领养——日后因饰演Taggart在英国享有很高知名度的演员Mark McManus就此成为了他的兄弟。（得知生母的姓之后，他从母改姓"Connolly"。）顶替未来的Deep Purple明星Ian Gillan加入翻唱乐队Wainwright's Gentlemen之后，Connolly与鼓手Mick Tucker和贝斯手Steve Priest一同创建乐队Sweetshop。1970年，随着吉他手Andy Scott的加入，Sweet正式诞生。

"Funny Funny"让乐队在英国市场取得了突破，"Little Willy"则征服了美国。然而，厌倦了甜美的泡泡糖流行歌曲的Sweet在1973年的"Hell Raiser"、英国榜冠军"Blockbuster"、1974年的"Teenage Rampage"和1975年的"Ballroom Blitz"（Quentin Tarantino[昆汀·塔伦蒂诺]曾经考虑过用这首歌做电影《落水狗》[Reservoir Dogs]中折磨场面的配乐，但最终使用了Stealer's Wheel的"Stuck In The Middle With You"）中尝试强硬路线。

Sweet比Bowie（他的作品"The Jean Genie"和"Blockbuster"诡异得有些相似）更能代表华丽摇滚，这一时髦亚体裁孕育了Kiss、Guns N' Roses等大量乐队。Connolly浅金色的头发是他们的外貌标志之一。

推出更加强硬的"Fox On The Run"和"Action"（后来被Def Leppard翻唱）之后，迪斯科和朋克摧毁了Sweet的成功，不过他们在德国依然很受欢迎。尽管1978年的"Love is Like Oxygen"出人意料地打进了英美两国排行榜的前十名，乐队来日无多。歌手指责乐队用它唱不上去的调子录制伴奏，并于1979年退出。

80年代初，年轻的Nikki Sixx尝试邀请Connolly加入他的伦敦乐队。Connolly建议他不要辞掉白天的工作。Sixx日后因Mötley Crüe一举成名，Sweet则默默无闻，备受煎熬。

Connolly声称"从未对毒品产生过兴趣"，但却嗜酒成性。1981年，他首次心脏病发作，此后还经历了若干次类似的情形——不过并非像他前妻所描述的那样二十四小时之内十三次心脏病突发。"我知道我完成了不可能的任务，"他这样评论自己的生存，"但那是不可能的。"

80年代末，他和Scott都在担任名为Sweet的重组乐队的主唱。"他在背后一点一点地摧垮我，"接受英国《独立报》（The Independent）采访时，Connolly说道。几次短暂的重聚都已失败告终。"就像鸡蛋一样，"Scott表示，"煎过了就恢复不了了。"

90年代，Connolly的身体状况继续恶化。1997年1月他再次心脏病突发，并在不久之后私自出院，一周之后再度入院就再也没能离开。2月9日，他在英格兰斯劳（Slough）因肾衰竭去世，享年五十一岁。

Andy Scott和Steve Priest参加了他在白金汉郡（Buckinghamshire）德纳姆（Denham）举行的葬礼。Mick Tucker——2002年因白血病去世——表达了哀悼。Brian May、Ritchie Blackmore等明星也都发来唁电。在"The Sixteens"——Connolly最喜欢的Sweet作品之一——的伴奏下，Connolly的棺材离开教堂，他的遗体在赖斯利普（Ruislip）被火化。"Brian的作品给了我很大的启发，"Def Leppard成员Joe Elliott写道，"我们会想念他的。"

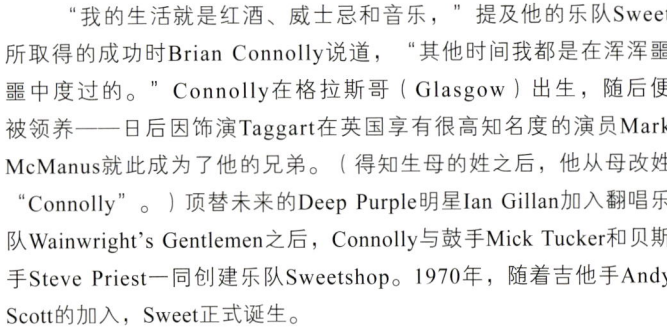

右图 Brian Connolly在1975年喝下了一杯啤酒。

THE NOTORIOUS BIG
(CHRISTOPHER GEORGE LATORE WALLACE)
驾车枪击事件

生于：1972年5月21日

卒于：1997年3月9日

"我曾是一个如假包换的全职骗子，"出生于布鲁克林的Christopher Wallace在一本早期的传记中炫耀道。然而1991年，一次以北卡罗来纳为目的地的毒品运输让他锒铛入狱，被判九个月刑期——这是他第二次身陷囹圄——此后，他把兼职活动说唱变成了全职工作。身高六英尺三英寸，体重二百八十磅的Wallace借用了1975年电影《我们再来一次》（Let's Do It Again）中的绰号"Biggie Smalls"，正式化身The Notorious BIG。1992年，当时正在组建Bad Boy（坏小子唱片）的Sean "Puff Daddy" Combs接触到了他的试音带。"我感谢上帝，"Puffy后来说到，"不是因为他给我派来了一个爱好毒品的说唱歌手，而是因为他给我派来了一个关心我的人。"

> "人们知道Biggie不会在街角贩卖毒品。为什么会有人想听那些内容呢？我现在有其他的问题。"

Biggie的首张专辑《Ready To Die》（1994）一经推出就荣登经典殿堂，也被认为是他最优秀的作品之一。带有自传色彩的"Juicy"、将自己神话的"Big Poppa"等热门歌曲甚至让他得到了客串Michael Jackson作品的机会。然而随着他的名气越来越大，他和另外一位说唱歌手的关系开始恶化，友谊荡然无存。

同样来自纽约的Tupac Shakur 1993年参演电影《因果循环》（Poetic Justice）时与Biggie相识。"我们一见如故，"Biggie回忆道，"后来关系一直不错。"

然而事实并没有这么美好。恶性事件——而非评论界的好评或者上扬的销量——是Pac名气的基石。《Ready To Die》卖出几百万张，Biggie被誉为Ice Cube之后最优秀的MC之后，自视甚高的Pac先是嫉妒，随后暴怒。更糟糕的是，1994年11月他在时代广场附近的录音棚里在抢劫中中枪受伤——Biggie和Puffy当时碰巧也在那里工作。

深信有人蓄意加害于他，这位脾气暴躁的说唱歌手暴跳如雷："（Biggie）知道他从我这里借鉴了多少东西，"他咆哮道，"他亏欠我这么多，不应该别过头去，假装他不知道有个黑人要爆我的头。"Pac的多疑得到了Puffy讽刺的回应："如果那个黑人是我派上去的，我人肯定在国外，我会去玻利维亚之类的地方，这简直无稽之谈。"Biggie对于整件事的评论十分简单："我无法相信他居然认为我会这样害他。"

Pac和他的老板Suge Knight不依不饶，誓要血债血偿，吹响了战争的号角。在纽约，Biggie、Puffy、他们的学徒Junior M.A.F.I.A.、Nas和Mobb Deep遭到了Knight加州厂牌Death Row（死囚唱片）旗下艺人的攻击。"很快，"Death Row创始人之一的Dr. Dre说道，"东海岸的黑人在这里就没办法安全地出门了。"Pac用"Hit 'Em Up"——他在其中声称曾经和Biggie的妻子Faith Evans上过床——和"2 Of Amerikaz Most Wanted"表达恨意，后者的音乐录影带恶毒地嘲讽了Puffy和Biggie。

与此同时，Biggie——尽管在车祸中腿部骨折，因骚扰要签名的人和持有毒品和武器被捕——集中精力录制他的第二张专辑。"我将这张专辑命名为'Life After Death'，"他告诉《洛杉矶时报》（Los Angeles Times），"因为在《Ready to Die》中，我已经死过一次了。"

右图 1997年，Biggie在演出。

那张专辑里只有愤怒,对一切的愤怒。但是现在,我不能再那样做了。人们知道Biggie不会在街角贩卖毒品。为什么会有人想听那些内容呢?我现在有其他的问题。"

1996年,Tupac的去世震惊说唱界,也让音乐人们恢复了理智。"他去世了," Biggie说道,"我们也是时候更加宽容了。"然而,1997年3月9日凌晨,在洛杉矶为专辑发行做准备的Biggie在市中心参加派对。凌晨00:45,他离开派对——随后被一个开车经过的袭击者开枪击中。他在被送往雪松-西奈医疗中心(Cedars-Sinai Medical Center)的路上死亡。

这起枪击事件和Tupac死亡的悬案十分类似,报复理论流传甚广——一场有关Biggie遗产的诉讼甚至牵连到了洛杉矶警方。"我们没能找到杀害Biggie的凶手," Faith Evans说道,"但是我们知道调查并不彻底。"

Biggie的葬礼恰如其分的极其盛大。装载有他遗体——身着白色西装头戴白色帽子——的汽车穿过见证他成长的布鲁克林区人头攒动的街道。在曼哈顿举行的仪式上——Dr. Dre是出席者之一——Evans演唱了一首福音歌曲,Puffy致悼词;两人后来合作推出了纪念歌曲"I'll Be Missing You"。Biggie的母亲和Evans平分了Biggie的骨灰。

"我希望看到我的孩子们毕业……"他去世之前不久曾说过,"我希望看他们变老。如果在外面做疯狂的事情的话,就看不到了。"

左图 出殡队伍在纽约布鲁克林贝德福德-斯泰弗森特(Bedford-Stuyvesant)的圣詹姆斯广场(St. James Place)路过歌迷和警察,这片区域是Biggie曾经居住过的地方。

LAURA NYRO
(LAURA NIGRO)
卵巢癌

生于：1947年10月18日

卒于：1997年4月8日

Laura Nyro的事业差点在她1967年6月在蒙特利国际流行音乐节（The Monterey International Pop Festival）上首次亮相时就画上句号。当时，这位十九岁的唱作人饱受攻击。这一事件的发生也算情有可原：她的风格适合夜店的亲密气氛而非嬉皮音乐节，她的乐队排练不足，Nyro还选择穿了一件带有天使翅膀的黑色长袍。（《魔咒》杂志［Mojo］日后称她为"布朗克斯区的Ophelia"。）

然而Nyro很快凭借密集的旋律和横跨多个音阶的精湛唱功结交了新的朋友。蒙特利音乐节之后，乐坛神奇小子David Geffen向她伸出了援手，很快主动要求担任他的经纪人。（"她涂紫色的唇膏，把圣诞彩球当耳环戴，还穿奇怪的衣服，"他回忆道，"但她非常有才华。"）她的第二张专辑《Eli And The Thirteenth Confession》（1968）取得了不错的成绩，Nyro的作品拥有骄人的质量，她创作的一系列歌曲经他人演绎之后在榜单上也有上佳表现：Barbra Streisand凭借Nyro创作的"Stoney End"（来自她1966年推出的出道专辑《More Than A New Discovery》）打进了排行榜前十名，The Fifth Dimension 1968年翻唱的"Stoned Soul Picnic"（这首歌被包括Aretha Franklin和Sinatra在内的音乐人反复翻唱，总共大约有六十个版本）卖出两百万张，他们翻唱的"Wedding Bell Blues"更是成为了榜单冠军。Three Dog Night演绎的"Eli's Coming"（公告牌排行榜单曲榜前十名）一直是她最喜爱的翻唱。

二十四岁之后，Nyro不再进行现场演出（她在80年代回归，并收获热烈反响），不过她没有停止录音。同时，她集中精力抚养她的儿子Gil，投身女权主义、动物权利和民权运动，致力于提高大众的生态环保意识。

她的母亲四十九岁时因卵巢癌去世。1997年4月8日，Laura Nyro在康涅狄格州丹伯里（Danbury）因同样的疾病离世，当时也是四十九岁。

右图 1975年，布朗克斯区的Ophelia在纽约。

JEFF BUCKLEY
(JEFFREY SCOTT BUCKLEY)
溺水身亡

生于：1966年11月17日

卒于：1997年5月29日

父亲Tim Buckley对他的人生和作品都有影响；两人同是英年早逝的事实似乎更是强调了这种联系。更令人印象深刻的是，在去世之前，Jeff Buckley无疑已经成为他那一代人中最杰出的音乐人之一。

事实上，Tim和Jeff之间的父子关系相当淡薄。1972年，两人在一场Tim的演唱会之后见过一次面，两个月之后Tim Buckley因药物过量去世。不过，Jeff继承了父亲的音乐才华。（"先是母亲的乳汁，然后就是音乐，"他接受采访时说道。）在洛杉矶音乐家学院（Musicians' Institute）度过的时光让他走上音乐的道路，不过他首次得到公众关注是因为1991年在布鲁克林圣安妮教堂（St. Anne's Church）纪念父亲的演出上演唱了三首Tim的作品。

"嘈杂海洋中的一滴纯粹的水珠。"

与Beefheart前吉他手Gary Lucas共同为左翼艺术乐队Gods And Monsters效力一段时间之后，他开始独立在纽约咖啡馆/民歌俱乐部发展，作为优秀唱作人很快小有名气。他精湛的吉他技艺吸收了布鲁斯、爵士、东方传统音乐、民歌和摇滚的元素；他迷人的嗓音可以在一句歌词内从低语变成嚎叫，从来不显生硬，并借鉴了Robert Plant、Nusrat Fateh Ali Khan等多元化的风格。他在EP《Live At Sin-É》（1993）中对Van Morrison作品"The Way Young Lovers Do"的解构就是很好的例子。

1994年的首张专辑《Grace》在榜单上表现平平——然而天才怎能这样去衡量呢？流畅丰富又不安的"Mojo Pin"和忧伤的"Lover, You Should've Come Over"等原创歌曲证明他善于表达，想象力丰富，很有才华。在翻唱歌曲中，"Lilac Wine"和"Corpus Christi Carol"迷人细腻，Buckley对Leonard Cohen作品"Hallelujah"精彩的演绎现在被普遍认为是这首歌最优秀的版本。

巡演和唱片公司对其续作的高期待——以及总是不可避免地被拿来与著名的父亲比较的事实——影响了Buckley的状态。他在纽约和孟菲斯录制的歌曲——包括由前Television吉他手Tom Verlaine制作的作品——无论完成与否全部遭到弃用，Buckley的完美主义者倾向一定程度上导致了这种局面的发生。1997年中期，形势似乎有所好转。5月29日，Buckley和朋友Keith Foti出发前往他们位于孟菲斯的排练室。他们迷了路，最终来到了沃尔夫河（Wolf River）边。在那里，他们拿出一台扬声器，Buckley跟着Led Zep歌曲"Whole Lotta Love"歌唱，Foti则用原声吉他为他伴奏。任性又可爱的歌手跳进了河里，一件衣服都没脱，仰浮在水面上——还在唱歌。一艘拖船和一艘游艇从他身边开过，Foti大喊向他发出警告；Buckley游泳躲避。Foti转身把音响挪到别的地方，再回头就发现Buckley已经消失，他被卷入了船只造成的回流中。六天之后，他的遗体在孟菲斯著名的布鲁斯之家比尔街（Beale Street）被找到。Bono曾形容他的声音是"嘈杂海洋中的一滴纯粹的水珠"，Jeff Buckley的英年早逝令人悲痛。

右图　Jeff Buckley在英格兰雷丁音乐节（Reading Festival）上现场演出。

JOHN DENVER
(HENRY JOHN DEUTSCHENDORF, JR.)
坠机

生于：1943年12月31日

卒于：1997年10月12日

"我喜欢John Denver，"有报道称Jefferson Starship的成员Grace Slick说过，"那孩子嗓子不错，我不在乎他长得像火鸡一样。"

Henry John Deutschendorf, Jr.——父亲是一位严厉的空军飞行员——生于新墨西哥州的罗斯威尔（Roswell），童年时学会了演奏吉他。1964年，他在洛杉矶的民歌俱乐部演出，为致敬科罗拉多州的山脉把名字改成了Denver。

他最早凭借创作作品"Leaving On A Jet Plane"取得成功，这首歌由民歌三人组Peter, Paul, and Mary演唱，1967年成为榜单冠军（New Order 1989年作品"Run"中的吉他与这首歌类似——乐队后来也为此付出了法律代价）。签约RCA唱片之后，"Take Me Home, Country Roads"和"Annie's Song"等热门歌曲——据说他只花十分钟就为他的第二位妻子创作了"Annie's Song"，当时他们的婚姻濒临破裂——让他的事业在70年代开始腾飞。Denver的《Greatest Hits》（1973）仅在美国的销量就超过九百万张。

他温和的音乐和形象——金发、戴老奶奶式的眼镜——引来了摇滚评论家的批评。"他是普罗大众的民谣歌手，"1972年《滚石》杂志（Rolling Stone）批评道，"声音甜美，纯真无邪，彻底缺乏人类特征。"两年之后，同一个作者写道"这种特征让它无法成为Tom Paxton式的抗议歌手，不过在最近几年中，他已经成为了一位称职的（事后看来）、相当具有原创性的流行音乐人。"

这种平和的形象掩盖了他复杂的本性。他不善交流，婚姻屡屡因此触礁，但却能调动大量观众的情绪，还积极参与反对核能、消除饥荒和应对环境威胁的运动。他与the Muppets进行了令人难忘的合作，并于1985年与Frank Zappa、Twisted Sister成员Dee Snider组成了一个略显怪异的三人组，反对国会对音乐进行审查的企图。

他还作为流行乐坛的先锋访问了非洲、苏联和中国。生于UFO活动频繁的罗斯维尔（Roswell），他对太空也很有兴趣，曾试图加入1986年"挑战者"号（Challenger）航天飞机任务但未能如愿，这次任务也以悲剧收场。Denver的事业下滑之后，他没有被酗酒和吸毒打败，甚至在一场空难中幸存，最终于90年代戒掉酒瘾毒瘾，人气也逐渐恢复。

1997年10月12日，他驾驶一架刚刚购买的实验型号的飞机，据说想要近距离飞过他朋友Clint Eastwood的家，飞机后来在加州蒙特利湾（Monterey Bay）坠毁。关于事故原因有多种说法，有人说是Denver没有及时给飞机补充燃料，有人说是他不熟悉飞机操作，也有人认为是飞机设计上的缺陷。两千人参加了在丹佛郊区奥罗拉（Aurora）信仰长老会教堂（Faith Presbyterian Church）举行的追悼会，随后他的骨灰被洒在了他生前深爱的科罗拉多洛基山脉之中。"现场播放的第一首歌，"CNN报道称，"'On The Wings Of A Dream'开始之后，现场很多人痛哭流涕，这首歌的第一句歌词是'昨天我梦见死亡'。"

右图 工作人员用冲浪板充当临时担架将John Denver的遗体移出海滩。

MICHAEL HUTCHENCE
(MICHAEL KELLAND JOHN HUTCHENCE)

上吊自杀

生于：1960年1月22日

卒于：1997年11月22日

"我很快乐，" Michael Hutchence 1991年告诉《面孔》杂志（The Face），"我活到这个阶段还没死。我没有结了婚又离婚而为赡养费伤脑筋。我没有吸毒和酗酒的问题。所以我想'呼，我活到了现在'。我真的做到了，我都熬过来了，毫发无损。"

歌手有着环游世界的摇滚血统。他1960年出生于澳大利亚悉尼北部，随后因父亲工作的原因在香港度过了童年。八岁时，他首次走进录音棚，为一个日本玩具配音。1972年，Hutchence一家返回悉尼，随后他认识了Farriss兄弟——键盘手Andrew、吉他手Tim和鼓手Jon；随着贝斯手Garry Gary Beers和吉他手兼萨克斯风手Kirk Pengilly的加入，1979年INXS正式诞生。

大范围巡演提升了他作品的本土销量。1983年推出《Shabooh Shoobah》时，他们已是澳洲明星。《Listen Like Thieves》（1985）中收录的"What You Need"打动了美国，1987年的《Kick》征服了世界。有Hutchence的魅力和性感助阵，"Need You Tonight"、"New Sensation"、"Devil Inside"和"Never Tear Us Apart"都成为了国际热门歌曲。

1989年，乐队暂时停止活动。Hutchence剪短头发，在电影《再闯魔域》（Frankenstein Unbound）中饰演Shelley（他还曾出演1987年的电影《太空中的狗》［Dogs In Space］）并与Ollie Olsen合作录制了一张Max Q专辑。"自我厌恶会让人服用大量不正常的药物，"他告诉《新音乐速递》（NME），"最近我发现我不需要它们。现在，我没有女友，不喝酒，不吸毒。我大概是摇滚乐坛最正派的人了。"

在Max Q期间，他成功追求到了Kylie Minogue，当时的她正在努力摆脱肥皂剧出身，塑造更加性感的形象。"他极具个人魅力，" Kylie说道，"非常聪明、慷慨、幽默，很会讲故事。他令人过目不忘，但是又十分谦逊。与他相遇的时候我刚刚做好看世界的准备，是他让我大开眼界。"

1990年的单曲和专辑《X.》之后发行的"Suicide Blonde"——据说灵感来自Kylie——是INXS最后的国际热门作品；1992年出色的《Welcome To Wherever You Are》和1993年的《Full Moon, Dirty Hearts》在美国市场惨败。乐队作品的销量在其他地方继续攀升，然而随着时间的推移，人们关注的更多的是Hutchence的恋爱，而非他的音乐。

Kylie被超模Helena Christensen取代，Hutchence经她介绍结识了U2。"和他在一起非常开心，" Bono回忆道，"既能犯傻又能严肃。我们可以坐在桌边从下午1点聊到夜里1点。有时候Michael和我会乱来。在戛纳的时候，好几次我们从夜店出来就睡在沙滩上。"

1995年，Hutchence开始与Paula Yates交往，两人在英国一档早餐节目中接受采访时的表现相当淫荡。由于Yates仍是有妇之夫，两人成为了小报的常客。"我们尽量与他保持联系，" U2的The Edge回忆道，"但是这很困难。他很少出现，而且他的女友是Bob Geldof的妻子，后者也是我们的好友，情况相当复杂。他和Paula好像染上了某种药物，变得不爱与人交往。"

1996年，两人的女儿Heavenly Hiraani Tiger Lily在这场充斥着毒品、注定以失败告终的恋爱中诞生。然而Hutchence的状态急转直下——将他的最后一张INXS专辑命名为《Elegantly Wasted》（1997）的举动与其说意在揶揄不如说是不快乐的表现。1997年11月22日，他在筹备澳大利亚巡演期间在酒店房间内独自死亡，享年三十七岁。

右图 1993年7月，Michael Hutchence在INXS名为"走出家门"（Get Out Of The House Tour）的英国巡演上演出。

"死者中午11：50在房间门后被发现，浑身赤裸，"验尸官写道，"显然他尝试用皮带上吊，但是皮带断了，所以被发现时他的尸体跪在地板上，面对门。有人称自慰行为导致其死亡，然而没有任何法医或者其他证据可以证明这种说法。"

当时正与Geldof激烈争夺Yates孩子的抚养权的Hutchence在去世当天早上给这位"四海一家"（Live Aid）明星打了电话。Geldof形容歌手当时"对他进行了恐吓、辱骂和威胁"。他还混合服用了酒精、可卡因、百忧解（Prozac）和其他处方药。验尸官的结论是："死者处于极度抑郁的状态⋯⋯又受到了摄入药物的影响。我认为死者企图并成功自杀。"

"你要为尝试新体验并失去控制付出代价，"Hutchence曾经说过。

他的葬礼于1997年11月27日在悉尼的圣安德鲁大教堂（St. Andrew's Cathedral）举行，以INXS的"By My Side"开始，Nick Cave演唱了他的歌曲"Into My Arms"。火化之后，他的父亲、母亲和Yates各得到了1/3的骨灰。他的父亲把他得到的部分洒在了悉尼玫瑰湾（Rose Bay）。Yates 2000年因意外吸食过量海洛因去世。

Hutchence的纪念碑上写着："他敏感又充满爱意的灵魂打动了世界各地的人们——深深的爱意——浓浓的思念——'青春不朽'（Stay Young）。""Stay Young"是他的一首大气单曲，被1981年的《Underneath The Colours》收录（他去世后还发行过一张用他名字命名的独唱专辑）。

去世一周年之际，一座纪念碑在北郊火葬场（Northern Suburbs Crematorium）落成。铜质纪念碑上刻有他手写的"Shine Like It Does"歌词，这首歌来自《Listen Like Thieves》。Hutchence是INXS后来作品"Afterglow"——乐队举办了寻找新主唱的美国电视才艺大赛，于2005年吸纳J.D. Fortune——和U2歌曲的"tuck In A Moment You Can't Get Out Of"的灵感来源。"他应该非常适合老年生活，"Bono说道，"自信又有魅力，他无赖的一面会让周围的人充满期待和活力。"

左图 Hutchence在舞台上激情演出。

右图 Michael Hutchence的葬礼在澳大利亚悉尼举行，抬棺人包括他以前在INXS的乐队伙伴。

CARL WILSON
(CARL DEAN WILSON)

肺癌和脑癌

生于：1946年12月21日

卒于：1998年2月6日

Spinal Tap贝斯手Derek Smalls曾对他在乐队中的角色有过著名的论断：调和"冰"与"火"两个极端的"温吞水"。Carl Wilson一定会同意这种说法。

Carl Wilson是The Beach Boys的创始成员，为乐队早期活泼美好的单曲（1963年的"Surfin' USA"；1964年的"Fun, Fun, Fun"和"I Get Around"）中贡献Chuck Berry式的吉他间奏。他高亢、清晰的嗓音是乐队流畅和声不可或缺的一部分，不过他的嗓音被主唱表兄Mike Love和哥哥Brian掩盖。Brian突然退出巡演（主要是因为害怕坐飞机，吸食迷幻药、大麻以及天生脆弱的精神状态更是雪上加霜），Carl开始在乐队的现场演出中扮演更加重要的角色。担任主唱次数的增多体现了他在乐队中地位的上升，其中，他对"God Only Knows"的精彩演绎曾被Paul McCartney誉为他最喜欢的流行歌曲。

收录这首歌的专辑《Pet Sounds》（1966）——Brian眼中他最优秀的专辑——在美国惨败之后，他精神崩溃，1967年录制专辑《Smile》时层出不穷的问题和最终也没能完成的事实让情况进一步恶化。（从这些录音中产生的"Good Vibrations"——Carl在其中的演唱十分精彩——1966年在英美两国都是热门歌曲。）60年代末，他的弟弟Dennis也在制造问题，常常与Mike Love冲突，与阴险的嬉皮士Charles Manson来往密切。Carl有如平静的暴风眼，维持乐队运作的同时，他还有时间在音乐方面为乐队做出令人惊叹的贡献——在1969年的单曲"I Can Hear Music"中，他的嗓音如晴朗的蓝天超越了音乐背后的一切不快。

The Beach Boys的公信力在嬉皮运动的高峰一落千丈，但70年代初随着《Surf's Up》（1971）的推出又有所回升。迷人的同名歌曲——来自为《Smile》录制的剩余素材——备受关注，但Carl极具创新意义的"Free Flows"本身也很出众，用合成器和自然轻松的萨克斯风独奏搭配乐队最具标志性的和声。续作《Carl And The Passions/So Tough》（1972）标题取自乐队早期的绰号，体现了Carl地位的上升。

合集《Endless Summer》（1974）意外取得成功之后，The Beach Boys成为一支老歌乐队。（"我们投降了，"Carl承认道，"多年来我们对唱老歌的想法一再做出修正，但是现在人们显然希望我们这么做。这种趋势非常明显。"）他们在怀旧乐坛疯狂吸金，但新出现的一线生机激化了乐队内部的矛盾。1981年，Carl退出乐队，然而，推出两张独唱专辑（《Carl Wilson》[1981]；《Youngblood》[1983]）之后他又度加入，为The Beach Boys的最后一首（出于某种难以理解的原因，也是最受欢迎的一首）热门歌曲"Kokomo"献声，这首歌出现在Tom Cruise（汤姆·克鲁斯）主演的电影《鸡尾酒》（Cocktail，1988）之中。

尽管已被确诊患有肺癌，Carl直到90年代还在继续与乐队一起巡演。1997年，在乐队的第三十七次年度巡演途中，他接受化疗并与医生一同旅行。治疗并没有收获奇效：癌症扩散到了他的脑部，最终，他于次年去世。

右图 1962年，赤着脚的The Beach Boys在加利福尼亚。左起：Dennis Wilson、David Marks、Carl Wilson、Mike Love和Brian Wilson。

ROB PILATUS
(ROBERT PILATUS)
心力衰竭

| 生于：1965年6月8日 |
| 卒于：1998年4月2日 |

假唱是流行乐坛唯一无法原谅的罪过——Milli Vanilli就是因此遭到批评的最著名组合。

两人组——Fabrice Morvan和纽约出生的模特Robert Pilatus——由Frank Farian组建，他也是70年代破纪录乐队Boney M背后的组织者。

Milli Vanilli凭借1988年的"Girl You Know It's True"收获了一首国际热门歌曲，同名专辑仅在美国就卖出六百万张。"音乐上我们比Bob Dylan更有才华，"Pilatus告诉《时代》杂志（Time），"音乐上我们比Paul McCartney更有才华。我是新一代的Elvis。"

然而1989年，在一场MTV演出上，Morvan和Pilatus假唱的事实因一个技术疏漏而暴露无遗。他们要求亲自录制第二张专辑时，Farian对外宣布首张专辑中的人声并不是二人演唱的，格莱美随之收回了授予他们的奖项。

> "音乐上我们比Paul McCartney更有才华。我是新一代的Elvis。"

随后，两人沦为大众眼中的笑柄，音乐产业的耻辱，处处受到排挤。Pilatus在洛杉矶一家酒店割腕，威胁要跳楼，并摄入更多的酒精和可卡因而更加麻木痛苦。后来他因袭击被逮捕，因偷车未遂坐牢。

在专门机构接受了一段时间的戒瘾治疗之后，Pilatus回到德国——不久，Farian在法兰克福一家酒店的房间发现了他的尸体。死因普遍被归结于自杀——混合摄入酒精和处方药引起的心力衰竭。他被葬在慕尼黑——他成长的地方。

左图 Fabrice Morvan和Robert Pilatus在舞台上演出。

WENDY O. WILLIAMS
(WENDY ORLEAN WILLIAMS)
饮弹自尽

生于：1949年5月28日

卒于：1998年4月6日

"她独一无二，"Joey Ramone说道，"挥舞电锯的女孩可不多见。"

前色情明星和健康食品厨师Wendy Orlean Williams于1978年加入The Plasmatics并担任主唱。尽管乐队的朋克金属音乐相当出色，但The Plasmatics最为著名的是他们的演出。Wendy用电锯肢解吉他、炸毁汽车，灯光支架倒塌，吉他手在舞台上荡秋千。"让Kiss的表演看起来好似油腻小孩玩的把戏，"《公告牌》杂志（Billboard）如此感叹。乐队很快在伦敦被禁，留着莫霍克发型的主唱——身着皮质比基尼，用奶油或者电工胶带遮盖乳头——在密尔沃基因用大锤把手模仿手淫被逮捕。

噱头之下，乐队用砂纸一般粗糙的声音展现了热烈的智慧，传达了反对消费主义的讯息。

1984年的独唱专辑《W.O.W.》是她最优秀的作品——Gene Simmons、Ace Frehley、Eric Carr和Paul Stanley对这张专辑都有贡献——也是Kiss歌迷的必听唱片。

人气下降之后，Wendy投身动物工作，但却因为财富缩水和社会虚伪而感到绝望。1998年4月6日，她在康涅狄格走进家附近的树林喂松鼠，随后饮弹自尽。Tammy Wynette——Wendy和Motörhead1980年翻唱过她的作品"Stand By Your Man"——也于同一天去世。

"世界令我困惑，"她在遗书中写道，"但是在一个没有自我只有平静的地方，用内心的耳朵我可以清晰地听到我此刻行为带来的感受。永远爱你的，Wendy。"

右图 Wendy在80年代与The Plasmatics的吉他手Richie Scott一起。Wendy曾说过："The Plasmatics给我宣泄体内暴力的机会。"

DUSTY SPRINGFIELD

(MARY ISOBEL CATHERINE BERNADETTE O'BRIEN)

乳腺癌

生于：1939年4月16日

卒于：1999年3月2日

　　流行音乐的神奇部分在于它能让人重塑自我。修女学校女孩Mary O'Brien就是一个很好的例子，对美国灵魂音乐和R&B的热爱——加上出众的才华——让她成为了流行乐坛最伟大的白人灵魂女歌手。

　　少年时期，她在英格兰参加过一个民歌二人组和一个卡巴莱（cabaret）三人组，但是她的事业直到1960年才真正起飞。她与兄弟Dion和Tim Field一同组建The Springfields；为了让名字听起来更具正宗民歌风味，Mary改名Dusty。随乐队进行美国巡演时，她爱上了黑人R&B和灵魂音乐，并很快转投这种风格并单飞发展。

　　（"刚开始的时候，我模仿了所有的黑人歌手。这周我是Baby Washington，下周我就是The Shirelles的主唱。"）她民歌歌手的造型也彻底改变，被极具体积感的蜂窝发型和厚重的"熊猫眼"妆容所取代。

　　出道热门歌曲"I Only Want To Be With You"（1963）在美国走红，和The Beatles的作品一起成为了"英国侵略"的领头羊。此后，Dusty推出了一系列流行金曲，其中有些是创作人Burt Bacharach和Hal David的作品；她对两人创作的歌曲"The Look Of Love"的深情演绎无人能及。当时几乎没有白人女歌手能在力量、情感和细腻的发声控制上与Dusty媲美——她的第一首英国冠军歌曲"You Don't Have To Say You Love Me"就是很好的例子。和她的其他很多作品一样，这是一首集合了挫败感、心碎和渴望的杰作。"我声音中有一种悲伤，"她后来说过，"这是爱尔兰裔苏格兰人的天性，天生忧郁又疯狂。"她如日中天时的作品（"I Just Don't Know What To Do With Myself"、"If You Go Away"和"Some Of Your Lovin"）多带有这种感情色彩——因此，她很快就赢得大量同性恋歌迷的事实便毫不奇怪。

　　Dusty本应凭借1969年的专辑《Dusty In Memphis》在美国走红。然而，除了单曲"Son Of A Preacher Man"（一首节制地描写欲望的杰作）之外，专辑一败涂地——简直是暴殄天物，几位制作人（包括Atlantic［大西洋唱片］的Jerry Wexler）和马斯尔肖尔斯录音棚（Muscle Shoals）的优秀音乐人为她的嗓音配上了讨人喜欢的出色伴奏。细腻的嗓音以及她所擅长的精心雕琢的优质流行音乐似乎与嬉皮时代格格不入。

　　热门歌曲魅力不再之后，恶魔开始现身。70年代，这位前偶像歌手先后迁居纽约和洛杉矶，因酒精和毒品失去方向，并——自降身价——做自由音乐人的工作。

　　事业上的转机很晚才到来。1987年，她参与老歌迷The Pet Shop Boys的作品"What Have I Done To Deserve This"（英国榜亚军）的录制，"Son Of A Preacher Man"在Quentin Tarantino（昆汀·塔伦蒂诺）的电影《低俗小说》（Pulp Fiction，1994）中出现，再度燃起了人们对这位戏剧性女王的兴趣。然而，同年她被诊断患有乳腺癌。1999年她被授予大英帝国勋章，但由于身体过于虚弱无法前往白金汉宫参加颁奖典礼，最终她与六周之后去世。

右图　1970年的Dusty Springfield

RICK DANKO
(RICHARD CLARE DANKO)
自然死亡

生于：1942年12月29日

卒于：1999年12月10日

出生于安大略的Rick Danko十四岁就开始靠音乐打零工。三年之后，他成为了Ronnie Hawkins欢快的伴奏乐队The Hawks的成员，一开始演奏节奏吉他，后来弹贝斯。1963年离开Hawkins之后，这支强大的现场乐队开始为Bob Dylan伴奏。

1965年至1966年，Dylan备受争议的"电子"环球巡演让他们留名青史。后来，他们在Dylan位于纽约州伍德斯托克的寓所创造出了一种集合乡村、灵魂、布鲁斯、民歌和摇滚的风格，并因此再度被音乐产业铭记。（"1968年《Big Pink》推出时我们都没有名字，"Danko后来透露道，"但是我们以前经常看到帐篷上的海报上写着'Bob Dylan'和乐队，所以我们就想就叫'The Band'也挺有趣的。"）乐队成员互换演奏的乐器，调整了和声，"在嘈杂的人声和凌乱的乐器中，我们找到了自己的声音，"Levon Helm回忆道。The Band的《Music From Big Pin》（1968，收录了Danko和Dylan合作创作的"This Wheel's On Fire"）和《The Band》（1969）体现了这种激进、极具影响力的风格变化，其中唱主角的是Danko带有乡村风格的深情假声。

1974年他们与Dylan再度联手共同巡演，并推出了广受好评的《Before The Flood》，但两年后分道扬镳。Danko1977年的同名独唱专辑是The Band成员的第一张（也是最优秀的）独立作品。他和以前的乐队伙伴一起一边与毒品斗争，一边继续推出新的音乐作品。80年代再度加入了没有Robbie Robertson的The Band，并在Ringo Starr的全明星巡演乐队中与Helm并肩演奏。

1999年12月10日，Rick Danko在睡梦中去世（此时的他超重，但是并不吸毒）。

下图 Danko（右）1980年和Paul Butterfield一起在舞台上表演。

MARK SANDMAN
心脏病突发

生于：1952年9月24日

卒于：1999年7月3日

"最性感的乐队之一，" PJ Harvey这样评价Morphine。这支波士顿乐队由Mark Sandman领导，在投身音乐之前他当过出租车司机，还在阿拉斯加渔船上工作过。尽管光彩被同样来自波士顿的The Pixies所掩盖，80年代中期Sandman的摇滚三人组Treat Her Right的作品"I Think She Likes Me"在当地很受欢迎。Treat Her Right解散之后，他先后经营过多个音乐组合，如即兴乐队Supergroup，后来又创建了Morphine。

和Treat Her Right一样，Morphine以Sandman的贝斯、拖腔男中音、萨克斯风和鼓点取代了吉他。Sandman揶揄地将他们的音乐定义为"低级摇滚"和"含蓄垃圾摇滚"。在Rykodisc（瑞克唱片）发行三张唱片之后（其中1993年的《Cure For Pain》最为著名），他们成为了第一批与DreamWorks（梦工厂唱片）签约的乐队之一。Sandman还参加过几支衍生乐队，如Hypnosonics。

1999年7月3日，Sandman作为Morphine成员在罗马附近的帕莱斯特里纳（Palestrina）王子花园演出。在用意大利语背诵一首老歌的歌词逗乐时，他因心脏病突发而晕倒，在被送往医院的途中死亡，享年四十六岁。

Presidents Of The United States Of America成员Chris Ballew（曾与Sandman共同为Supergroup效力）这样描写他的葬礼："Morphine的男中音萨克斯风手、Either/Orchestra的Russ Gershon都拿着乐器站在Mark坟墓边的树下。他们演奏了Morphine和Hypnosonics作品中独立的管乐片段。他的离去让我们深感不舍和空虚。"

右图　1995年左右的Morphine成员Mark Sandman

CURTIS MAYFIELD
(CURTIS LEE MAYFIELD, JR.)
糖尿病引起的昏迷

生于：1942年6月3日

卒于：1999年12月26日

Mayfield与人合作创立的三人组合1956年成为了The Impressions，他们早期的热门作品——"For Your Precious Love"（1958）和"It's All Right"（1963）——是纯真、简单的流行歌曲。他对民权运动热情活跃的支持很快被融入到音乐作品中——1964年的"Keep On Pushing"，雄壮的"People Get Ready"（1965）和表达黑人骄傲的动人号召"We're A Winner"（1967）都是很好的例子。The Impressions影响广泛——他们在牙买加的巡演给当时刚刚创立的Wailers留下了不可磨灭的印象："我们以前经常练习Curtis Mayfield和The Impressions的作品，甚至模仿他们的外表，"Peter Tosh后来透露道。（Bob Marley后来在歌曲"One Love/People Get Ready"中含蓄地提到了Mayfield。）与Stevie Wonder、Prince等其他黑人音乐偶像相比，是Mayfield开创了创作、演唱、制作自己的音乐的传统。

Mayfield作为Impressions成员的最后一张LP和他单飞发展后的首张独唱作品《Curtis》均于1970年9月发行，也都反映了当时美国种族关系的紧张局势和国内冲突不断的局面——尤其是黑人贫民窟绝望的状态。然而他用一首昂扬乐观的单曲"Move On Up"（1971）消解悲观情绪，这首经典的灵魂歌曲穿插着管乐交响，配有Mayfield标志性的甜美低调嗓音。

他受邀为即将上映的低成本电影《超飞》（Superfly，1972）创作的配乐标志着他主流成功的最高峰。从令人难忘的同名歌曲到温柔毒辣的"Pusherman"和直白的"Freddie's Dead"，他创作了一系列迷人的歌曲，细腻温和地反思了街头毒品文化。讽刺的是，和当时其他的"黑人剥削电影"（blaxploitation）【译注：黑人剥削电影是美国1970年代针对黑人观众品味所拍摄的商业影片。这类影片在设计上多以黑人演员和高度煽情的故事，以及耸动强烈的犯罪情节和超人式的主角为主】一样，这部影片反而赞美了黑帮生活方式。"我认为从内容上来说'这就是一部可卡因宣传品，'"歌手斥责道，"我试图通过歌词传达正确的讯息，我试图讲述那些深陷痛苦的人们的故事。"

商业成功也没能改变Mayfield对现实问题的关注。《Back To The World》（1973）着重表现了从越战归来的黑人老兵在城市中面临的孤独，《There's No Place Like America Today》（1975）继续了这个主题。然而，美化现实的迪斯科即将兴起；Mayfield犀利的社会批评和舞池中的抗议歌手遭到了一样的待遇。此后十年的里根经济（Reaganomics）让他倍感抑郁，不过1990年他又开始创作音乐，这次是与Eazy-E和Ice-T合作《The Return Of Superfly》。

Curtis Mayfield的陨落始于骇人听闻的糟糕运气。1990年8月13日，当他在布鲁克林的一万多名观众面前表演时，灯光支架被风刮倒，砸碎了他的三块椎骨，让他颈部以下的身体陷入瘫痪。住院期间，他的房子发生火灾。

然而，凭借惊人的乐观精神，他并没有被意外打败。身体状况有所恢复之后，他凭借超人的耐心一句一句录音，推出了人生中最后一张专辑——1996年收获格莱美提名的《New World Order》——并取得了良好的反响。那时，他身患糖尿病，不得不截去右腿，随后又因此陷入昏迷，再也没有醒来。1999年12月26日，他在佐治亚州罗斯韦尔（Roswell）的北富尔顿地区医院（North Fulton Regional Hospital）去世。

他是个不折不扣的真男人。

右图 为舞台而生的灵魂——70年代初的Mayfield。

BIG PUN
(CHRISTOPHER LEE RIOS)
心脏病突发

生于：1971年11月9日

卒于：2000年2月7日

　　破碎的家庭和沉迷海洛因的母亲构成了Christopher Lee Rios不幸的童年。他出生在纽约的波多黎各家庭，为了逃离布朗克斯（Bronx），曾尝试拳击和贩卖毒品；培养篮球才能的计划也因体重增加以失败告终。

　　成为说唱歌手之后，他自称Big Moon Dawg，并开始与说唱歌手Joseph Cartagena（也就是Fat Joe）合作。"我第一次见到他的时候，"Joe回忆道，"就想，天哪，这黑人真壮！"然而，与The Notorious BIG和Joe本人一样，Christopher壮硕的体型转换成了自己的优势：既是虎背熊腰的流氓又是身材健硕的万人迷。改名Big Punisher之后，他凭借Joe作品《Jealous One's Envy》（1995）中的唱词和Funkmaster Flex的混音带吸引了人们的关注。

　　签约Wu-Tang Clan厂牌Loud（响亮唱片）之后发行的首张单曲"I'm Not A Player"——为争取主流认可被重新混音，并以"Still Not A Player"的名字发行——证明他不仅擅长谈论枪支武器，制造商业摇滚也游刃有余。"我经常被拿来与Biggie和Pac比较，"说到新歌迷的时候Pun说道，"因为他们也会这样做。他们既有硬核作品，也唱派对歌曲。"

　　Loud为提高他的知名度，在纽约到处悬挂写有"BIG PUN"字样的横幅，导致有关部门查收宣传海报，和印有扮成自由女神像的暴露女模照片的专辑封面。随后的争议为《Capital Punishment》（1998）带来了双白金销量，让Pun成为第一位销量超过百万的拉丁裔独唱说唱歌手。"他确实定下了相当高的标准，" Xzibit说道，"如果要做拉丁说唱歌手的话……Pun就是榜样。"

　　辉煌背后，成功也有成功的代价。"所有人都觉得我们拥有完美的生活，我简直就在过公主的日子，"他饱受磨难的妻子Liza Rios说道，"事实上，我们磕磕绊绊……他总是高兴不起来。"抑郁让他暴饮暴食的问题更加严重，Pun的体重和荣获格莱美之后的自信心一同大幅膨胀。

　　体重超过六百磅之后，他呼吸困难（在《Yeeeah Baby》［2000］中非常明显）、嗜睡、无法正常走路。2000年2月7日，他发生窒息，在被送往医院的途中去世，享年二十八岁。"我们一定要保重身体，" Fat Joe说道，"因为他去世时实在太年轻了。"《Endangered Species》（2001）是他最后一张唱片，2002年的纪录片《仍在场外》（Still Not A Player）记录了他的人生起落，含有大量可怕的细节。

　　在他被安葬在布朗克斯区伍德劳恩公墓（Woodlawn Cemetery）之前，Lil' Kim、Puff Daddy、LL Cool J和几百名粉丝在奥尔蒂斯殡仪馆（Ortiz Funeral Home）出席了公开的瞻仰仪式。

　　"他是拉丁裔的骄傲，一位伟大的艺术家，一个好人，" Jennifer Lopez说道，在去世前Pun曾参加过她的歌曲"Feelin' So Good"的录制，"我们会深深想念他的。"

左图 1999年1月，Big Pun穿金戴银整装待发。

IAN DURY
(IAN ROBIN DURY)
结肠癌

生于：1942年5月12日

卒于：2000年3月27日

"Sex And Drugs And Rock And Roll"是Ian Dury对乐坛最著名的贡献。尽管他谦虚地说，"生活造就了这种说法，我只是将它提取了出来。"不过这位被Madness成员Suggs称作"人民的桂冠诗人"的歌手还推出不少其他优秀的作品。

Dury 七岁时罹患天花。他告诉《村声》报（Village Voice），这种致人残疾的疾病"让我精神上更加激进"。他是一位机智的语言大师，热爱爵士和Gene Vincent，曾师从《Sgt. Pepper's Lonely Hearts Club Band》封面的设计师Peter Blake学习艺术。

对艺术学校乐队的厌恶让Dury 于1971年组建了Kilburn And The High Roads（酒吧摇滚圈最受尊敬的乐队之一）。尽管曾为The Who伴唱，乐队一直叫好不叫座，最终于1975年解散。不过，他与吉他手Chaz Jankel合作，于1977年推出了经典歌曲"Sex And Drugs And Rock And Roll"和专辑《New Boots And Panties!!》。

担任新乐队The Blockheads主唱之后，Dury 于1978年凭借"What A Waste"打进英国榜前十名，凭借"Hit Me With Your Rhythm Stick"将英国榜冠军收入囊中。"Reasons To Be Cheerful, Part 3"让他在1979年又收获一首热门歌曲。

终于取得成功之后——用一位前经纪人的话来说，"原本性格十分随和的Dury变得十分难以相处。"The Blockheads解散，不忠则导致他的婚姻破裂；后来他与女演员Jane Horrocks恋爱了两年。为了批评联合国将1981年定为"残疾人年"的决定，他推出了"Spasticus Autisticus"——这首歌的歌词在当时骇人听闻，用他的话说就是"事业终结者"。

80年代，音乐让位于舞台和银幕。他与Iggy Pop合作出演过《乌鸦2：天使之城》（The Crow: City Of Angels），与Bob Dylan联袂出演过《火心》（Hearts Of Fire）。Dury还曾为一支长寿的英国电视广告配音："Tosh，你好，用东芝（Toshiba）吗？"

The Blockheads 1990年复出，1997年推出了精彩的《Mr. Love Pants》。然而1996年，Dury被诊断出患了结肠癌。肝脏查出继发性肿瘤之后，他被告知时日无多。他当时的反应是："哦，天哪"。

他没有被病魔打垮，继续忙于慈善宣传，打理The Blockheads。在1998年被Bob Geldof——当时的一位DJ——宣布去世时他露出了惊讶的表情。2000年2月6日，Dury在伦敦帕拉丁剧院（Palladium）最后一次演出——演出名为"New Boots And Panto"，Kirsty MacColl为他伴唱——并于几周之后去世（MacColl也于同一年去世，与儿子们游泳时被快艇撞击，见187页）。

深受Dury启发并与他保持朋友关系的Robbie Williams出席了他的葬礼。他的棺材由马车运送，途经基尔本海路（Kilburn High Road）穿过北伦敦。在哥德斯格林火葬场，Madness的几位成员担任了他的护柩人。非主流的祭品包括一品脱健力士啤酒（Guinness）和安全套若干。他去世时尚未完成的作品《Ten More Turnips From The Tip》最终于2002年被发行。Robbie Williams演唱了其中的爱情歌曲"You're The Why"，采用了Dury创作的最后歌词。

"我没有捶胸顿足，"Dury在1998年接受英国《独立报》（The Independent）的采访时说道，"我已经五十六岁了，不应该抱怨。别人常说，我已经过得不错了。我会不会因为自己的遭遇感到不幸？不会。只有傻瓜才那样做呢，不是吗？"

右图 Ian Dury作为The Blockheads成员在北伦敦伊斯灵顿（Islington）的希望和锚酒吧（Hope and Anchor）演出。

幕后故事

JACK NITZSCHE
(BERNARD ALFRED NITZSCHE)
心脏病突发

生于：1937年4月22日

卒于：2000年8月25日

从与Phil Spector合作到赢得一座奥斯卡奖，再到和The Rolling Stones合作，出生于芝加哥的作曲家和编曲人Bernard Alfred "Jack" Nitzsche拥有着不凡的职业生涯。

迁居好莱坞之后，Nitzsche与Sonny Bono合作为Jackie DeShannon创作了"Needles And Pins"（这首歌后来被The Ramones翻唱）并以此取得首个突破。他在Ike and Tina Turner的歌曲"River Deep Mountain High"等经典作品中帮助Phil Spector创造了"声墙"（Wall of Sound），并于1963年凭借自己的器乐作品"The Lonely Surfer"收获了一首热门歌曲。

从"Satisfaction"中的铃鼓，到"You Can't Always Get What You Want"中的合唱编曲，到1970年Mick Jagger出演的电影《迷幻演出》（Performance），Nitzsche的身影在The Rolling Stones的早期作品中无处不在。Nitzsche与Neil Young合作的作品包括《Buffalo Springfield》和1972年的《Harvest》，他还曾是Young乐队Crazy Horse的一员。然而，《Harvest》宣传巡演期间的不愉快让两人的关系随之冷却。Nitszche后来与Young的前女友女演员Carrie Snodgress交往，1979年又因为袭击她而被捕。尽管他为The Monkees主演的《头》（Head）、《飞跃疯人院》（One Flew Over The Cuckoo's Nest）等电影配乐，酒精和毒品让他无法保障稳定的作品输出。

尽管他1982年凭借为电影《军官与绅士》（An Officer And A Gentleman）创作的歌曲"Up Where We Belong"荣获奥斯卡奖，并于1992年与Young再度联手推出《Harvest Moon》，但Nitszche去世前工作频率已经大大降低。最终，他在洛杉矶因反复发作的支气管感染引发的心脏病突发去世，他被葬在好莱坞永恒公墓（Hollywood Forever Cemetery）。Phil Spector最后一个致悼词。

上图 Jack Nitzsche（左）与Darlene Love和Phil Spector一起在录音棚中。

KIRSTY MacCOLL
(KIRSTY ANNA MACCOLL)
被快艇撞击

生于：1959年10月10日

卒于：2000年12月18日

"她拥有优秀的歌曲和性感的胸部，"Morrissey说道。Bono附和道："（她是）那一代人的Noel Coward。"

伦敦出生的Kirsty MacColl是民歌歌手Ewan MacColl的女儿，很早就显示出了音乐天赋，十六岁就成为签约歌手。她的出道单曲"They Don't Know"于1979年发行，1983年被Tracey Ullman翻唱之前一直名不见经传。然而，MacColl 1981年凭借"There's A Guy Works Down The Chip Shop Swears He's Elvis"声名鹊起。

从出道开始，恐台症就阻碍她发挥才华，影响她的人气，她甚至退居二线，做Talking Heads和The Smiths等优秀乐队的伴唱歌手。借助制作人丈夫Steve Lillywhite的介绍，她曾和The Rolling Stones一同演唱，还决定了U2专辑《The Joshua Tree》中歌曲的顺序。

1987年客座参与The Pogues的重要作品——大受欢迎的圣诞歌曲"Fairytale Of New York"——之后，她再次开始以独唱歌手的身份录音，并于1989年推出《Kite》（其中收录了对The Kinks作品"Days"的翻唱）。The Smiths成员Johnny Marr参与了《Electric Landlady》（1991）和《Kite》录制，随后她又推出了《Titanic Days》（1993）、热门单曲合集《Galore》（1993）和在评论界广受好评的《Tropical Brainstorm》（2000）。

完成这张专辑后，MacColl和爱人、孩子一起去墨西哥科苏梅尔（Cozumel）度假；然而她却在一个专为泳客保留的区域遭到快艇撞击并因此去世。她将儿子推开的同时牺牲了自己。这艘快艇属于墨西哥最富有的商人之一。尽管快艇的驾驶员被判过失杀人，但调查中出现的很多问题都没有得到解答，她的家人继续争取公义。

在私人葬礼上，Fauré的安魂曲、The Beach Boys的"Good Vibrations"、她自己的"Good For Me"和Blue Boy的"Remember Me"反映了MacColl多元的音乐品位。Bono和The Edge出席了在伦敦的圣玛田教堂（St Martin in the Fields）举行的公众追悼会，现场播放她的歌曲"Don't Come The Cowboy With Me, Sonny Jim"时，活动达到了高潮。

左图 Kirsty MacColl和The Pogues成员Shane MacGowan在表演。

JOHN PHILLIPS
心脏衰竭

生于：1935年8月30日

卒于：2001年3月18日

在60年代的全盛时期，The Mamas And The Papas制作了一些足以与Brian Wilson的The Beach Boys作品媲美的明媚西海岸流行作品。John Phillips是四人取得成功的关键，他（和妻子Michelle合作）创作了乐队的出道热门歌曲"California Dreamin'"（1966，公告牌排行榜第四名），这首歌集合了优美的和声与撩人心弦的忧郁——Wilson对这种组合也不陌生。"他们不知道嗑了多少迷幻药，又脏又臭，但却拥有天使一般的嗓音，"制作人Lou Adler回忆早期和四人打交道的经历时说道。

续作"Monday, Monday"（同样于1966年发行，公告牌排行榜冠军）也很优秀（尽管乐队的四位成员中只有Phillips喜欢这首歌）；1967年，乐队先后推出"Words Of Love"、"Dedicated To The One I Love"（原来是Shirelles的热门歌曲）和"Creeque Alley"（描述了他们成名的过程）等一系列热门歌曲。他们很快成为了嬉皮文化的忠实信徒，但是歌曲中现代的和声和迷幻元素也表明他们的音乐受到了早期流行歌曲黄金年代的影响。对于Phillips来说，1967年是最美好的一年。乐队在榜单取得好成绩的同时，他还参与组织了1967年令人难忘的蒙特利流行音乐节（Monterey Pop Festival）并创作了另外一首赞美加利福尼亚的歌曲——"San Francisco（Be Sure To Wear Some Flowers In Your Hair）"——这首Scott Mackenzie演唱的歌曲在世界各地都很热门。

然而并非一切都犹如阳光般灿烂。1962年与加州美女Holly Michelle Gilliam成婚——她加入了他的乐队The Journeymen，乐队演唱民歌摇滚，随后演化成了The Mamas And The Papas——然而60年代末他们的婚姻濒临破裂。事实上，1966年Michelle曾被赶出乐队，不过她和她的丈夫很快重归于好。最终，他们于1969年离婚。（Michelle与第二任丈夫Dennis Hopper的婚姻更加失败：1970年他们结为夫妇八天之后离婚。）

和The Monkees一样，The Mamas And The Papas的热门歌曲来得快去得也快。因毒品和各种各样的不忠而饱受摧残的乐队于1968年7月解散。不过他们为了完成合同，于1971年再次聚首，录制专辑《People Like Us》。1970年，Phillips推出广受好评的乡村摇滚专辑《John The Wolfking Of L.A.》，单飞前景一片光明。然而，他的事业随后停滞不前，因愈发严重的毒瘾而蹉跎，事实上，此后十年，他都处于一种神志不清的状态（他后来承认自己"整整两年，几乎每隔十五分钟"就要注射海洛因和可卡因）。海洛因和镇痛药扰乱了70年代中期他与Keith Richards和Mick Jagger在录音棚中的合作，他们共同录制的作品《Pay Pack And Follow》（2001）在他去世后发行。1980年经历了一次可卡因突击搜查之后，Phillips和有类似问题的女儿一起花了大量时间参加禁毒巡回演讲。（他的另外一个女儿Chynna是80年代成功三人乐队Wilson Phillips的成员之一。）他和前乐队伙伴Denny Doherty一起在80年代组建了一个新版本的The Mamas And The Papas（Mackenzie也是成员之一），他们上路巡演并于1988年参与了The Beach Boys出人意料的（但也相当乏味的）榜单冠军歌曲"Kokomo"的创作。

不难想象，世纪之交的Phillips健康状况不佳。1992年，他接受了换肾手术，1997年接受换胯手术，不过最终是肝脏病毒感染导致的心力衰竭让他于2001年3月撒手人寰。

右图 在1982年的The Mamas And The Papas复出巡演上，Phillips在Mill Run Theater的舞台上。

被诅咒的乐队
RAMONES

去世人员名单

JOEY RAMONE
(Jeffry Ross Hyman)
淋巴癌
生于：1951年5月19日
卒于：2001年4月15日

DEE DEE RAMONE
(Douglas Glenn Colvin)
药物过量
生于：1952年9月18日
卒于：2002年6月5日

JOHNNY RAMONE
(John Cummings)
前列腺癌
生于：1948年10月8日
卒于：2004年9月15日

一，二，三，四！Ramones现场演出开始时数数的惯例已成传奇，不过乐队内部的死亡人数还没有达到这个数字——已故三人之外，乐队还有五位成员，其中之一在你读到这篇文章时可能已经撒手人寰。在长达二十二年的职业生涯中，Ramones是60年代之后最具影响力的摇滚乐队。2003年致敬专辑《We're A Happy Family》的华丽阵容包括Red Hot Chili Peppers、Metallica、U2、Green Day、Kiss和Tom Waits。

早在Sex Pistols引起Malcolm McLaren的注意以前，Ramones就在浮夸的迪斯科时代杀出了一条朋克的血路。他们的黑色皮夹克和蘑菇头来自早期的The Beatles，音乐旋律来自60年代的女子乐队，重复乐段则来自所有相较于吉他定音更注重反馈效果的乐队——这些元素被压缩进了时长两分钟的摇滚歌曲。"吵闹、快速、简洁到只有核心，"参与《We're A Happy Family》录制的Rob Zombie说道，"Ramones在我心目中的形象永远是四个身穿蓝色牛仔裤、黑色皮夹克，即将用棒球棍敲碎你的脑壳的少年。"

歌手Joey、吉他手Johnny、贝斯手Dee Dee和鼓手Tommy于1974年组团，全体改姓Ramone，并于1976年正式开始以Ramones的名义活动。"Beat On The Brat"等经典歌曲是他们此后十三张录音棚专辑的模板。大量现场专辑和合集中，1979年的《It's Alive》和1999年的《Hey! Ho! Let's Go》最受好评。

他们在出道之后的二十年中疯狂巡演，前后共任用四位鼓手（Tommy转做乐队制作人，随后Marky、Richie和Elvis相继担任鼓手——后者就是Blondie的Clem Burke）和两位贝斯手（Dee Dee被他的一位歌迷CJ取代）。Joey

右图 Ramones乐队，摄于1980年左右。

对页图 70年代，Ramones在舞台上演出。

"是的,我仍是世界上最优秀乐队的成员。"

于2001年4月15日——复活节周日——在纽约因癌症去世,此前五年他都因病痛形容枯槁。他被葬在新泽西的山坡公墓(Hillside Cemetery)。在一场纽约纪念演唱会上,Steven Van Zandt宣称,"Jeffry Hyman的死让Joey Ramone得以继续活在这个世界上。" Dee Dee——资深瘾君子,身上有"生性强悍,藐视死亡"(Too tough to die)的纹身——于2002年6月5日在好莱坞因吸食过量海洛因去世。Johnny——常被视为乐队的领袖——于2004年9月15日在洛杉矶因前列腺癌去世。他和Dee Dee都被葬在洛杉矶的好莱坞永恒公墓(Hollywood Forever Cemetery)。三位创始成员的墓碑上都既有原名又有他们作为Ramones成员的化名——乐队解散之前已持续数年的紧张局势终于得到了化解。"我和Joey很久不说话了," Johnny向《滚石》杂志(Rolling Stone)解释道,"(但是)我每天还是会到那里去,看着Joey,开始演奏,然后肯定'是的,我仍是世界上最优秀乐队的成员'。"

JOHN LEE HOOKER
在睡梦中去世

生于：1917年8月22日

卒于：2001年6月21日

三角洲布鲁斯（Delta Blues）巨星John Lee Hooker生于密西西比州克拉克斯代尔（Clarksdale）附近的科荷马县（Coahoma County）——Bessie Smith、Muddy Waters、Howlin' Wolf和Robert Johnson等无数布鲁斯明星曾驻足停留的地方。Hooker的继父Will Moore是曾与Charlie Patton合作过的布鲁斯吉他手，Hooker的吉他演奏音色低沉，常以一个和弦为基础，这种独特的风格就来自他的继父："他教会我这样演奏，"1990年Hooker透露道，"没有其他人能弹出那种风格：这是我的独门秘笈。"

Hooker年轻时是虔诚的教徒，在当地多个唱诗班唱歌。不过，十四岁那年，他前往美国北部并加入了军队。迁居底特律之后，他到南方漂泊，途径孟菲斯（他在那里开始演奏布鲁斯音乐）和辛辛那提（他在那里加入过多个福音组合并当过剧院引座员），再回到底特律在汽车工厂工作，在一位当地唱片店老板的帮助下制作了一张试音带。那张1948年的唱片——朴素却迷人的"Boogie Chillen"（销量过百万，还荣获了W.C. 汉迪名人堂［W.C. Handy Hall of Fame Award］的奖项）——结合了乡村布鲁斯和城里的表兄R&B的风格，是这一题材的里程碑作品。

40年代，Hooker领导自己的乐队推出了"Hobo Blues"、"Crawling King Snake Blues"等一系列经典布鲁斯作品（两首歌均为1949年发行，The Doors在1971年的专辑《L.A. Woman》中对后者进行了翻唱）。

次年，他凭借"I'm In The Mood"收获了一首热门流行单曲。至此，他独特的音乐风格已经形成——简洁几近梦呓的慢声细语加上娴熟、无法预料的吉他演奏。"我可以连续八小节或者十二小节不断变化；如果我真的想的话，是完全可以做到的，但是我不会这么做，因为这不是我的特点，"多年后他解释道，"人们喜欢我选择的风格。""Boom Boom"（1962）又是一首跨界热门歌曲，同年在新港蓝调音乐节（Newport Blues Festival）的演出确立了他的地位。

尽管布鲁斯在美国已经存在了多年，很多美国白人乐迷直到1964年英国流行组合入侵美国乐坛时才认识这种体裁，Hooker的事业也就此焕发新生。（"哦，你们的乐队开始演奏我的旋律时，我感觉很好，"他1990年告诉记者Charles Shaar Murray，"那里的乐队好像已

"人们喜欢我选择的风格。"

经唱布鲁斯很久了。"）60年代末，他迁居旧金山，与布鲁斯摇滚歌手Canned Heat合作推出他的第一张公告牌排行榜热门专辑《Hooker 'N' Heat》（1971）。此后他不断巡演，戴标志性的帽子和墨镜——这种拒人于千里之外的打扮掩盖了他亲切的冷幽默。他的专辑质量良莠不齐，不过这位布鲁斯老手与Bonnie Raitt、Carlos Santana等崇拜者1989年合作推出的《The Healer》质量上乘，其中收录的"I'm In The Mood"还赢得了格莱美奖。

无数布鲁斯艺术家英年早逝时身无分文、默默无闻。在这一点上John Lee Hooker与众不同，他时常受到赞美和奉承，没有经济问题，在睡梦中因自然原因死亡，享年八十三岁零十个月。

右图 1981年，John Lee Hooker在加利福尼亚州洛杉矶演出。

AALIYAH
(AALIYAH DANA HAUGHTON)
坠机

生于：1979年1月16日

卒于：2001年8月25日

"我不知道我会给这世界留下什么……" Aaliyah在去世前不久说道（她的名字在阿拉伯语中意为"最崇高，最高贵，最出色"），"我希望人们把我看成一位全情投入的艺人和一个好人。"

Aaliyah Dana Haughton生于布鲁克林但是在底特律长大。经婶婶Gladys Knight介绍认识了R. Kelly，后者制作了她的首张专辑《Age Ain't Nothing But A Number》（1994）和专辑中收录的热门单曲"Back And Forth"。几个月之内，专辑就卖出了白金销量。

1994年8月，两人结婚，这桩婚事遭到了家人的反对却得到了小报的欢迎。当时年仅十五岁的Aaliyah——比Kelly小十二岁——谎报年龄，称自己已满十八岁。有报道称她的父母废止了婚姻；她和Kelly都拒绝谈论两人之间的关系。

离开他之后，她与即将成为热门歌曲制造机的Timbaland和Missy Elliot合作。在1996年的《One In A Million》中，他们给Aaliyah令人难忘的声音配上了有断续感的音乐——这种配乐风格后来成为了她作品的标志，这张专辑卖出了多白金销量，后来的热门单曲"Are You That Somebody"和"Try Again"继续了这种转变。后者来自电影《致命罗密欧》（Romeo Must Die，2000），Aaliyah在其中与李连杰演对手戏。

Aaliyah的事业突飞猛进。她赢得了电影《魔咒女王》（Queen Of The Damned）的女主角（在试镜时她演出了《麦克白》[Macbeth]和《莎乐美》[Salome]的片段），签约出演《骇客帝国》（Matrix）系列电影，推出了一张热门专辑——《Aaliyah》（2001）——并计划与Nine Inch Nails的Trent Reznor进行合作。2001年8月25日，Aaliyah结束拍摄"Rock The Boat"的音乐录音带，按计划离开巴哈马群岛。她讨厌小飞机，但是——由于迫切想要回到男友Damon Dash身边——没有乘坐私人飞机，而是登上了一架轻型飞机。从阿巴科岛（Abaco Island）起飞之后，飞机飞行二百英尺之后，坠毁起火。机上九人全部遇难。

尸检结果显示飞行员体内有可卡因和酒精，坠机之前十二天他因持有可卡因被判缓刑。调查显示飞机当时至少超重七百磅。Aaliyah因烧伤和头部受到重击去世。"即使她没有在空难中死亡，"病理学家说道，"她也几乎不可能完全恢复。"

"成千上万人走上纽约街头目送这位二十二岁歌手的葬礼队列，"《密尔沃基哨兵日报》（Milwaukee Journal Sentinel）报道，"如果没有几天之后的'9·11'事件，这就是纽约一年来最大规模的集体哀悼事件。"她镀银的棺材被安置在一辆镶有玻璃窗的马拉灵车之内。Puff Daddy、Usher、Jay-Z、Lil' Kim、Gladys Knight和Mike Tyson都参加了他的葬礼。仪式之后，现场的歌迷唱起了"One In A Million"，Aaliyah的母亲放飞了白色的鸽子。

《Aaliyah》很快成为了公告牌排行榜的冠军，"More Than A Woman"则登上英国榜榜首。《魔咒女王》上映之后，尽管电影本身招来骂声一片，女主角的表现却得到了肯定，"Aaliyah"则打入了当年的美国最流行婴儿名字的榜单。

"我懂得上帝为什么想把你留在他的身边，"曾与她一同参演《致命罗密欧》的说唱歌手DMX说道，"因为你是地球上的天使。"

左图 1998年，Aaliyah在加利福尼亚州山景城（Mountain View）的海岸线圆形剧场（Shoreline Amphitheater）演出。

GEORGE HARRISON

咽喉癌

生于：1943年2月25日

卒于：2001年11月29日

在The Beatles中，流行双子星John Lennon和Paul McCartney掩盖了George Harrison的光芒，然而事实上他也对乐队的发展做出了巨大的贡献。一开始，他主要为乐队早期单曲贡献简洁经济的吉他重复乐段——经常有乡村和西部风格。1964年，Harrison录制电影《一夜狂欢》（A Hard Day's Night）的配乐时使用了十二弦的里肯巴克360（Rickenbacker 360）电吉他。Roger McGuinn被其明快刺耳的音色所吸引，购买了同一型号的吉他，并用它创造了The Byrds标志性的声音。

Harrison是第一位对伴随超级明星地位而来令人窒息的压力（和乏味）表现出抵触情绪的The Beatles成员，他的探究精神大大推动了乐队对新领域的探索。1965年录制《Help!》期间，无聊的他拿起了一把西塔琴（Sitar）并随之迷上了它悠扬的音色。随后他师从西塔琴大师Ravi Shankar，随即对一切东方事物都产生了浓厚的兴趣。The Beatles作品中，Harrison创作的"Love You To"和"Within You Without You"都有明显的东方风格。这一切引发了他对冥思静坐的兴趣，随后更是促使乐队1968年集体前往印度，师从Maharishi Mahesh Yogi。

Harrison的创作技艺也在迅速提高："If I Needed Someone"（致敬The Byrds作品"The Bells Of Rhymney"）、"Long, Long, Long"、"While My Guitar Gently Weeps"等歌曲可以与Lennon和McCartney最优秀的作品媲美。Frank Sinatra称"Something"是"过去五十年里最伟大的爱情歌曲"，不过他一开始以为这首歌是Lennon和McCartney合作创作的。

1970年，The Beatles解散之后，Harrison意气风发地单飞发展。他先后推出了深受评论界好评的《All Things Must Pass》（1970）和在世界各地均成为榜单冠军的"My Sweet Lord"（1971），这首歌反映了Harrison虔诚的信仰。他本人也践行着他所宣传的理念，1971年他招集大量重量级明星（包括Bob Dylan和另外一位The Beatles成员Ringo）举办"为了孟加拉"演唱会（Concert for Bangladesh），为挨饿的难民筹款。他还试水电影制作，组建手工电影（Handmade Films）公司，在最后时刻为Monty Python极具争议性的电影《万世魔星》（Life Of Brian）提供了支持。

1980年，John Lennon的去世对Harrison打击很大，随后剩余三位前乐队成员合作推出了感人的纪念歌曲"All Those Years Ago"（1981）。1994年他们再度聚首（用Harrison的话来说，以"The Threetles"【译注：意为三个Beetles成员】的名义）推出两首在Lennon试音带基础上创作的单曲——"Free As A Bird"和"Real Love"。（1987年还有一次乐坛老将的集体复出，Harrison与Bob Dylan、Roy Orbison等巨星一同加入了The Traveling Wilburys并取得了可观的商业成功。）

1999年12月30日，Harrison也差点加入Lennon的行列，Michael Abram闯入他位于泰晤士河畔的亨利镇（Henley-on-Thames）的住宅，用刀对他连捅几次，刺穿了他的肺。（自称在执行"上帝旨意"的Abram后来被鉴定患有精神疾病，谋杀未遂的罪名因此没有成立。）不过至此Harrison剩下的日子已经不多了。1997年，他曾因咽喉癌接受放疗和手术，他认为是多年抽烟的习惯引发了癌症。2001年5月，他因肺癌接受手术；两个月之后，他因脑肿瘤接受放疗。至此，死神的造访已不可避免。2001年11月29日，Harrison在友人Gavin de Becker位于洛杉矶的宅邸中因癌症去世。

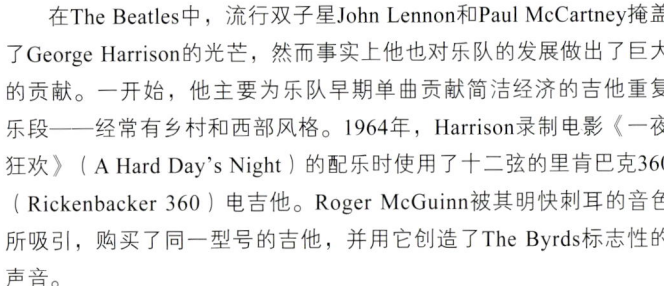

右图 The Traveling Wilburys（"The Big O"没有出镜），左起：Tom Petty、Bob Dylan、George Harrison、鼓手Jim Keltner和Jeff Lynne。

STUART ADAMSON
(WILLIAM STUART ADAMSON)
上吊自杀

生于：1958年4月11日

卒于：2001年12月16日

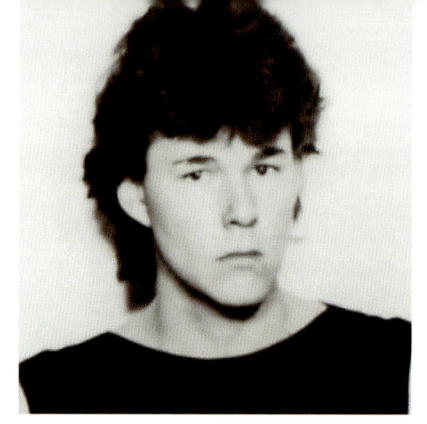

上图 1986年，Stuart Adamson在英格兰利物浦作为Big Country成员演出。

Stuart Adamson最早作为苏格兰新浪潮乐队The Skids的成员成名，乐队的第三张突破单曲——"Into The Valley"（1979）——依然是朋克流行金曲。他们随后又推出了"Masquerade"和"Working For The Yankee Dollar"，然而合作三张专辑之后，吉他手Adamson和主唱Richard Jobson之间的紧张关系导致Adamson退出了乐队。

随后发生的事情证明退出乐队是明智的选择。The Skids逐渐没落的同时，Adamson的新乐队——Big Country——凭借他们独特的苏格兰体育场摇滚风格取得了成功。他们凭借大气的风格——强势的吉他（两把吉他发出的声音常被形容为"类似风笛"，这一点让Adamson感到十分困扰）、强势的和声——在一年之内连续推出了一系列英国热门歌曲，如"Fields Of Fire（400 Miles）"（英国榜第十名），"In A Big Country"（英国榜第十七名）、"Chance"（英国榜第八名）和"Wonderland"（英国榜第九名）。出道LP《The Crossing》（1983）打进英国前三名，并帮助他们在美国取得突破；续作《Steeltown》（1984）空降公告牌排行榜冠军。然而，随着流行潮流的改变，Big Country很快陷入了困境。在迷幻浩室（acid house）和独立舞曲（indie dance）乐队面前，他们标志性的平头和格子衬衫显得老套过时；1999年乐队解散。

Adamson的状态一路下滑，酗酒和重度抑郁让情况更加糟糕。1999年11月（当时住在田纳西州的纳什维尔）他人间蒸发过一段时间，不过据说他的家人知道他的下落，此类报道也引发了有关他进入相关机构戒瘾的猜测。2001年11月7日（当时他还被控酒后驾车），他再度消失——去了夏威夷——给儿子Callum留下一张便条，上书"周日中午回来"。11月26日，他的第二任妻子Melanie Shelley报告他失踪，随后申请离婚。次月，Adamson在檀香山最佳西方大酒店（Best Western Plaza Hotel）上吊自杀。"我依然非常尊敬他，"前乐队伙伴Jobson 2007年说道，"他的才华是乐队的一切。"

ZAC FOLEY
(ZACHARY SEBASTIAN REX JAMES FOLEY)
药物过量

生于：1970年12月9日

卒于：2002年1月2日

尽管有不少人喜欢"Stairway To Heaven"，最能吸引人们走进舞池的时代经典还是EMF的作品"Unbelievable"。在英格兰格洛斯特（Gloucestershire），贝斯手Zac Foley声称他因为蓄长发而被学校开除。他和键盘手Derry Brownson、鼓手Mark Decloedt、歌手James Atkin和吉他手Ian Dench一起创建了Epsom Mad Funkers，俗称EMF。

EMF常被称为Jesus Jones的模仿者，然而乐队凭借1990年的"Unbelievable"超越了他们的前辈，这首歌登上了公告牌排行榜单曲榜的首位，也为1991年卖出百万销量的《Schubert Dip》打下了基础（这张专辑的发行因Yoko Ono反对乐队引用Mark Chapman朗诵John Lennon的歌词片段而推迟）。尽管EMF后来又推出了另外九首英国热门歌曲，但是"Unbelievable"所取得国际成功却成为了他们的梦魇。Foley——英俊的Atkin之外，歌迷的最爱——通过在包皮下塞水果自娱自乐（《精选》杂志［Select］有详细报道）。然而，1992年乐队推出《Stigma》时，"他的体内充斥着各种毒品"。又推出一张专辑之后，EMF崩溃解散。

Foley组建了Carrie（这个名字来自Carrie"Princess Leia"Fisher），这支乐队——和他的前任乐队伙伴在音乐上所做的各种尝试一样——毫无建树。EMF很快于1991年重组，但是Foley没有戒掉毒瘾。

他在伦敦卡姆登（Camden）因摄入过量海洛因、可卡因、迷幻药、巴比妥类药物和酒精去世，享年三十一岁——"体内有这些物质混合的人"《Q》杂志在报道中引用验尸官的话说道，"一般必死无疑。""这是巨大的损失，"Foley的兄弟说道，"人们常说发出两倍光亮的灯泡，这个比喻就适用于Zac。"

左图 EMF：疯狂的年轻人。顺时针上方起：James Atkin、Zac Foley、Mark Decloedt、Derry Brownson和Ian Dench。

LAYNE STALEY
(LAYNE THOMAS STALEY)
药物过量

生于：1967年8月22日

卒于：2002年4月5日

"有个女孩走来说，'你还没死，'" Alice In Chains成员Layne Staley在1996年说道，"我说，'你说的对，没死呢。厉害吧。'" Staley花了十年时间撰写自己的讣告。在《Dirt》（1992）中他唱到："什么是我的首选毒品？这要看你有什么。"

温柔的和声和金属嘶吼对他来说都不在话下，他的嗓音——用Rage Against The Machine的成员Tom Morello的话来说——"像愤怒的天使"。

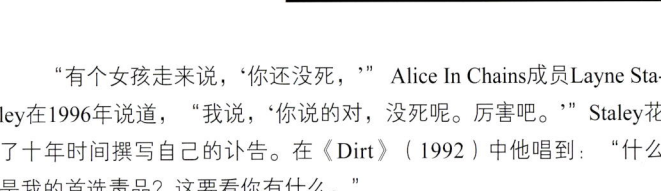
"除了做该死的摇滚明星之外，生活还有很多其他内容。"

Alice In Chains于1987年在西雅图正式诞生——来自Staley有关异装癖金属乐队的白日梦。大强度的巡演让《Facelift》（1990）的知名度缓慢提升。1992年的电影《单身贵族》（Singles）让他们声名鹊起，乐队被这部电影用作配乐的歌曲"Would?"——这首歌有关Mother Love Bone因吸食过量海洛因去世的主唱Andrew Wood（详见118页）——相当热门。尽管《Dirt》卖出了几百万张，1993年的巡演却成为了他们的绝唱。"女人，免费的毒品，免费的酒精……录制第一张专辑期间我就经历了这一切，" Staley说道，"这些满足不了我。除了做该死的摇滚明星之外，生活还有很多其他内容。"对于这位歌手——"重新布置公寓和拍摄照片的时候"最快乐——来说，其他内容指的是艺术和海洛因。

"只要他开口，为了帮他我们什么都愿意做，"鼓手Sean Kinney告诉《滚石》杂志（Rolling Stone），"不幸的是……他的心愿就是让我们不要管他。"1994年推出《Jar Of Flies》——1992年原声专辑《Sap》的续作，公告牌排行榜冠军作品——之后，Alice销声匿迹。经纪公司否认了Staley因坏疽失去手指或者已经死亡的传闻。事实上，他与Pearl Jam和Screaming Trees的成员一同录制了《Above》（1995），署名Mad Season。在其中所收录的古怪歌曲"River Of Deceit"中，Staley简单地说："我自己选择了痛苦。"

Alice于1995年推出了最后一张专辑。尽管专辑警告"请勿在我的身体死亡之前开始计划我的葬礼"，但Staley既没能力也没意愿参加巡演。他们的最后一次演出是1996年的MTV"不插电"（Unplugged）和为Kiss伴唱的四场演出。"我看到你们中的很多人都模仿Kiss的打扮，"满脸病容的歌手曾在一场演出中对观众说，"但是没有人模仿我的穿着，这是怎么回事？"

他最后的作品是对Pink Floyd作品"Another Brick In The Wall"的翻唱（被用作电影配乐）和为出版合集录制的两首歌——"Get Born Again"和"Died"。《搅拌》杂志（Blender）报道称："Stanley没能从1996年女友Demri Murphy（《Dirt》的封面女郎）因毒品去世的事件中恢复。"

2002年4月19日，警方强行进入了Staley位于西雅图的公寓，此前他的母亲报警称他已经两周没有见到他了。他们在沙发上找到了Staley的尸体，"已高度腐烂"。

尸检结果显示两周前他摄入了过量的被称为"极速球"（speedball）的海洛因与可卡因混合物——那一天正好是Kurt Cobain自杀八周年的纪念日。在他的葬礼上，Soundgarden成员Chris Cornell连同Heart成员Ann和Nancy Wilson一起，演唱了The Rolling Stones的"Wild Horses"。

"我他妈的会活很久的，" Staley告诉《滚石》杂志（Rolling Stone），"我怕死……害怕死后要去的地方。"

右图 Alice In Chains 1996年在MTV"不插电"音乐会上演出。

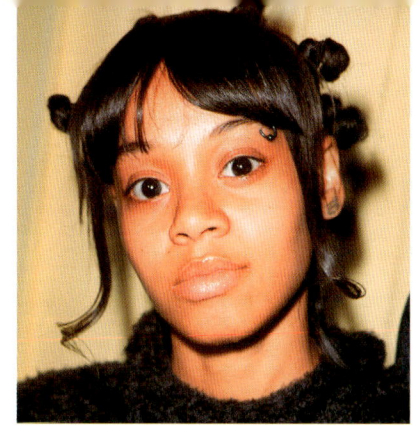

LISA "LEFT EYE" LOPES
(Lisa Nicole Lopes)

车祸

生于：1971年5月27日

卒于：2002年4月25日

Lisa "Left Eye" Lopes在TLC的第一首热门单曲中打趣说"我喜欢你亲吻两双嘴唇"。这位淘气的说唱歌手让TLC不同于其他的R&B女子组合，也让她们成为了乐坛最畅销的女子组合之一。

Lopes生于费城，从小随在军队服役的父亲四海为家。"我曾经在巴拿马住过，那里全是西班牙人和军人家的孩子，"她回忆到——她2001年的单曲"The Block Party"体现了多元文化对她的影响。她十四岁时爱上说唱："我不是世界上最优秀的歌手。对我来说说唱更为有趣。"

1990年，通过R&B歌手Pebbles的牵线搭桥，她与Tionne "T-Boz" Watkins和Rozonda "Chili" Thomas共同组建了TLC。回忆构思艺名的过程时，Lopes说道："曾经有个男人告诉我……我的左眼比我的右眼更好看。"

《Oooooooohhh...On The TLC Tip》（1992）卖出了三倍白金销量，但是乐队哗众取宠的音乐和形象——Lopes曾在眼睛前戴过安全套——并非长久之策。然而，《CrazySexyCool》（1994）和《Fanmail》（1999）——收录了"Waterfalls"和"Unpretty"等热门歌曲——又卖出了几百万张。

与此同时，Lopes——CrazySexyCool中的Crazy（疯子）——愈发好斗，并因此魅力十足。1993年，她因殴打警察被捕。1994年，她与男友橄榄球运动员Andre Rison进行了一场后果严重的争吵："我决定把他的网球鞋烤了。我把它们丢进浴缸，以为火会自己熄灭，谁知道越烧越旺，最后整幢房子都付之一炬。"Lopes被判十年缓刑，并被强制送进戒毒所。

1995年，TLC为了切断和Pebbles的联系申请破产，Lopes开始厌恶制作人Dallas Austin（Chili后来的丈夫）时，已经开始吸食可卡因。后来，不满自己在乐队中地位下降，Lopes向她的乐队伙伴们发出挑战：三人各自发行独唱专辑，让大众决定谁最优秀。"这就像闺蜜们吵架，然后亲吻和好，"T-Boz说道。

Lopes凭借《Supernova》（2001）开始了独唱生涯，以NINA（意为"不适用的新身份"［New Identity Non-Applicable］）的身份加入了Death Row（死囚唱片）Suge Knight的新厂牌。"她不怕反其道而行，" Knight说道。她也与叛逆说唱歌手Method Man和Tupac Shakur合作。

2002年，Lopes身处中美洲国家洪都拉斯，她计划在那里置屋。"她总是劝我去那里……" Lil' Kim说道，"那里有一个净化湖泊和一个男人，可能是她经常造访的巫医或者别的什么。"4月25日，Lopes驾驶一辆租来的车辆时失去控制，撞上两棵树并从路面上跌落。她因头骨碎裂当场死亡。

T-Boz、Chili、Usher、Janet Jackson、Whitney Houston和Alicia Keys等上千人参加了她在佐治亚州廷利索尼亚（Lithonia）举行的葬礼。Mary Mary演唱了Lopes最喜欢的歌曲之一 "Shackles（Praise You）"。她在歌曲 "Waterfalls" 中的说唱被刻在了她的棺材上："渴望实现的渺茫愿望即为梦想；相信你自己，其余的事情在于你我的行动。"

左图 1999年9月，Lopes在纽约大都会歌剧院（Metropolitan Opera House）的MTV音乐录影带颁奖仪式（MTV Music Video Awards）上演唱"Too Much Booty"。

JOHN ENTWISTLE
(JOHN ALEC ENTWISTLE)
心脏病突发

| 生于：1944年10月9日 |
| 卒于：2002年6月27日 |

"在可卡因和妓女的陪伴下在拉斯维加斯猝然离世，"Roger Daltrey在英国《观察家报》（The Observer）上写道，"对于五十七岁的人来说，这是很糟糕的事情吗？还有什么其他选择吗？正如George Orwell所说，其他的死法不仅漫长还伴随着异味。"

Keith Moon是The Who死得最为传奇的成员，但是John Entwistle整整四十年都在乐队中扮演关键的角色。他创作了深受歌迷喜爱的"Boris The Spider"和"Heaven And Hell"，对"My Generation"、"Won't Get Fooled Again"、"The Real Me"等劲爆歌曲也做出了不可磨灭的贡献。

Entwistle和Pete Townshend曾经上过同一所学校，后来他们在歌手Roger Daltrey的乐队Detours中再度相遇——鼓手Moon加入之后，乐队演化成The Who。Entwistle华丽热烈的技艺让他得到了"闪电手指"（Thunderfingers）的昵称。"我们是一支有主唱的三人乐队，每个人都要负责很多内容，"他向《金矿》杂志（Goldmine）解释道，"最终我变成了主音贝斯手。"

他在舞台上从不移动的习惯——身着骷髅装的形象十分令人难忘——让他收获了"公牛"（The Ox）的绰号。舞台之下，他和Moon一样喜欢搞破坏，但总是让鼓手为面目全非的酒店负责。他的黑色幽默为Townshend的自命不凡增色不少。《Who's Next》（1971）中的"My Wife"和《Tommy》（1969）中的"Fiddle About"都是很好的例子。

Entwistle远离乐队内部的权利斗争："我让Pete和Roger去争谁是乐队最重要的成员。"然而，他因为感到不满考虑了来自Hendrix（"我不得不拒绝，因为那周我在The Who很愉快"）和The Moody Blues的邀请。1966年左右，他还考虑过和Keith Moon、Jeff Beck、Jimmy Page一道组建超级乐队，但却认为这样一个团体"必败无疑"——Page记得他曾这样形容过该乐队的未来。

Entwistle是乐队第一个单飞发展的成员，1971年他推出了专辑《Smash Your Head Against The Wall》（意为"用你的头撞墙"）。"我一直在用头撞墙，这样才能让我的歌进入The Who的专辑，"他解释道。

1982年，Townshend解散乐队。"John Entwistle非常不满……"他说，"他过惯了奢侈的生活，现在突然没有了资金来源……他一点不愿将就，他生不如死。"

即便在The Who重组之后，Entwistle也继续录制自己的音乐，并与Ringo Starr和Roger Daltrey一同巡演。然而，在2002年The Who巡演的前夕，他在拉斯维加斯的酒店房间中死亡。验尸官注意到他摄入"大量可卡因"并有心脏病史之后判断："两者是十分糟糕的组合。"

"如果让他事先设计，他应该就希望这样死去，"Daltrey揶揄道，"我希望上帝准备了耳塞。"Entwistle被葬在英格兰格洛斯特郡（Gloucestershire）的斯托昂泽沃尔德（Stow-on-the-Wold）。

The Who随后调整了巡演的时间，在第十七场演出上，Townshend宣布他们不再用演唱会向Entwistle致敬："这样做没有用，他一直都没有出现。"

右图 1966年11月12日，Entwistle在伦敦切尔西英皇道的约克公爵军营（Duke of York's Barracks）进行宣传演出。

JAM MASTER JAY
(JASON WILLIAM MIZELL)
枪伤

生于：1965年1月21日

卒于：2002年10月30日

    Public Enemy 在1988年唱道："Run-DMC最早说一个DJ就是一支乐队。"他们的灵感来源是Jason "Jam Master Jay" Mizell。

    Mizell在纽约皇后区的小混混当中长大。"我必须做他们的朋友，"他告诉后来为他撰写传记的作者Bill Adler，"这样才能不怕他们。" 一次参与抢劫时，他险些被一位保安开枪射中。心有余悸的他转投理论上更加安全的DJ行业。"我十三岁的时候第一次为派对做DJ……"他回忆道，"嘻哈的核心一直是现场演奏和调动观众。"

    他与另外两位说唱歌手Joseph "Run" Simmons和Daryl "DMC" McDaniels一起凭借1983年的"It's Like That"和"Sucker MCs"强势登场。Grandmaster Flash等前辈走放克路线，Run-DMC则制作更重的音乐——说唱摇滚（rap-rock）出现之前，他们就推出了这种风格的作品。"我们不想做软弱的R&B，"Jay说道，"我们想走强硬路线。"

    《Run-DMC》（1984）和《King Of Rock》（1985）都是金唱片，后来的《Raising Hell》（1986）——因对Aerosmith作品"Walk This Way"的翻唱——成为了第一张卖出白金销量的嘻哈专辑。乐队还启发了Beastie Boys。"我们刚刚出道的时候，"Jay说道，"广播上都听不到说唱。说唱能像今天这样无所不在，有我们的一份功劳。"

    "Jam Master Jay"（"我们有迪斯科碟大师"）和"Peter Piper"（"该死，那DJ让我一天都快活"）展现了他的精湛技艺。Run-DMC凭借《Tougher Than Leather》（1988）、《Down With The King》（1993）和Jason Nevins对"It's Like That"的重新演绎又收获了多首热门单曲。1996年，Jay结识了皇后区说唱歌手Curtis Jackson，教他构建歌曲，并且帮助他建立了一定能成功的信心。Jackson就是后来的50 Cent。

    2002年10月30日，两个人走进了Jay位于皇后区杰梅卡（Jamaica）的录音室。接下来到底发生了什么众说纷纭：有人说他们和Jay拥抱打招呼；有人说他们闯进了录音室。但是其中一人近距离开枪射中Jay的头部随即逃离现场。《花花公子》（Playboy）上的一篇文章——《Jam Master Jay最后的日子》（The Last Days Of Jam Master Jay），可以在网上阅读——猜测当时深陷债务危机的Jay可能在做毒品买卖的中间人，并因此惹上了杀身之祸。另一种理论认为Jay与经常惹麻烦的50 Cent的关系导致他成为了袭击的目标。

    LL Cool J和Chuck D将Jay的去世与John Lennon被暗杀相提并论，两人及其他歌迷参加了他在皇后区艾伦A.M.E.的大教堂举行的葬礼。DMC演唱了"Jam Master Jay"，现场观众高呼这首歌的名字。有一个花环被做成了打碟机的样子，护柩人都穿着Jay标志性的贝壳头运动鞋（Shell Toes，2003年阿迪达斯推出了一款Jam Master Jay运动鞋）。Kid Rock率领众明星——Grandmaster Flash也前来参加——在一场VH1电视台的颁奖典礼上进行了纪念演出。

    "他不是没事出门惹事的人，"Dr. Dre说道，"在人们眼中，他善于构建，善于创造，努力做对的事情。"

右图 Run-DMC时刻穿着他们帅气的阿迪达斯服装。左起：Run、Jam Master Jay和DMC。

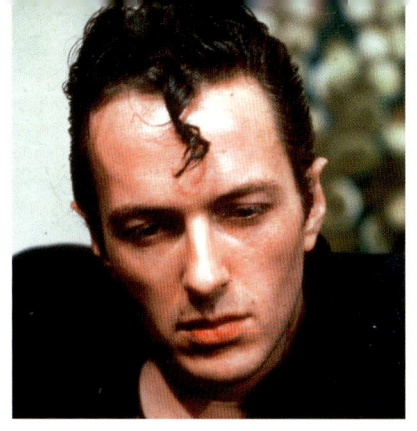

JOE STRUMMER
(JOHN GRAHAM MELLOR)
心脏病突发

生于：1952年8月21日

卒于：2002年12月22日

"无论是1977年还是现在，Joe都是我的灵感来源，"2002年Iggy Pop说道，"他拥有决不妥协的气场，将雷鬼引入朋克，他教给我们这一代人的政治知识比一切老师和政治家都要多。"

John Graham Mellor在土耳其生于一个外交官家庭。他受到Sex Pistols一场早期演出的启发，与Mick Jones和Paul Simonon一同组建了The Clash，并为乐队贡献智慧和兼收并蓄的多元风格。组建The Clash之前，他曾为The 101'er演奏节奏吉他，并因此得名"Strummer"【译注：Strummer意为拨弦的人】。

The Clash是The Rolling Stones之后、U2之前最重要的乐队。他们的歌词在右翼崛起的时代拥护左翼政见，得到了Rage Against The Machine、Billy Bragg等众多风格各异的音乐人的支持。不过，从1977年朋克风格的《The Clash》到1982年令人头晕目眩的《Combat Rock》，他们也创作精彩的歌曲，推出堪称经典的专辑。即便是毁誉参半的专辑也都收录了优秀歌曲，如1980年《Sandinista!》中的"The Call Up"和1985年《Cut The Crap》中的"This Is England"。

乐队崩溃之后，Strummer没有闲着。他为《席德与南希》（Sid And Nancy）、《直通地狱》（Straight To Hell）、《沃克》（Walker）等Alex Cox的电影配乐，制作了广受好评的专辑《Earthquake Weather》，担任The Pogues成员Shane MacGowan的替补，与Black Grape、Johnny Cash等风格各异的艺术家合作，并组建了一支新的乐队The Mescaleros。

几年来，他一直拒绝重组The Clash。一方面，他不希望"乐队的音乐遗产被玷污或贬低"；另一方面，他不愿背叛因健康问题无法重出江湖的鼓手Topper Headon。除了对大麻的热爱之外，Strummer没有摇滚明星其他的典型恶习。然而2002年12月22日，遛过狗之后不久，Strummer因未确诊的心脏缺陷在他位于英格兰萨默塞特（Somerset）的农舍去世。"他那颗心脏一直过度劳累，"Pete Townshend说道。

从Pearl Jam到David Bowie，从Neil Tennant到Bruce Springsteen，从Beastie Boys到Brian May——大量明星纷纷寄托哀思。

The Clash的成员Mick Jones和Paul Simonon参加了他在乐队精神家园伦敦西区举办的葬礼。参加仪式的还有二十四位消防队员，Strummer用他人生中最后的几场演出之一支持了他们的罢工。那场演出是Strummer和Jones近二十年来首次同台演出。

2004年，《采访》杂志（Interview）的一篇文章赞扬了他的最后一张专辑，Elton John和Bono都接受了访问，探讨了Strummer对乐坛的影响。"最疯狂的陈词滥调成为了现实，" Bono说道，"《Streetcore》……可能是他最优秀的作品。""那真的是一张优秀的专辑，" Elton同意表示，"尽管在《Streetcore》中Joe给人十分满足的感觉，但我认为他不会停止追寻新的音乐风格、新的想法。"

左图 The Clash——Paul Simonon、Joe Strummer和Mick Jones——震撼美国。

MICKEY FINN
(MICHAEL NORMAN FINN)
肝脏和肾脏疾病

生于：1947年6月3日

卒于：2003年1月11日

为Marc Bolan演奏打击乐似乎会缩短你的生命。

Bolan在Tyrannosaurus Rex以乱发诗人歌手的形象声名鹊起时，Steve "Peregrine" Took是他演奏小手鼓（bongo）的乐队伙伴。Took原名Stephen Ross Porter，随后改用J. R. R. Tolkein作品《霍比特人》（The Hobbit）中一个角色的名字，这种做法在当时那个异想天开的时代十分普遍。Took与一头螺旋卷的Mark Bolan合作了1968年乐队的出道专辑《My People Were Fair And Had Sky In Their Hair But Now They're Content To Wear Stars On Their Brows》（异想天开年代的产物……）以及三首表现尚可的热门单曲，然而他——选择了非常糟糕的时机——在美国巡演结束之后退出，与粉丝私奔。（因自己的创作潜能没有得到重视而产生的挫败感可能也在一定程度上导致了这样的决定。）

Took的知名度随之急速降低，不过Bolan的经纪人帮助他讨回了为Bolan打鼓期间被拖欠的版税。不幸的是，这笔迟到的版税可能导致了他的英年早逝。1980年10月27日，这位三十一岁的鼓手为刚刚到手的财富整夜狂欢，喝酒、吸食吗啡、大吃樱桃，最后就栽在了这种水果上；他因被樱桃籽呛到窒息死亡，在摇滚乐坛实属标新立异。

Took的厄运是Mickey Finn的好运。Bolan在报纸《旋律制造者》（Melody Maker）上刊登了一则广告，寻找"一位温柔的年轻人，能演奏打击乐器，具体来说就是手鼓和架子鼓，能弹一点贝斯，能唱和声"。英俊的长发小生Finn和其他三百人一起响应了这则广告。最终征服Bolan的很可能是Finn英俊的长相——和他的凯旋（Triumph）650cc摩托车。1970年，Tyrannosaurus Rex改名T-Rex，Bolan的原声吉他也被一把吉布森莱斯·保罗（Gibson Les Paul）取代。

1970年以后，T-Rex成为了一台热门歌曲制造机，推出了一系列实打实的经典单曲，如"Ride A White Swan"（1970，英国榜第二名）、"Hot Love"和"Get It On"（1970，两首均为英国榜第一名）、"Jeepster"（1971，英国榜第二名）、"Telegram Sam"（1972，英国榜第一名）和"Metal Guru"（1972，另外一首英国榜冠军）。然而，1975年Bolan已不再是华丽摇滚乐坛闪闪发光的国王，T-Rex内部也出现了裂痕（鼓手Bill Legend加入之后，Finn在打击乐上的贡献开始缩水）。结束Bolan作品《Zip Gun》（1975）的录制后，Finn带着他的手鼓离开了乐队……

随后，Finn带着他的手鼓深入狂野流行的心脏地带。80年代，他与无所不为的The Blow Monkeys和The Soup Dragons合作录音。1997年，他与另外几位曾为Bolan伴奏的音乐人一同举办了一场重聚演唱会（1977年在车祸中丧生的Bolan没有参加，详见60页）。这场演唱会得到了T-Rex忠实歌迷的肯定，受到激励的Mickey Finn组建了致敬乐队Mickey Finn's T-Rex，曾作为自由音乐人与T-Rex合作过的鼓手Paul Fenton是成员之一，Marc的儿子Rolan有时也会参与乐队的活动。

然而，重焕生机的音乐事业没有持续多久。Mickey Finn受到肾脏和肝脏疾病的困扰——多年饮酒的后果——于2003年1月11日在克罗伊登（Croydon）的梅戴医院（Mayday Hospital）去世；他去世的确切原因不明。

右图 1973年，Mickey Finn作为T-Rex的成员演出。

NINA SIMONE
(EUNICE KATHLEEN WAYMON)

癌症

生于：1933年2月21日

卒于：2003年4月21日

"一位绝不妥协的天后，"Nina Simone 1997年说道，"自始至终都坚持她对种族歧视和世界的看法，直到最后也没有改变。我希望我能作为天后被人们铭记。"

她原名Eunice Kathleen Waymon，在北卡罗来纳州特赖恩（Tryon）出生，会弹钢琴，在她母亲布道的卫理工会教堂为歌手伴奏。刚成为职业歌手的时候，为了瞒过母亲，她不得不给自己取一个艺名："Nina"是一个男友对她的昵称，"Simone"则来自法国女演员Simone Signoret。

> "我希望我能作为天后被人们铭记。"

尽管受过古典音乐训练，Simone认为她的音乐是民歌和布鲁斯风格，被归为爵士则会让她感到不满。"爵士意味着黑人和肮脏，"她告诉《细节》杂志（Details），"那不是我的音乐。"和Billie Holiday一样，她也录制了反种族主义的"Strange Fruit"，然而却不屑被与其比较："这简直是侮辱我！她可是个瘾君子！把我们放在一起比较唯一的原因就是我们都是黑人——他们从来不用Maria Callas和我比较，作为一个天后我明明和她最为相似。"

Simone 1957年推出出道专辑《Little Girl Blue》，也就是《Jazz As Played In An Exclusive Side Street Club》（1958）。专辑收录了她对George和Ira Gershwin经典作品"I Loves You Porgy"的热门翻唱，还有日后成为她演艺生涯里程碑的歌曲"My Baby Just Cares For Me"。80年代末，后者的重新发行让她的事业重焕新生，然而她却批评了那些前来聆听这首歌的观众。

尽管她在主流排行榜上影响力甚微——1960年的现场专辑《At Newport》在公告牌排行榜上排到第二十三位——60年代Simone在很多歌曲上打上了她个人的烙印。The Animals是她最著名的歌迷——她对"The House Of The Rising Sun"和"Don't Let Me Be Misunderstood"的演绎启发乐队翻唱了这两首歌曲。

然后，网站The Nina Simone Web还提到了"Lilac Wine"（Jeff Buckley认为"Nina唱得最棒……她是天后"。）、"Wild Is The Wind"（Cocteau Twins成员Elizabeth Fraser说："我手头的这个现场版本真是……我不知道用什么词形容才好。"）和"I Put A Spell On You"（Peter Gabriel说："我能想起听到新颖、直接、大胆的音乐时心中的激动之情。"）。"我最近在听Nina Simone，"John Lennon告诉《花花公子》杂志（Playboy），"她在一首歌中演唱的'我爱你！'让我想到了'Michelle'副歌的第三部分。"

Aretha Franklin用Simone最重要的歌曲"（To Be）Young, Gifted, And Black"命名她1972年的专辑。然而随着这首歌曲在美国成为民权运动的主题曲，Simone对自己的国家失去了希望，并于1973年离开。时间也没能缓解她的情绪："我不相信种族融合……"1997年她告诉《采访》（Interview），"奴隶制在美国人的思维方式中依然存在。废除种族隔离简直就是一个玩笑。"

70年代，Simone断断续续地录音，逐渐开始因舞台上的粗暴行为而著称。尽管大部分时间都住在欧洲，她却并不喜欢这块大陆。"我认为欧洲就像墓地，"她接受英国《每日电讯报》（The Daily Telegraph）的采访时说道，"没有人健谈，没有人友好，没有人说话，他们彻底忽略我的存在。"

左图 Nina Simone在纽约的卡耐基音乐厅（Carnegie Hall）谢幕。

左图 1964年，在纽约弗农山（Mount Vernon）Simone坐在她的奔驰车中。

右图 灵魂名伶在演唱会上。

80年代，她厌倦了与权威斗争："我不再拘泥于抗议歌曲了，"她说道，"我想和交响乐团和合唱团合作，我想演奏协奏曲。"因此，《Let It Be Me》（1987）中几乎找不到她热衷社会问题的痕迹，专辑中收录了Bob Dylan、Janis Ian和Randy Newman的歌曲——和她对"My Baby Just Cares For Me"的翻唱。1998年，她在南非约翰内斯堡作为客座嘉宾参与了Nelson Mandela（纳尔逊·曼德拉）八十岁生日的庆祝活动。

90年代，Fugees成员Lauryn Hill在"Ready Or Not"中提到她的名字，后来Shaggy和AZ. Masters At Work分别在作品中引用了"Angel Of The Morning"和"Black Is The Color Of My True Love's Hair"，Coldcut等人则对她的作品进行了大胆地重新混音。Talib Kweli翻唱了她的"Four Women"——这首歌曲对黑人女性的描写具有突破意义（"我的皮肤是棕色的，我的态度很强硬，我要杀掉我看见第一个母亲"）。

在与癌症进行了旷日持久的斗争之后，Nina Simone于2003年4月21日在睡梦中去世，享年七十岁。她的葬礼在Jacques Brel作品"Ne Me Quitte Pas（Don't Leave Me）"中开始。

在几百名哀悼者面前，南非歌手Miriam Makeba认为她"不仅是一位伟大的歌手，还是一位自由战士"。Elton John送来的花环被摆在祭坛上，上书："你是最伟大的，我爱你。"歌手的女儿Lisa Celeste Stroud演奏了钢琴。Simone的遗体在法国马赛的一个私人仪式上被火化，她的骨灰被撒在非洲——用她的话说："（那里的）每个人都很友好，每个人都温暖有灵性。"

在她的葬礼上，南非政府也发来唁电："Nina Simone是我国历史的一部分，她为黑人解放奋斗。她去世的消息令我们十分悲痛。"

WARREN ZEVON
(WARREN WILLIAM ZEVON)
肺癌

生于：1947年1月24日

卒于：2003年9月7日

Tupac预言了自己的死亡，Johnny Cash和Ian Curtis用音乐创作了墓志铭……然而没有人能像Warren Zevon一样准确地把握自己的死亡时间——他去世所引起的反响也独一无二：Springsteen、Dylan和Pixies乐队纷纷向他致敬。

从1969年的《Wanted Dead Or Alive》到《Life'll Kill Ya》（2000）再到《My Ride's Here》（2002），死亡一直是这位唱作人作品中的一个重要主题。如果歌词中的黑色幽默说服力不够的话，请留意他很多专辑封面上那个戴着墨镜叼着香烟的骷髅。

Zevon出生于芝加哥，根据他接受《滚石》杂志（Rolling Stone）采访时的说法："（我）看着一幅舅舅的画像长大，他的名字叫做Warren，长得和我很像。他参过军，是家人的骄傲，是一位艺术家。他在执行任务时去世……我的家人一直希望我以他为榜样，成为那样的人。我想这样的成长环境让我相信只有自我毁灭才能不辜负家人的期望。"因此，很多时候，Zevon的音乐事业离不开酒精和毒品。80年代中期他成功戒瘾，不过，1990年发行的专辑《Hindu Love Gods》收录了他醉酒时与R.E.M.共同演唱的歌曲。

《Wanted Dead Or Alive》失败之后，70年代Zevon开始担任Everly Brothers的音乐指导。友人Jackson Browne帮助他开始了自己的事业，1978年的《Excitable Boy》是他商业上最为成功的专辑，收录了经典歌曲"Werewolves Of London"。其他优秀的作品还包括1981年的现场专辑《Stand In The Fire》和1982年商业表现不佳的《The Envoy》。

2002年8月，他被查出患有无法以手术治疗的癌症。"二十年没看过医生可能是一个错误，"他告诉脱口秀主持人David Letterman，"恐惧这些实在没有意义。"在被问及学到什么的时候，他说："我知道你应该好好享受人生中的每一个三明治。"

得知只剩三个月生命之后（"没法活到下一部詹姆斯·邦德电影上映真是太糟糕了，"他说），Zevon很快酒瘾复发。"我说过他不应该选择这种烂俗的死法，"小说家兼合作伙伴Carl Hiaasen警告道。

"我相信只有自我毁灭才能不辜负家人的期望。"

在朋友、家人以及Springsteen等明星的帮助下，他用剩余的精力录制发行了《The Wind》（2003）。VH1拍摄的纪录片《让我留在你的心里》（Keep Me In Your Heart）记录了这张专辑的录制过程，片中有这样一个细节：制作人Jorge Calderon建议Zevon精神好了之后再将一首歌重新录制一遍。"我快死了，Jorge，"他回答道，"我的精神再也不会好了。"

"如果你足够幸运的话，你早期和死前的作品都会有人喜欢，"Zevon被诊断患有癌症之后不久说道。他在位于洛杉矶的家中在睡梦中去世。随后，《The Wind》赢得了两座格莱美奖。2004年，群星举办了一场名为"享受每一个三明治"（Enjoy Every Sandwich）的纪念演出。他的骨灰被撒入了太平洋。

"我们面对的是一种我们无法理解的存在，"Zevon告诉《创作人》杂志（Songwriter），"所以我的很多作品都与死亡有关……我不认为这是一个应该回避的话题。"

右图 "我想认识他的裁缝……"——1980年左右，Zevon在舞台上。

JOHNNY CASH
(J. R. CASH)
呼吸衰竭

生于：1932年2月26日

卒于：2003年9月12日

半个世纪以来，Johnny Cash创造了一批最经久不衰的美国流行歌曲。人们普遍认为他在最后的一些作品中展现了超越以往的水准，这也是他卓越才华的有力证明。

Cash的出身极为贫寒——他生于阿肯色州一座没有电的乡村小屋（他通过一台用电池的收音机发现了乡村音乐），在五个兄弟姊妹中排行第四，然而，他的父母出钱让儿子接受了声乐训练。他的儿时伙伴Merline Hall回忆道："他的嗓音没有一丝虚假……他歌唱时，相信自己唱出的每一个字。"

> "对我来说（穿黑色衣服）是反叛的标志……对不愿接受新想法的人的反叛。"

Cash作为美国空军士兵在德国服役时学会了演奏吉他。1954年退伍之后，他做起了挨家挨户推销的销售员，然而最终重新回到了音乐的怀抱。他组建了乡村/福音乐队The Tennessee Three，不过在钢棒吉他手（steel guitarist）退出之后，乐队转做乡村摇滚音乐。

乐队简洁的音乐和Cash粗犷低沉的嗓音给Sam Phillips（Elvis的厂牌Sun Records[太阳唱片]的老板）留下了深刻的印象。1955年开始，他在Sun推出了一系列热门歌曲，包括"Folsom Prison Blues"（灵感来自Cash在德国看到的一部电影《弗尔森监狱墙内》[Inside The Walls Of Folsom Prison]）和"I Walk The Line"——两首歌都是在表达上颇具思想性的舒缓歌曲，很快成为了Cash的经典作品。Johnny Cash真诚不浮夸——他的素色舞台演出服就是最好的证明，这种装束还为他赢得了"黑衣男子"（The Man in Black）的别名。"我喜欢黑色所以穿黑色衣服。现在我依然这样做，穿黑色衣服对我来说依然有特殊的意义，"1997年他透露道，"对我来说，黑衣是反叛的标志——对停滞不前的现状，对虚伪的宗教，对不愿接受新想法的人的反叛。"

1958年转投Columbia Records（哥伦比亚唱片）之后，Cash投身乡村音乐，定期参加乡村音乐现场秀"大奥普里"（Grand Ole Opry）的演出，还凭借墨西哥街头音乐（Mariachi）风格的"Ring Of Fire"和对Bob Dylan作品"It Ain't Me Babe"的翻唱收获热门歌曲。不过，他也有不少个人问题："以前（60年代早期）他非常依赖安非他命类药物，一下子消瘦了很多，"乡村音乐创作人Jack Hurst回忆道，"他看起来像个幽灵，一个强大的幽灵。"1965年，Cash因持有安非他命药物被捕，他的毒瘾几乎毁掉了他的身体。

60年代末，Cash的事业迅猛发展，不仅参加了ABC的电视节目，还发行了"Daddy Sang Bass"（他未来的妻子——来自乡村贵族Carter家族的June Carter参与了这首歌的录制）、新颖的"A Boy Named Sue"等乡村流行热门歌曲，后者是他最畅销的作品。"A Boy Named Sue"来自现场专辑《At San Quentin》（1969）——他在监狱中录制的两张著名专辑之一（另一张是在弗尔森监狱录制的）进一步确立了Cash朴实、深受——无论是监狱里的还是监狱外的——人民爱戴的形象。（"他与穷人和罪犯在一起的时候与和总统打交道时一样自如，"Kris Kristofferson曾经评论道。）

右图 1966年，Cash在伦敦哈默史密斯欧德翁剧院（Hammersmith Odeon）演出。

Cash在70年代和80年代失去了方向，直到90年代初才在Def Jam Records（戴夫杰姆唱片）的Rick Rubin的帮助下开始了艺术上的复兴。Rubin制作了Beastie Boys的第一张专辑，也是Red Hot Chili Peppers的制作人，然而他与Cash合作的作品与那些劲爆的专辑截然不同。Cash去世之前的一年当中，两人合作推出了四张"American Recordings"系列的唱片，每一张都收录了Cash对现代歌曲的翻唱和对经典老歌的重新演绎。Cash的男中音不如从前有力，还时常破音，但是依然十分迷人。

Cash对Nine Inch Nails作品"Hurt"有过感人的翻唱，在这首歌广受好评的音乐录音带中，June Carter Cash显然十分担心丈夫不断恶化的身体状况。讽刺的是，2003年5月，Cash的妻子早于他本人离世——妻子的离去给他带来了巨大的打击，尽管坚持录音，他其实一直没能从这件事中恢复过来。

因多年吸食毒品，Cash的身体相当虚弱，1988年接受过双动脉心脏搭桥手术，还患有糖尿病；1998年他被确诊患有致命的神经疾病多系统退化症并服用相应药物——然而，由于诊断有误，他不得不戒除这些药物。他声称一位牙医在治疗过程中弄伤了他的下颚，让他不得不再接受手术（可能导致他永远不能唱歌）和一生服用止痛药之间选择。他选择了忍受疼痛。

2003年9月，Johnny Cash因胰腺炎被送往纳什维尔的浸信会医院（Baptist Hospital），随后出院，然而三天之后，他因呼吸衰竭——糖尿病引起的并发症——去世。然而，他的精神永垂不朽。2002年，电视脱口秀节目主持人Larry King问Cash他的疾病有没有被治愈的可能。"没有，我想没有，"他这样回答，"但这没有关系，生活也没有解药。"

右图 1992年，Cash在纽约演出。

ROBERT PALMER
(ROBERT ALLEN PALMER)
心脏病突发

生于：1949年1月19日

卒于：2003年9月26日

80年代收获商业成功时，Robert Palmer早已历尽艰难险阻。Palmer生于英格兰约克郡的巴特利（Batley），在马耳他（Malta，他当兵的父亲驻扎的地方）长大，随后回到约克郡，加入了他的第一支乐队——名字奇特的Mandrake Paddle Steamer——并学习平面设计。他于1969年迁居伦敦，先后加入过The Alan Bown Set和布鲁斯摇滚乐队Vinegar Joe。

Palmer后来的独唱生涯反映了他对布鲁斯和R&B的热爱。在出道专辑《Sneakin' Sally Through The Alley》（1974，由Little Feat成员Lowell George制作）中，强大的新奥尔良放克乐队The Meters为他演唱伴音。然而他考究的外表（像一位有些自鸣得意的发型师）似乎与他在音乐上的喜好格格不入。"媒体从来没有真心喜欢过他，他们不信任他，"他后来的乐队伙伴John Taylor回忆道，"他优秀到了不现实的程度……他太聪明、太迷人，而且还敢远渡重洋，在巴哈马群岛生活！"

他在乐坛一直表现平平，事业直到1985年才出现转机——那年他和前Duran Duran和Chic的成员组建超级乐团Power Station，并推出了自己的专辑《Riptide》，后者卖出了白金销量。Terence Donovan为格莱美奖获奖单曲"Addicted To Love"（公告牌排行榜冠军）拍摄的讨巧性感的音乐录音带——在其中为Palmer伴唱的是身着紧身连衣裙的长腿美女——为这来势汹涌的成功做出了很大贡献；和续作"I Didn't Mean To Turn You On"一样，这首歌卖出了一百万张。他早已远离了最初强硬的布鲁斯风格，但最终在2003年的作品《Drive》中回归了这种体裁。

在与他的伴侣Mary Ambrose一同访问巴黎期间，Palmer心脏病突发死亡。他被葬在常年居住的瑞士城市卢加诺（Lugano）。

左图 Palmer在舞台上演唱"Addicted To Love"。

ELLIOTT SMITH
(STEVEN PAUL SMITH)
自己造成的刀伤

生于：1969年8月6日

卒于：2003年10月21日

Smith早期的独唱作品——《Roman Candle》（1994）和《Elliott Smith》（1995）——充斥着生活在社会边缘的失败者的故事，展示了他创作印象主义歌词和令人难以忘怀的曲调的天赋。独立发展的同时，他还曾是波特兰朋克乐队Heatmiser的成员，然而乐队1966年解散之后，Smith将全部的精力集中在了自己的独唱作品上；他的续作——受Kierkegaard影响的《Either/Or》（1997）可能是他最优秀的作品——一组脆弱但旋律优美的迷人歌曲。

至此，Elliott Smith的活动都相当低调。然而，随着他的好几首作品被另外一个波特兰人Gus Van Sant在他1997年的电影《心灵捕手》（Good Will Hunting）中用作配乐，这位独立唱作人名声大噪。"Elliott的音乐是《心灵捕手》中最重要的东西，"女演员Minnie Driver后来说道，"Elliott就像是影片中一个看不见的角色。"在Van Sant电影中出现的歌曲是"Miss Misery"，这首歌获得了奥斯卡最佳原创歌曲的提名。1998年，Smith身着难得一见的白西装在奥斯卡颁奖典礼上演唱了这首歌（不过最终将这个奖项收入囊中的是Celine Dion）。

在《XO》（1998）和《Figure 8》（2000）中，Smith启用完整的乐队拓展了他的音乐。后者在北伦敦艾比路上的录音棚录制，明显带有The Beatles作品《White Album》的意味。（他对绝妙四人组有着深厚的兴趣；为《美国丽人》[American Beauty]创作配乐时，他翻唱了The Beatles的经典作品"Because"，运用多声道录音[multitracking]的技术自己演唱了其中复杂的和声）。他作品的质量不容置疑，然而商业成功却从来不眷顾这位深受困扰的吟游诗人。

他确实面对着很多个人问题。出名之前，Smith就接受过心理治疗，他的很多作品都弥漫着一种心神不安的忧郁；他对海洛因相当依赖（请注意《XO》中收录的歌曲"Bled White"的歌词）——此外，他还服用处方药，后来更是吸食可卡因。他与厂牌Dreamworks（梦工厂唱片）发生了争执；他推迟了下一张专辑的发行；他在结束一场洛杉矶演出之后与人斗殴并因此锒铛入狱。不过，2003年底，他还是基本完成了这张很可能为他带来突破的唱片（忧伤的《From A Basement On The Hill》于2004年发行）。

生前最后几个月，Smith愈发抑郁，常与女友歌手Jennifer Chiba争吵；另外，完美主义造成了他和她乐队之间的摩擦，当时他是他们的制作人。厌倦了Smith的自杀威胁，2003年10月21日，Chiba把自己锁在他们洛杉矶居室的洗手间内，然后听到了一声令人毛骨悚然的尖叫，她随后冲出洗手间，发现Smith胸前插着一把牛排刀。

一个小时之后，Smith去世。他胸口上的两处刀伤显然都是自己造成的，然而这一事件依然迷雾重重，很少有人通过刺穿自己心脏的方法自我了结的事实便是疑点之一。（2003年12月的一份尸检报告表明有他杀的可能。）Smith的死忠粉丝显然对这一事件心存怀疑，Chiba受到了他们的指责和威胁。

哦，Chiba的乐队叫做什么名字？Happy Ending【译注：意为美好结局】。

右图 1998年，Elliott Smith在舞台上演出。

RAY CHARLES
(RAY CHARLES PETERSON)
肝脏疾病

生于：1930年9月23日

卒于：2004年6月10日

Ray Charles取得了惊人的成就；他人生初期经历的磨难让他的功绩更加耀眼。

Charles生于佐治亚州奥尔巴尼（Albany）一个贫穷的家庭，七岁时因青光眼双目失明；如果这还不够糟糕的话，他童年时目睹了弟弟淹死，少年时又经历了父母的离世。然而他没有自暴自弃——甚至比一般人更有奋斗的动力——报名进入了佛罗里达的圣奥古斯丁聋人盲人学校（St. Augustine School for the Deaf and the Blind）学习音乐和盲文（理解盲文让他得以学习作曲和编曲）。

"我认识的Ray的时候大概十五岁，他当时十八岁，"传奇制作人Quincy Jones回忆道，"那时候他就特别乐观，听一听Billy Eckstine的'Blowin' The Blues Away'就能说出乐队每一个成员都在做些什么……是他教会了我给铜管乐器调音。"

他以歌手兼钢琴手的身份开始活跃于佛罗里达的俱乐部，像Nat "King" Cole一样淡定老练，后来向西迁居西雅图，并于1949年录制了最早的一批作品。1952年他签约Atlantic Records（大西洋唱片），在那里录制了一些R&B歌曲，但是没有找到适合自己的风格。与充满激情的布鲁斯歌手Guitar Slim——他将福音音乐的热情引入了世俗歌曲——合作之后，Charles终于确立了自己的风格。Charles经过学习深谙此道，激情四射地演唱了冲劲十足的歌曲"I Got A Woman"（改编自赞歌"Jesus Is All The World To Me"），这首歌很快被Charles的歌迷Elvis Presley翻唱。他为大量福音歌曲重新填词，推出了"This Little Girl Of Mine"（1955，改编自"This Little Light Of Mine"）、"Talkin' 'Bout You"（1957，改编自"Talkin' 'Bout Jesus"）。

不出所料，他的音乐让很多人感到震惊："他把布鲁斯和宗教混在一起，"Big Bill Broonzy批评道，"我认为这样做不对……他应该去教堂唱歌。"他1959年的作品"What'd I Say"也十分经典，这首钢琴驱动的电子劲曲在向摇滚致敬，其中应答式的伴音（来自The Raelettes）改编自教堂集会。（摇滚歌手Eddie Cochran也是他的粉丝，Cochran对"What'd I Say"和"Hallelujah I Love Her So"的翻唱让无数白人歌迷认识了Ray Charles）。Ray Charles通过结合R&B和福音的激情为灵魂音乐奠基，不过他的音乐中一直能找到爵士元素（比如1959年突破作品《The Genius Of Ray Charles》中的抒情歌曲和爵士乐队编曲）。

1959年，他离开Atlantic转投ABC唱片，但作品质量没有出现明显下降。他对Hoagy Carmichael作品"Georgia On My Mind"的翻唱温暖地结合了爱与疲惫，证明了Charles是最擅长演绎流行歌曲的音乐人之一；他与杰出编曲人Quincy Jones、Count Basie乐队的成员合作录制了1960年的大乐队突破作品《Genius + Soul = Jazz》；在搞笑又有力的"Hit The Road Jack"（1961）中，他兴致勃勃地化身一位常被女人利用又喜欢沾花惹草的苦情男人；同年他演唱了迷人自然的暧昧歌曲"Baby It's Cold Outside"，1961年的《Ray Charles And Betty Carter》收录了这首热门对唱歌曲。

歌手一向以混搭体裁为乐，即便如此，他的下一步动作还是十分惊人。在《Modern Sounds In Country And Western》（1962，他的唯一一张公告牌排行榜冠军专辑）中，他借鉴了大部分现代黑人艺术家完全陌生的体裁，然而他坚定敏感的嗓音很快让这张专辑成为里程碑式的作品，其中收录的伤痛歌曲"I Can't Stop Loving You"卖出了一百万张。次年，他翻唱的Hank Williams作品"Take These Chains

右图 1966年，Ray Charles在演唱会上。

左图 2004年6月，在洛杉矶会展中心（Los Angeles Convention Center）的纪念瞻仰仪式。

右图 1999年10月，Ray Charles在内华达州拉斯维加斯的奥尔良酒店赌场（Orleans Hotel and Casino）举办演唱会。

From My Heart"也是热门歌曲。回想起来，这一切理所当然：讲述心碎、死亡和困苦生活故事的乡村音乐不就是白人布鲁斯吗？

"我是音乐家，" Charles 1992年告诉《Q》杂志（Q），"我可以演奏Beethoven、Rachmaninov和Chopin。和交响乐团合作的时候，我弹这些曲子总会让他们感到无比惊讶。" Charles制作音乐时的兼收并蓄——用Quincy Jones的话来说就是"每个题材都要插一脚"——让歌迷无所适从，也严重影响了他本人音乐才华的充分发挥。然而，他在60年代初巩固了自己流行音乐巨擘的地位。1964年，他举办世界巡演，在巴黎奥林匹亚剧院（Olympia Theatre）连唱十场，门票场场售罄——美国音乐人此前从未在这里取得过如此热烈的反响。

60年代头五年Charles 五次被《重拍》杂志（Down Beat）的评论家评为最佳歌手。尽管60年代后期，他已失去了曾经的犀利和前卫，成为了一位作品"容易听"的音乐人。事实上，他在十年之内所做的创新相当于他人几生几世的努力。另外，他还有其他重要的事情需要费心处理：Charles 在1965年吸毒被警方查处，次年一直在努力结束对海洛因的长期依赖（他总是穿长袖服装遮盖注射毒品在他手臂上留下的痕迹）。

1957年到1971年之间，Charles共有三十二首歌曲打进排行榜前四十名（他1966年对Buck Owens作品"Crying Time"的翻唱荣获两项格莱美奖）。70年代，他丝毫没有松懈，几乎每年都定期举行巡演，甚至多次访问日本。和所有连续活跃几十年的艺术家一样，Charles的作品有时极度缺乏连贯性，品位也出现过严重偏差；他推出过不少劣质歌曲，随着时间的推移可圈可点的作品越来越少。然而音乐才华并没有离他而去——他对Stevie Wonder作品"Livin' For The City"的激情翻唱就是明证。在电影《蓝调兄弟》（The Blues Brothers，1980）中的精彩表演证明了他没有丧失喜剧天赋；几年后，他为USA For Africa的"We Are The World"贡献了充满力量的演唱。

2004年，Charles终于因为肝脏疾病去世，然而死亡也无法阻止他的脚步：去世后发行的《Genius Loves Company》——与Van Morrison、B. B. King、Willie Nelson、Elton John等歌迷合作的轻松作品——赢得了八项格莱美奖。（他有过两段婚姻，和七位不同的女性生育十二个孩子。）

总体来说，50年代Frank Sinatra对他的简洁概括最为准确恰当：他是"天才"（genius）。

RICK JAMES
(JAMES AMBROSE JOHNSON, JR.)
呼吸和心脏衰竭

| 生于：1948年2月1日 |
| 卒于：2004年8月6日 |

来自纽约的James Ambrose Johnson因不良行为和糟糕音乐著称，他十五岁时加入美国海军，但很快擅离职守。逃往加拿大之后，他与Neil Young（是的，就是那个Neil Young）共同组建了Mynah Birds，并且改名为Rick James。

James是The Temptations成员Melvin Franklin的侄子，以创作人的身份加入了Motown（摩城唱片）。他还发明了集合放克和摇滚的混合风格。（此前也做过类似尝试的George Clinton称他为"Trick James"。）

> "你认为我是谁并不重要，我是Rick James，婊子！"

"Super Freak"让专辑《Street Songs》（1981）成为了James事业的顶峰，MC Hammer作品"U Can't Touch This"就引用了这首歌的片段。他的创作作品还包括Mary Jane Girls和Teena Marie常被引用的作品（"All Night Long"和"Square Biz"）及The Temptations和Eddie Murphy的热门歌曲。

他充斥着可卡因的生活方式遭到了爵士传奇Dizzy Gillespie的批评，他对James说："你让我想起了Bird（Charlie Parker）。孩子，你最好悠着点。"1979年到1984年期间，他几次入院，并于1991年和1993年被判袭击罪（但令他臭名昭著的是另外一条指控——用吸食可卡因的烟斗烫伤一位女性），1997年又经历了中风。最终，他在位于加州的家中因心脏和肺部疾病去世。验尸官在他体内发现了九种药物——包括可卡因（"特别有劲的毒品，"James曾经说过）——的痕迹。Stevie Wonder、Jermaine Jackson等名人参加了他的葬礼。

"你认为我是谁并不重要，我是Rick James，婊子！"他曾说过这话。美国喜剧演员Dave Chappelle让这句话家喻户晓。

上图 这位朋克放克歌手在演出中。

幕后故事

JOHN PEEL

(JOHN ROBERT PARKER RAVENSCROFT)
心脏病突发

生于：1939年8月30日

卒于：2004年10月25日

从嬉皮小王子到特立独行的朋克拥趸，DJ John Peel——原名John Robert Parker Ravenscroft——沾绝妙四人组的光扬名立万。他1960年来到美国，因为口音会让美国人想起The Beatles，因此他在达拉斯电台KLIF找到了一份工作。

回到欧洲之后，他加入伦敦电台（Radio London），随后又跳槽到BBC的第一电台（Radio One）。他在那里制作的节目是对诗歌和前卫摇滚的迷人结合，支持Pink Floyd和Tyrannosaurus Rex这样的乐队。"Peel录音"（Peel Sessions）是他在第一电台主持的广播节目的衍生物，是志向高远的另类乐队事业起飞的跳板。The Fall是纪录保持者，共参加了二十四次录音。

1976年，厌倦了他参与制造的潮流，Peel爱上了朋克，不顾听众的大声抗议播放Ramones的作品。此后的几十年中，Peel一如既往地在广播上播放Bhundu Boys、Napalm Death等被忽略的乐队的作品。他不断追求新声音，曾经因为歌迷喜爱的歌曲太过保守放弃了传统的年末"节日50"（The Festive 50）榜单。

2004年，Peel在秘鲁度假时因心脏病发作去世。Jarvis Cocker、Feargal Sharkey等人参加了他在萨福克（Suffolk）圣埃德蒙兹伯里大教堂（St. Edmundsbury Cathedral）举行的葬礼。人们遵循了他反复提出的要求，在葬礼上，The Undertones的作品"Teenage Kicks"响彻了这座有着五百年历史的教堂。

"如果我明天突然死去，"他曾经说过，"我没有什么可抱怨的——不过就是听不到The Fall明年推出的专辑了。"

上图 70年代的John Peel，这位另类音乐的拥护者当时支持的是前卫摇滚。

OL' DIRTY BASTARD
(RUSSELL TYRONE JONES)
药物过量

生于：1968年11月15日

卒于：2004年11月13日

"他是我最喜欢的说唱歌手之一，" Kanye West说道，"我愿意切断手指换取他的声音。"

在布鲁克林"动物园"（Brooklyn Zoo）【译注：此处是比喻布鲁克林地区的混乱状况】长大的Russell Jones（这段成长经历为他后来的同名歌曲提供了素材）90年代初与表兄弟Robert "RZA" Diggs和Gary "GZA" Grice组建了Wu-Tang Clan。他的艺名来自电影《疯狂功夫》（Mad Mad Kung Fu）。

Dirty凭借对"Somewhere Over The Rainbow"的演绎征服了唱片公司的高管，然而后来更为著名的是他狂野的咆哮。金牙和恐惧让他卡通化的心理形象更为丰满，1995年的《Return To The 36 Chambers》对此有所反映。他客串参与录制Mariah Carey作品"Fantasy"的举动有些匪夷所思，但两位歌手就此结下了深厚的友谊。

成功并没有让他远离麻烦。1993年，他因袭击被定罪；1994年，他腹部中枪。1997年《Wu-Tang Forever》推出之后，大部分媒体都忽略了作品本身，重点关注精神错乱的Dirty：《独立报》（The Independent）的记者发现他"穿着一件沾满番茄酱和百利甜酒（Bailey's）的背心，再套一件范思哲（Versace）衬衫，在大厅里走来走去，随着只有他自己能听得见的曲调，开心地念着：'Pussy，Pussy，Pussy！'【译注：Pussy有指女性阴部的意思。】"他声称"一造好宇宙飞船……"就离开地球，"我现在正在学习电磁频率"。

作为十三个孩子的父亲，1997年Dirty因拖欠赡养费被捕。1998年，他因Wu-Tang没有获奖大闹格莱美颁奖典礼。推出热门歌曲"Ghetto Superstar"时，他改名Big Baby Jesus。"我知道你们都很紧张，"他对合作伙伴说，"因为你们以前从来没有听过上帝的声音。"Unique Ason、Dirt McGirt和Osirus都是Dirty曾经使用过的名字。他宣称："我只是想把它从一个地方移到另外一个地方，就像在电脑上那样。"

尽管1999年凭借《Nigga Please》和"Got Your Money"收获多首热门歌曲，但还是多次被捕这个原因让他能屡次登上新闻头条，因对Des'ree演唱会造成安全威胁而被捕是其中较为著名的事件。2000年，Dirty逃出戒毒所，整整一个月行踪不明。他作为Wu-Tang的成员在纽约表演，后来在费城一个聚集了大批讨要签名歌迷的停车站被抓获。

2001年，他因非法持有可卡因被捕——"我被关在一个不安全的地方，政府想杀死我。"

2003年被释放之后，他签约Roc-A-Fella（摇滚伙计唱片），厂牌老板Damon Dash安排他在电影《国有财产2》（State Property 2）中饰演一位挖鼻孔的厨师。"我希望我没有滥用毒品，" Dirty说道，"这是我一生最大的错误……很多混球都是这么死的。" 2004年11月，他在曼哈顿的录音棚抱怨胸痛。不久，他因摄入过量可卡因和止痛药去世。

Mariah Carey和Kurtis Blow参加了他在布鲁克林举行的葬礼。"对于外界来说，他是Ol' Dirty Bastard，但对于我来说，他是Rusty，"他的母亲说道，"世界上最善良最慷慨的灵魂。"葬礼之后，他的遗体被火化。

十四个月之后，Wu-Tang再度踏上巡演的征途。"他活在我们的心中，" GZA说道，"活在歌迷们的心中。"

左图 1993年6月1日，Ol' Dirty Bastard和Wu-Tang Clan在纽约演出。

DIMEBAG DARRELL
(DARRELL LANCE ABBOTT)
在舞台上演出时被枪杀

生于：1966年8月20日

卒于：2004年12月8日

"如果你渴望成功，想在这个圈子里赚大钱，那就赶紧收手吧……" Dimebag Darrell接受《吉他世界》杂志（Guitar World）采访时说道（这是他人生中最后一次接受采访），"但如果你是因为热爱音乐才想从事这项工作的话，那就去努力吧。"

Dime——也就是"Diamond"——生于德克萨斯州达拉斯，因Kiss爱上硬摇滚（他将Kiss吉他手Ace Frehley的头像纹在胸前）。1981年，他和哥哥Vinnie Paul组建了Pantera，随着主唱Phil Anselmo的加入，乐队逐渐演化为劲爆的金属摇滚大师。然而，推出白金专辑《Cowboys From Hell》（1990）、《Vulgar Display of Power》（1992）和公告牌排行榜冠军《Far Beyond Driven》（1994）之后，乐队于2003年愤然解散。Dime和Vinnie组建了Damageplan，并于2004年推出《New Found Power》。

2004年12月8日——John Lennon的忌日——Damageplan在俄亥俄州哥伦布市的阿尔罗莎山庄俱乐部（Alrosa Villa club）演出。有精神疾病史的二十五岁青年Nathan Gale在乐队开始演唱第一首歌"Breathing New Life"时翻越栅栏进入了俱乐部。他登上舞台，掏出手枪，射中Dime的头部，并向试图阻止他的人开枪。中枪身亡的还有一位巡演器材管理员、一名保安和一位歌迷。最终一位哥伦布市警察在Gale把枪对准乐队技术员的头部时将其击毙。

Gale的作案动机不明：他被Pantera的解散或Dime和Phil Anselmo之间的矛盾激怒的理论被证明没有根据。"Dime应该酗酒而死，"Black Sabbath的成员Geezer Butler愤怒地说道，"而不是被一个想要重现John Lennon谋杀的一钱不值的混账开枪杀死。"

成千上万人参加了在德克萨斯州阿灵顿（Arlington）举行的追悼会。Dime被葬在阿灵顿的摩尔纪念花园（Moore Memorial Gardens）。

其他金属音乐人纷纷向他致敬，然而保守网站Iconoclast刊登了一篇名为《仇恨美学：Dimebag Abbott之死大快人心》（Aesthetics of Hate: R.I.P. Dimebag Abbott, And Good Riddance）的文章。"文章的大意是Dime没有才华，自作自受，" Machine Head成员Rob Flynn愤怒地说，为此他特地创作了歌曲"Aesthetics Of Hate"予以回应，"对一位音乐人有看法很正常……但它把整个金属乐坛都扯了进去，说我们为Dime的离开而哀痛是可悲的行为……看得我真想给电脑屏幕一拳。"

"六弦杰作：Darrell Abbott纪念艺术展"（Six-String Masterpieces: The Darrell Abbott Art Tribute）——其中有Marilyn Manson、Moby、Kelly Clarkson、Slayer成员Kerry King等人手绘的吉他——在奥兹音乐节（Ozzfest）和美国其他音乐节上开展。2007年5月，一座铜质的Dime半身像在好莱坞的摇滚大道（RockWalk）揭幕。Pantera的其余成员、Jane's Addiction和Alice In Chains参加了随后举行的纪念演出。

"他总是努力让美国人都开心，" Ozzy Osbourne的吉他手、Dime的朋友Zakk Wylde说道，"他坐在上帝的小酒吧前，和Randy Rhoads、Hendrix一起喝啤酒。"

右图 2004年4月1日为宣传专辑《MTV2 Headbangers Ball Tour》，Darrell在纽约罗斯兰舞厅（Roseland Ballroom）参加巡演演出。

SYD BARRETT
(ROGER KEITH BARRETT)
胰腺癌

生于：1946年1月6日

卒于：2006年7月7日

"他极具远见，" Roger Waters说道，"是他为我打开了摇滚的大门。"

Roger Keith Barrett——昵称Syd，这个名字来自他家乡剑桥的一位鼓手——学习的美术专业，然而，The Beatles和The Rolling Stones的音乐让他着迷。"在技术学校的时候我连续一年每天午休时间都教他弹Stones的重复乐段，"David Gilmour说道。1965年，Barrett在伦敦与Waters——另一位剑桥老乡——一同创建了The Pink Floyd Sound（即后来的Pink Floyd）。

Barrett的作品数量很少，和他的重要性不成正比。Pink Floyd的热门歌曲"Arnold Layne"、"See Emily Play"和《The Piper At The Gates Of Dawn》（1967）基本都是他的作品。

另外，他的作品还包括《A Saucerful Of Secrets》（1968）中的几首令人难忘的作品，1970年的刺耳独唱专辑《The Madcap Laughs》和《Barrett》，以及没有被任何唱片收录的零散作品和在电台节目上录制的一些歌曲。

然而，David Bowie（"他对我的思维方式影响很大"）、Blur（乐队作品"Far Out"是对Barrett歌曲"Astronomy Domine"的致敬）和The Mars Volta（曾演唱过"Interstellar Overdrive"）等人都受到了他的影响。Pink Floyd——1968年他被迫离开乐队，迷幻药让他越来越不靠谱——多年都未能摆脱他的阴影并为此十分愤慨。"一开始所有的歌都是他写的，非常出色，"顶替Barrett加入乐队的Gilmour告诉《新音乐速递》（NME），"但我不认为乐队的音乐全都来自Syd……Syd最擅长短歌曲。"

然而Barrett在Pink Floyd作品"Brain Damage"（《Dark Side Of The Moon》，1973）、"Nobody Home"（《The Wall》，1979）及"Poles Apart"（《The Division Bell》，1994）中被提及，也是1975年《Wish You Were Here》所收录歌曲"Shine On You Crazy Diamond"的主题——在这首歌曲的混音过程中他出人意料地出现在了艾比路（Abbey Road）的录音棚。Jerry Shirley——乐队的朋友，曾在1970年为Barrett打鼓回忆道："那个长得像超重版Hare Krishna的家伙……我问过他最近在干什么。'哦，你知道的，我没什么事……起床、吃饭、散步，睡觉。'"据报道，Barrett对"Shine On"的评价是："听起来有点过时。"

"Syd父亲的去世对他影响很大，" Gilmour解释道，"他的母亲对他又十分溺爱——把他当作天才培养。"他脆弱的心灵无法承受出名带来的压力，身体也因为毒品而饱受摧残，后来他一直住在伦敦和剑桥——闭口不谈自己的过去。然而，2005年Pink Floyd在"现场8"（Live8）演出上重聚时，Waters提到了Barrett的名字。2007年5月，他和Gilmour带领的Pink Floyd参加了在伦敦举办的一场纪念演出。

Barrett的死因一开始被判定为糖尿病综合症，然而他其实是因为胰腺癌在剑桥的一家医院死亡。"他的一生多在平凡和乏味中度过，"他的姐妹告诉《星期日泰晤士报》（The Sunday Times）。她形容他是一位"无可救药的杂务工"。她说："Roger工作的时候喜欢听爵士磁带。Thelonious Monk、Django Reinhardt、Charlie Parker和Miles Davis都是他的最爱……除此之外，他还听早期的The Rolling Stones作品，他老早就对流行音乐失去了兴趣。"

右图 迷幻1967年——Pink Floyd全胜时期——的吟游音乐人。

ARTHUR LEE
(ARTHUR TAYLOR PORTER)

急性骨髓性白血病

生于：1945年3月7日

卒于：2006年8月3日

Love是洛杉矶最优秀的乐队之一，他们的歌曲集合了流行副歌、野蛮的吉他、娴熟的编曲和迷人的歌词。主唱Arthur Lee是他们的驱动力，他曾经——大胆又准确地——说过："Jimi Hendrix不是第一位迷幻黑人吉他手兼创作人，我才是。"

1966年Love同名专辑中的车库民歌（garage-folk）风格很大程度上借鉴了The Byrds，不过他们对Bacharach and David作品"My Little Red Book"（公告牌排行榜第五十二名）技艺娴熟、略显凶恶的翻唱显示出了新的发展方向。Lee是一位才华横溢、创作力旺盛的英俊小生，他制作朗朗上口、极具感染力的迷幻流行作品——如"Stephanie Knows Who"——和准朋克音乐，如第二张专辑《Da Capo》（1967）收录的"Seven And Seven Is"。

与同样来自洛杉矶的The Doors和The Mothers Of Invention一样，Lee领衔的Love从未全情投入过1967年的"爱之夏"（Summer of Love）。此前一年从乐队租住的房屋——"城堡"（The Castle），一座位于好莱坞山的大宅，曾属于Bela Lugosi——几乎可以直接看到日落大道（Sunset Strip）上发生的暴动。同时，越南战争愈演愈烈。《Forever Changes》（1967）是Lee的回应，这张经久不衰的专辑是他对时代问题黑暗的——富含黑色幽默的——评论，还集合了朗朗上口的旋律和精心构建的编排。《Today》是摇滚乐坛的里程碑，然而这张专辑在美国一败涂地之后，乐队解散。

此后的几年中，Lee带领新Love推出三张专辑（1969年的《Four Sail》和《Out Here》，1970的《False Start》）之后单飞发展，最终失去了创造力。Lee一直没能在商业上取得突破，他常常拒绝大范围巡演是原因之一；他对毒品的依赖（"1972、1973年之前，只要有机会我就每天吃迷幻药。"）更是让情况雪上加霜。Love的厂牌Elektra（厄勒克特拉唱片）的老板后来回忆道："他才华横溢……但也性格孤僻，不愿采取必要的行动向大众推广他的音乐。"

在Shack、The High Lamas和Baby Lemonade等年轻乐队的支持下，90年代Lee重返现场演出，演唱Love的歌曲。然而，他不靠谱的行为再度影响了他的事业。1996年末，他因非法拥有枪支并开枪射击被判十二年徒刑（这已经是他第三次因相同的罪行被指控，因此在判刑时被从严处理）。他于六年之后重获自由，与Baby Lemonade的几位成员一同巡演，宣传《Forever Changes》，让这张专辑广受好评。

2006年4月，Lee患有急性骨髓性白血病的消息传出。随后，他举行了多场公益演唱会筹措医药费，接受了高强度的化疗和脐带干细胞骨髓移植（他是田纳西州第一个接受这项先进治疗的人）。然而，各种疗法都没有起效：2006年8月，Arthur Lee在田纳西州孟菲斯的卫理公会大学医院（Methodist University Hospital）去世。

他一生任性，却也十分睿智。说到他拒绝带领Love参加1967年的蒙特利流行音乐节（Monterey Pop Festival）的事件时，他曾说过："他们说：'想想你能得到多少曝光率。'在那里演出的人——Jimi Hendrix、Janis Joplin、Otis Redding、Al Wilson、Brian Jones、Mama Cass——全都死了。拜托，我不需要这种曝光率。"

左图 1970年，Arthur Lee在舞台上全神贯注地演出。

JAMES BROWN
(JAMES JOSEPH BROWN)
心力衰竭

生于：1933年5月3日

卒于：2006年12月25日

"有史以来最激动人心的R&B男歌手，"Aretha Franklin说道，"如果你没有灵魂，他可以给你一些。"

灵魂老大哥、活力先生、演艺界最勤奋的人、新超级重放克部长……从Stones（Mick Jagger说过"他是一股充满活力又精准无比的飓风"）到Public Enemy（对James Brown的采样是他们事业的基石），从Zeppelin（1973年的串烧歌"The Crunge"）到Sinead O'Connor（采样"Funky Drummer"的几百名音乐人之一）：James Brown的影响十分广泛。

Brown在佐治亚州奥古斯塔（Augusta）长大，成长的环境中充斥着卖淫和赌博。他曾是一位颇有前途的拳击手和棒球运动员，但十六岁到十九岁间因盗窃车辆入狱。在一场以普通人为对手的棒球比赛

> "要做大明星，"他承认，"就要在需要付出代价的时候付出代价。"

中，他认识了歌手Bobby Byrd，并在缓刑期间与他开始合作。Brown夺走了Byrd的乐队，Famous Flames就此诞生——他们的劲爆风格混合了福音、爵士和摇摆乐（jive）。乐队曾在Little Richard演唱会上担任伴音乐队，后来Little Richard也成为了他的歌迷。"我们为他暖场，"Brown回忆道，"他不能相信自己的耳朵。他回去之后向经纪人提起了我们，所以可以说是他发掘了我们。"

"Please, Please, Please"（1956）是他第一首打进美国R&B榜单前十名的歌曲，后来他共有五十首歌曲取得了这样的成绩。"Night Train"节奏较快，Brown和他的乐队因对这首歌曲和他们其他作品的表演而声名鹊起。"他的动作令我着迷，"Michael Jackson说道，"James Brown让我知道，我这一生就是希望能像他那样表演。"

一向擅长现场演出的Famous Flames因现场专辑《Live At The Apollo》（1962）收获了主流成功。King Records（国王唱片）的老板Syd Nathan——认为"Please, Please, Please""一无是处"——对推出现场唱片没有信心，要求Brown自掏腰包录制这张专辑。最终，这张专辑成为了公告牌排行榜亚军，并在排行榜上停留了一年。"他没有刻意适应歌迷的口味，"Jesse Jackson牧师说道，"白人听众适应了他的风格。"

Brown和他的乐队通过后来的热门歌曲拓展了R&B的疆域，创造了放克风格。1965年顽皮的"Papa's Got A Brand New Bag"是这一系列热门歌曲的开始，他们在1967年的"Cold Sweat"中袒露内心，毫无保留。从R&B在舞池中的号召力到电子音乐极具机械感的节奏，这张专辑对乐坛的影响绵延至今。

Brown利用他的知名度大力支持争取种族平等的斗争。"他演唱'I'm Black And I'm Proud'所体现出的反抗精神成为了我们文化的一部分。"Jesse Jackson这样说道。

70年代，随着贝斯的加入，乐队的革新还在继续——这还要感谢天才少年Bootsy Collins。"Brown先生是节奏教父，他住在动感的国度，"Bootsy这位深受James Brown影响的歌手后来也对George Clinton产生了重要的影响，"和其他无数艺术家一样，我不过是他的音乐之子，没什么特别的。"其他受到他影响的音乐人包括Aerosmith（翻唱过1969年的"Mother Popcorn［You Got To Have A Mother For Me］"）和所有听过1970年的"Get Up（I Feel Like Being A）Sex

右图 1964年，James Brown在纽约阿波罗剧院演出（Johnny Terry、Bobby Byrd、Bobby Bennett组成的Famous Flames在他左侧）。

Machine"的人。

与Sly Stone和Curtis Mayfield一样，Brown用放克表达70年代美国黑人的活力和愤怒。"Get Up, Get Into It, Get Involved"、"Soul Power"、"King Heroin"、"Talking Loud And Saying Nothing"和"Funky President（People It's Bad）"等热门歌曲和1973年的《Black Caesar》、1974年的《The Payback》等作品为嘻哈音乐的出现奠基。"他不仅是灵魂教父，"Ice Cube说道，"还是放克和说唱的教父。"不过，他的地位在70年代中期开始动摇。在迪斯科时代无所适从的他染上了自己一向反对的毒品，穷追不舍的税务官员也让他不胜其扰，1976年的"Get Up Offa That Thing"是他近十年唯一一首打进排行榜前十名的热门歌曲。

他的现场演出依然极具吸引力，因错过提示和没有擦净的皮鞋解雇乐队成员的行为也臭名昭著。1985年，他凭借"Living In America"重回榜单前十，还凭借1986年常被采样的"In The Jungle Groove"搭上了初生嘻哈潮流的顺风车。

不幸的事，毒品引起的与警方的冲突和家庭纠葛变得与他的音乐一样著名，也让他再度身陷囹圄。"要做大明星，"他承认，"就要在需要付出代价的时候付出代价。"此类活动和不停的巡演危害了他的健康。"他厌恶医生，"Brown承认自己患有糖尿病之后，他的经纪人这样说道。2002年他出演短片《击败魔鬼》（Beat The Devil），在其中与魔鬼（Gary Oldman）交易，希望能战胜衰老。

然而，Brown拒绝退休。"那我做什么好呢？"他在接受癌症治疗之后问道，"我助人为乐的名声在外。我是乐坛的摩西。"然而，他于2005年因肺炎住院，最终于12月25日因充血性心力衰竭去世。"这个圣诞节我们会牵挂James Brown的家人和朋友，"Bush总统说道，"并为他们祈祷。"Brown享年七十三岁。

Brown的遗体从他位于佐治亚州的家出发，由一辆马车送往哈林区的阿波罗剧院（Apollo Theater）——1962年他演唱会大获成功的地方——灵车由活动家Al Sharpton驾驶。和其他在奥古斯塔举办的仪式一样，成千上万的人前来吊唁。在James Brown体育馆（James Brown Arena），Michael Jackson像向他致敬："没有言语可以表达我对Brown先生的爱和敬意。他是前无古人后无来者的音乐人。"然而家庭纠纷导致他的遗体整整几个月无法下葬，一直被盛放在金色的棺材之中，最终他被葬在南卡罗来纳州。

"我希望人们记忆中的我，"1998年他告诉《滚石》杂志（Rolling Stone），"充满对人类的热爱，现在看来以前我做的一些事情极为荒唐。我有些担心……人都会犯错，我也一样。"

"他是一位伟大的艺术家，"Aretha Franklin说道，"和Rembrandt（伦勃朗）或者Picasso（毕加索）一样，他是人类社会难得一见的无价之宝。"

上图 2006年12月28日，纽约阿波罗剧院举行的公开追悼会上的James Brown的遗体。

左图 2004年6月19日，James Brown在伦敦海德公园（Hyde Park）的舞台上演出，担任Red Hot Chili Peppers的伴唱歌手。八万五千多名粉丝欣赏了这场演出。

让我们着眼死亡明亮的那一面，来结束这一切……

坟墓的恶臭在流行榜单上似乎没有立足之地，然而，我们找到了五十首一反常态、表现极佳的死亡赞歌——包括一系列流行经典。接下来，我们赞颂摇滚乐坛那些在死神挥刀之时逃过一劫的幸运儿，以及那些尚在人世却"已经死过"的摇滚明星。最后，我们本着对公众健康警示的愿望，对乐队不同成员所承担的职业风险做出评价，谨供心怀摇滚梦想的人们参考。谨慎选择的话，你还是能活着录制第二张专辑的。

50大死亡金曲

1 "St. James Infirmary Blues" Louis Armstrong (1928)
这首多次被翻唱的歌曲最出色的版本。歌曲讲述的是一个男人去停尸房与已故女友相见的故事。

2 "Gloomy Sunday" Billie Holiday (1941)
一首令人难以忘怀的歌曲，据说引起了无数自杀事件。不信你去问问1982年翻唱过这首歌曲的Billy MacKenzie（于1997年自杀身亡）。哦，等等……

3 "Long Black Veil" Lefty Frizzell (1956)
歌曲以已故情人的口吻，描述了他与好友妻子的外遇。主题：通奸有害。

4 "Stagger Lee" Lloyd Price (1959)
美国传奇人物在牌桌上射杀了无辜的Billy。在Nick Cave 1996年翻唱的版本中，死亡人数明显上升。

5 "Tell Laura I Love Her" Ray Peterson (1960)
他是会赢得改装车比赛然后买戒指献给爱人，还是命丧赛场？你怎么看？

6 "Johnny Remember Me" John Leyton (1961)
他在风声树声中听到去世爱人的爱意。这首歌由才华横溢但十分疯狂的Joe Meek制作。

7 "Dead Man's Curve" Jan and Dean (1964)
鲁莽的少年赛车手在臭名昭著的盲点冲出道路。

8 "Terry" Twinkle (1964)
出轨的女孩为男友的摩托车事故自责。英国的"Leader Of The Pack"。说起这首歌……

9 "Leader Of The Pack" The Shangri-Las (1965)
甜美的女孩告诉骑摩托的男孩一切都结束了。他疾驰而去，轮胎在尖叫："小心！小心！小心！"戏剧性十足的优秀歌曲。

10 "I Want My Baby Back" Jimmy Cross (1965)
少年的女友在车祸中去世。后来两人再度团圆——他挖出了她的尸体……

11 "Hey Joe" Jimi Hendrix (1966)
常被翻唱的谋杀民谣（murder ballad），不过Hendrix翻唱的版本最权威，也为他取得了突破。歌曲讲述了男人射杀不忠的情人，为逃避绞刑远走墨西哥的故事。

12 "Ode To Billy Joe" Bobbie Gentry (1967)
女主人公的男友跳桥自杀，原因不明。（歌曲的灵感来自一部电影。）

13 "The End" The Doors (1967)
《Apocalypse Now》收录了这首有关谋杀父亲、侵犯母亲的歌曲。死神是演职人员之一。

14 "Honey" Bobby Goldsboro (1968)
女孩从车祸中幸存，随后不幸被天使绑架。

15 "Midnight Rambler" The Rolling Stones (1969)
波士顿杀人狂（Boston Strangler）：淘气男孩。

16 "The Seventh Seal" Scott Walker (1969)
被死神打败的骑士。灵感来自1957年的同名电影。

17 "Suicide Is Painless/Theme From M*A*S*H" Johnny Mandel (1970)
对自焚毫无感情色彩的怪异描写。

18 "Lady D'Arbanville" Cat Stevens (1970)
她睡着了吗？事实并非如此。一首歌颂时日无多的情人的忧伤歌曲。

19 "Ben" Michael Jackson (1972)
对宠物老鼠的温柔怀念。与之类似的歌曲：Elvis Presley的"Old Shep"。

20 "I Love The Dead" Alice Cooper (1973)
歌唱已经变蓝的尸体，温柔又忧伤。Cannibal Corpse也有类似的作品。

21 "The Great Gig In The Sky" Pink Floyd (1973)
这首歌原名"The Mortality Sequence"，歌手Clare Torry以三十英镑（时值六十美元）为报酬为歌曲献上了她的颤音。

22 "Psycho" Jack Kittel (1974)
疯狂的杀手杀死了她的前妻、他的情人、小狗和一个小女孩。创作人Leon Payne完成这首歌之后自杀。

23 "Rock 'N' Roll Heaven" The Righteous Brothers (1974)

"如果有摇滚天堂，那里一定有一支顶级乐队。"这是向Jimi Hendrix、Janis Joplin和Jim Morrison这三位一生绚烂、英年早逝的音乐人致敬的歌曲。

24 "Seasons In The Sun" Terry Jacks (1974)

在Jacques Brel "Le Moribund"（意为"临终之人"）的基础上改编创作的作品，主要内容是一个临终之人对亲人朋友的告别。

25 "Emma" Hot Chocolate (1974)

一首来自70年代流行明星的典型的自杀歌曲。下台之前，演员梦破灭的女孩宣称"我无法再靠梦想过活"。

26 "Detroit Rock City" Kiss (1976)

一位歌迷在前往演唱会的路上去世的事件启发乐队创作出这首深受喜爱的歌曲，歌曲中有车祸音效和弗拉明戈吉他独奏。

27 "(Don't Fear) The Reaper" Blue Öyster Cult (1976)

留长发蓄胡须爱揶揄的摇滚歌手在这首经久不衰的死亡赞歌中走Byrds路线。

28 "Hello, This Is Joanie (The Telephone Answering Machine Song)" Paul Evans (1978)

女友在车祸中去世。怎样才能再次听到她的声音呢？简单：打她的电话就可以听到答录机里的声音了……

29 "Suicide Solution" Ozzy Osbourne (1980)

酒精构成的暗示，灵感来自AC/DC的Bon Scott和Ozzy本人。曾在美国问题少年的父母提起的诉讼中被提及，最终他们没有打赢这场官司。

30 "One Hundred Years" The Cure (1982)

Robert Smith的宣言概要："即便我们都死了也没有关系。"

31 "Hallowed Be Thy Name" Iron Maiden (1982)

来自死囚的明信片。

32 "Angel Of Death" Slayer (1986)

以疯狂的纳粹党成员Josef Mengele为主题的歌曲，争议不可避免。歌曲被电影《小精灵2》（Gremlins 2）用作配乐。

33 "Sometimes It Snows In April" Prince (1986)

三观不正的电影（《樱桃月下》[Under The Cherry Moon]）有出色的配乐（《Parade》）和精彩的结尾曲（这首歌）。

34 "One Tree Hill" U2 (1987)

为在摩托车事故中去世的Bono助手Greg Carroll创作的歌曲。歌名来自Carroll的故乡新西兰的一座火山岛。

35 "The Mercy Seat" Nick Cave And The Bad Seeds (1988)

坐电椅之前的临终遗言；尚且健在但死期将至。

36 "Dead Homiez" Ice Cube (1990)

Cube显露其严厉说教的一面。四年之后他录制了"Natural Born Killaz"。

37 "Then She Did" Jane's Addiction (1990)
为Dave Navarro和Perry Farrell去世的母亲创作的感人安魂曲。

38 "Cop Killer" Body Count (1992)
"如果你相信我是警察杀手，" Ice-T抱怨道，"你就相信David Bowie是宇航员。"

39 "Try Not To Breathe" R.E.M. (1992)
《Automatic For The People》中的大部分内容都与死亡有关，除了有关蛇的那首歌。

40 "Murder Was The Case" Snoop Dogg (1993)
有暴力倾向的说唱歌手将灵魂卖给撒旦，缓解死亡的痛苦。

41 "Disarm" Smashing Pumpkins (1993)
"现实中我从来没有杀死我父母的勇气，" Billy Corgan说道，"因此我写了描述这件事情的歌曲。"

42 "I'll Be Missing You" Puff Daddy (1997)
泰斗级人物向Notorious BIG致敬，采样了Police的作品。

43 "Exit Music (For A Film)" Radiohead (1997)
为Baz Luhrmann的《罗密欧与朱丽叶》（Romeo + Juliet）创作的歌曲。"我们祝愿你窒息而死"的歌词点缀了整体气氛欢快的专辑《OK Computer》。

44 "Mer Girl" Madonna (1998)
Madonna歌颂去世母亲最惊悚的歌曲。

45 "Climbing To The Moon" Eels (1998)
有史以来最棒的死亡专辑《Electro-Shock Blues》中令人心碎的亮点歌曲。

46 "Stan" Eminem (2000)
疯狂歌迷去世。对Dido作品的采样让她和Eminem一样著名。

47 "The Nobodies" Marilyn Manson (2000)
Manson对1999年哥伦拜恩高中（Columbine High School）发生的校园枪击惨案痛苦的回应，常有人愚蠢地指责他为此事负责。

48 "Jenny Was A Friend Of Mine" The Killers (2004)
妒火中烧的男孩杀死了女友；"Midnight Show"和没有发行的"Leave The Bourbon On The Shelf"继续了这个故事。

49 "The Cool" Lupe Fiasco (2006)
去世的黑帮成员爬出坟墓，又被杀死他的凶手抢劫。

50 "Welcome To The Black Parade" My Chemical Romance (2006)
以癌症病人为主题的最优秀歌曲，英国榜冠军。

20位戏弄死神的音乐人

Tupac和猫王Elvis证明死亡并不一定会造成人气下滑。然而有些人的灵魂刚刚出窍就在天国之门被圣彼得拒之门外，而有些人的死，用马克·吐温的话来说，则是"被夸大"了。我们为您呈现摇滚乐坛最惊险的逃脱——和最浩大的骗局……

1 JAN BERRY

1966年，冲浪音乐二人组Jan and Dean的成员Berry驾驶他的雪佛兰克尔维特（Corvette）在洛杉矶与一辆卡车相撞并险些因此丧命，此前乐队推出过一首名为"Dead Man's Curve"的歌曲（在Berry的坚持下，这首歌以一起致命车祸结尾）。尽管脑损伤影响了他的嗓音，70年代初他再度出山，与Dean一同演出。最终他于2004年去世。

2 JERRY LEE LEWIS

Jerry Lee Lewis被称为"杀手"（The Killer），然而1981年多年嗑药酗酒引起的胃撕裂（完全可以理解）差点让他成为"被害人"。他住院治疗逃过一劫，成为了Sun（太阳唱片）最后一位在世明星（他的最新专辑的名字《Last Man Standing》也反映了这一事实）。他的贝斯手Butch Owens的故事也值得一提：1976年，在Lewis四十一岁生日的庆祝活动上，歌手意外开枪射中了这位贝斯手。然而，Jerry Leeb并没有杀死Owens，因此并不是真正的杀手。

3 JAMES MORRISON

就连彬彬有礼的创作人James Morrison都曾直面死亡的空虚。1984年，刚出生的Morrison因百日咳备受折磨，当他停止呼吸时，医生建议他的母亲停用生命支持系统。"严格来说，"他回忆道，"我死过四次。"

6 KURT COBAIN

1994年3月，这位Nirvana主唱在罗马因自杀未遂陷入昏迷，然而当时CNN报道他已经去世。尽管这极具预见性，摇滚明星的死亡故事——用马克·吐温的话来说——"被夸大了"。

4 COREY TAYLOR

Slipknot的主唱身上果然有更有意思的故事。1989年，十五岁的Corey Taylor在爱荷华州的一个拖车公园，用他自己的话说，当时的他"喜欢飙车和可卡因。我记得有天早晨醒来发现自己睡在垃圾筒里。因为我对那几天发生了什么毫无印象，我只能猜想到底发生了什么，我觉得我可能在一个派对上吸毒过量。然后，我的朋友们以为我已经死了，因此不但没有送我去医院，还把我丢进了垃圾筒。"

7 ALICE COOPER

70年代早期的一期《旋律制造者》（Melody Maker）以讣告的形式发表了一篇评论，随后Alice Cooper不得不安抚歌迷"我没有死，只是和以往一样烂醉如泥"。

5 DAVE GAHAN

1993年，Depeche Mode举办了一场据说极端不健康的巡演，那时乐队成员Dave Gahan刚刚开始吸食海洛因。1995年，因毒品神志不清的他割开了自己的手臂。1996年5月，在加州的日落侯爵酒店（Sunset Marquis hotel），他用注射器将满满一管"直通天堂仙药"（可卡因、海洛因和吗啡的混合物）注射进体内，并因此心脏停跳两分钟。经医务人员抢救拣回一条命之后，他很快因持有可卡因和吸食海洛因被捕。

8 TERRY JACKS

在单曲"Seasons In The Sun"（见246页）发行之前，Terry Jacks的厂牌的宣传部门体贴地散播了歌手因癌症时日无多的流言。不过，如此"喜庆"的主题并没有阻止这首歌曲在大洋两岸成为榜单冠军。讽刺的是，四年之后，这首歌的作曲人——Jacques Brel——于1978年因癌症去世。

9 IAN DURY

1998年在伦敦XFM电台做DJ时，Bob Geldof宣称有人来电通知他Ian Dury的死讯。Geldof播放了歌曲"Reasons To Be Cheerful"。（Bob，你真是太会选歌了！）问题是，Dury两年之后才真正去世。可能有电台的听众不满XFM被首都电台（Capital Radio）收购——这意味着电台日后播放的歌曲会更加主流——因此决定和Geldof开一个国际玩笑。这一事件让Geldof被《新音乐速递》杂志（NME）称为"世界上最糟糕的DJ"，Dury本人倒是认为这一事件颇具娱乐性。

10 DAVE SWARBRICK

1999年，Fairport Convention成员、民歌歌手Dave Swarbrick因胸部感染住院，随后就在《每日电讯报》（Daily Telegraph）上读到了自己的讣告。"我在考文垂已经死过不止一次了，"他打趣说道。

11 EMINEM

2000年12月，Eminem有没有因酒精和毒品神志不清，在去参加派对的路上遭遇车祸去世？答案显然是"没有"，但是冒牌的CNN和MTV网站依然发表了此类报道。还有很多美国在线（AOL）用户收到了标题为"说唱歌手Eminem在车祸中死亡"的电子邮件。不过，1997年这位臭名昭著的说唱歌手确实服用过大量安眠药尝试自杀，当时他与合作伙伴Kim分道扬镳，还被禁止探望自己的女儿Hailie，心情极度焦虑。

12 BRITNEY SPEARS & JUSTIN TIMBERLAKE

2001年，两位达拉斯DJ认为他们可以通过播报Britney Spears和她当时的男友Justin Timberlake在车祸中遇难的消息制造"一点点轰动"。由于两人显然还在人世，这两位DJ很快丢了工作。同年晚些时候，有黑客把一篇有关Britney去世的文章贴在了CNN的网站上。

13 LOU REED

2001年确实盛产虚假死亡新闻。5月，美国媒体听信冒牌的路透社的电子邮件，不顾大量极具说服力的反面证据（比如Reed尚在人世的事实），报道Lou Reed服用过量止痛药去世。

14 SHARON OSBOURNE

2004年，ABC新闻网因技术失误发表了一篇Sharon Osbourne的讣告。

15 DAVE GROHL

2006年5月，Foo Fighters主唱Dave Grohl的朋友纷纷因Grohl突然去世致电他的妻子，寄托哀思。不用说，他们显然哀悼得太早了。次年，又有人在Grohl的维基百科页面上添加了他的死亡时间——2007年2月5日，真不知道Grohl本人发现时是什么样的心情。这一切让这位老当益壮的"摇滚乐坛最善良的人"相当意外。后来，他用哲学家的口吻感叹道："我终于也到达了引发网络谣言的境界了。"

16 MICHAEL JACKSON

主人公的名气越大，流言蜚语的内容自然也就越夸张。2005年，《洋葱报》（The Onion）在报道中恶搞："验尸官正式宣布Michael Jackson已经死亡。从我们掌握的信息来看，死亡时间大约是十八到二十年以前。"当时所有人都知道他们意在讽刺。2004年，一家伦敦网站报道Jackson服用"两打以上的安眠药"之后心脏病发作。这一次该网站没有赢得欣赏讽刺的粉丝。

17 PAUL McCARTNEY

有关Paul McCartney最著名的传闻是他1966年在车祸中去世，随后被长相相似的Billy Shears顶替。1969年死亡传言再度来袭，有人致电一位底特律电台DJ声称McCartney已经去世。《Abbey Road》的封面有大量与死亡有关的暗示。另外，在《Sgt. Pepper's Lonely Hearts Club Band》的封底上，McCartney是唯一背对镜头的The Beatles成员。

18 PARIS HILTON

2007年，"女继承人兼社交名媛兼色情明星兼歌手"Paris Hilton因违反缓刑规定被捕，脱下名牌服装，穿上监狱制服，锒铛入狱。这姑娘确实强悍，但也没有强悍到被人用刀刺伤。2007年6月，一个冒牌的CNN网站报道："四小时前被强行带离法庭的Paris Hilton身中数刀。"与此同时，一个模仿澳大利亚ABC电视网的网站误报Hilton自杀。

19 MARC ALMOND

前Soft Cell歌手Marc Almond 2004年10月在伦敦经历一场摩托车事故之后险些与我们永别。"我的头肿得像足球一样，"他于2005年1月回忆道，"我折断了所有的肋骨，一个肺发生了萎陷；一侧耳膜穿孔，还有肩部骨折。我的手臂失去知觉——糟糕的是我演出时常常用到手臂，那是我用来制造戏剧性的手臂。"值得一提的是，尽管严重的脑损伤给他留下了口吃的后遗症，但这位以行为夸张、音乐露骨著称的音乐人身体状况逐渐好转，并于2007年推出了一张新专辑。

20 BOB DYLAN

1997年5月，强大的Robert Zimmerman因"可能造成生命危险的"心包炎入院接受治疗。这位伟大的摇滚诗人开玩笑说："当时我真的以为我很快就要去见Elvis了。"其实，三十年前他就有与死神擦肩而过的经历。1966年7月，他驾驶凯旋500型摩托车（Triumph 500）时发生车祸摔断了脖子。事实上，当时Dylan以60年代中期发行的一系列惊艳歌曲改写摇滚标准，又举行了摇滚乐坛最伟大的巡演之一，身心俱疲，因此，遭遇车祸对他来说并完全是一件坏事——他不得不因此放慢节奏。

危险职业

在乐队承担什么样的任务是否会影响成员英年早逝的几率？以下是摇滚乐坛最危险的职业，危险指数由低到高。出人意料的是，做贝斯手似乎非常安全——他们中的大多数人醒着的大部分时间在吸食海量毒品（比如Nikki Sixx、Lemmy），但都能活到追忆当年吸毒岁月的年纪。然而，另外一些故事更具警示意义。如果你计划从事以下几项危险职业，买点额外的人身保险吧。

1 鼓手

被本书省略的众多鼓手（包括Karen Carpenter、Feeder的Jon Lee、Lush的Chris Acland、The Byrds成员Michael Clarke和金属老手Cozy Powell）的故事足以说明问题。然而，是一个人使得鼓手这个职业登上了榜单首位。Jeff Porcaro是Toto的创始成员之一，曾参与过Pink Floyd《The Wall》的录制。1992年，他在自家院子中喷洒农药，随后因过敏反应触发的心脏病去世。Spinal Tap的影响——乐队的鼓手因一场"怪异的园艺事故"去世——经久不衰。

2 歌手（男性）

从Darby Crash（曾是朋克先锋乐队The Germs的主唱，1980年在John Lennon被害前一天去世）到Falco（曾用摇滚演绎Amadeus，1998年被巴士撞死），似乎歌手拿起麦克风就会死于非命。Luther Vandross（2005年因中风去世）和Barry White（2003年因肾衰竭去世）则证明，强健的体魄似乎也无济于事。Aerosmith成员Steven Tyler可以从反面证明这条法则：毒瘾最严重的时期，他经常肤色发青、口吐鲜血，他最初是鼓手的事实让Tyler的幸存显得更加难得。

3 吉他手

名利双收！在《吉他世界》（The Guitar World）上刊登讣告！Dimebag Darrell（见232页）、Stevie Ray Vaughan（见120页）和Randy Rhoads（见91页）证明了吉他手不仅死得早还死得十分华丽。即便你像Manic Street Preachers成员Richey Edwards一样把车留在桥边随后消失，你也会被归为死亡而非失踪。要想逃过一劫必须得有Keith Richards般坚不可摧的体格（"我连续十年都是'最可能去世人物'榜单的冠军"）。

4 THE GRATEFUL DEAD的键盘手

Ronald "Pigpen" McKernan是这支大牌迷幻乐队的创始成员。他喝酒比奏乐更加专业，于1973年去世。Keith Godchaux于1980年因车祸去世。Brent Mydland于1990年因吸毒过量去世。Vince Welnick是否曾割喉自杀尚不明确，但已于2006年去世的信息准确无误。五人均在美国加州去世。曾作为替补参加过一两次巡演的 Bruce Hornsby至今仍生龙活虎，不过他的作品被Tupac采样（不好的兆头在不断累计）。

5 歌手（女性）

Janis Joplin（见32页）、Selena（见146页）和Aaliyah（见194页）等女歌手都没能活到三十岁。还有一些英年早逝的女歌手并没有被本书收录，如Eva Cassidy（1996年因癌症去世，享年三十三岁）、Ofra Haza（2000年神秘死亡，享年四十二岁，病因没有对外公开）和Tammy Wynette（1998年去世，有关止痛药是否导致其死亡的争议导致她下葬之后又遭开棺验尸——最终的结论是她的死亡与止痛药无关）。

索引

加粗页码对应配有图片的重点人物介绍页

Aaliyah **194–5**
AC/DC 52, 74
Ace, Johnny **12**
Adamson, Stuart **198**
Adler, Lou 156, 188
Aerosmith 62, **206**, 241
Aguilera, Christina 23
Alice In Chains 118, 200, 201, 232
Allen, Rick 121
Allin, GG **131**
Allman, Duane 62
Allsup, Tommy 15
Ament, Jeff 118
Animals 151
Anka, Paul 15
Anselmo, Phil 232
Associates 157
Atkin, James **199**
Austin, Mary 126, 128

B-52's 102
Back Street Crawler 52
Bad Company 52
Ballard, Florence **50–1**
The Band 106
Band Of Joy 78
Barrett, Syd 46, 86, **234–5**
Bators, Stiv **119**
Beach Boys 92, 94, 172, 173
Beale Streeters 12
Beatles 13, 19, 23, 56, 80, 114, 136, 196, 222
Beck, Jeff 54, 55, 151, 204
Beefheart, Captain 132, 143
Beers, Garry Gary 168
Bennett, Bobby 239
Bennett, Tony 10
Berry, Chuck 13, 114, 151
Berry, Jan 248
Bhundu Boys **229**
Big Bopper 14, 15
Big Brother And The Holding Company 32
Big Country **198**
Big Pun **182–3**
Black, Bill **20–1**, 56
Black Crowes 23
Blackmore, Ritchie 55, 158
Blackwell, Chris 88
Blake, William 34
Blind Melon 150
Blitz, Johnny 119
Blockheads 184, 185
Bolan, Marc **60–1**, 85, 210
Bolin, Tommy **55**
Bonham, John **78–9**, 121, 151
Bono 104, 164, 168, 171, 187
Bono, Sonny 186
Bonzo Dog Doo-Dah Band 143

Boone, Pat 49, 114
Bowie, David 38, 60, **84–7**, 120, 128, 140, 234
Boy George 128
Brilleaux, Lee **142**
Brown, James **238–41**
Brownson, Derry **199**
Bryant, Elbridge **26–7**
Buckley, Jeff 49, 139, **164–5**, 213
Buckley, Tim **48–9**, 132, 164
Bunch, Carl 15
Burns, Bob 62
Burroughs, William 72, 102
Burton, Cliff **108–9**
Burton, James 58
Buzzcocks 122
Byrd, Bobby 238, 239
Byrds 24, 42, 124, 196, 237
Byrne, David 102, 146

Caballe, Montserrat 126
California, Randy **158**
Canned Heat 192
Carr, Eric **130**, 175
Carrie **199**
Cartagena, Joseph 183
Carter, June 218, 220
Cash, Johnny 49, 114, 209, 216, **218–20**
Castillo, Randy 100, 101
Cave, Nick 171
Chambers, Martin 92
Chandler, Chas 28, 30
Chapman, Mark David 82
Charles, Ray 106, **224–7**
Chiba, Jennifer 222
Chicago (group) 64
Chicago Transit Authority 64
Clapton, Eric 8, 28, 52, 54, 67, 88, 120
Clark, Gene **124**
Clark, Michael 124
Clark, Steve **121**
Clash 40, 209
Cobain, Kurt 46, 86, **138–41**, 200, 249
Cobham, Billy 55
Cochran, Eddie 15, **16–17**, 36, 60, 114, 224
Cochran, Hank 16
Cochran Brothers 16
Cocker, Jarvis 13, 229
Collen, Phil 121
Colley, Dana 179
Collins, Allen 62, 62
Collins, Bootsy 238
Connolly, Brian **158–9**
Connor, Cecil "Coon dog" 42
Cook, Paul 104
Cooke, Dale 19
Cooke, Sam **18–19**, 97

Cooper, Alice 38, 132, 249
Costello, Elvis 13
Coxon, Graham 46
Cray, Robert 120
Crazy Horse 37, 37, 186
Cream 8, 28, 86, 125
Crickets 13, 15
Cromwell, Martha 68
Cropper, Steve 23
Crosby, Bing 85
Crosby, David 124
Crosby, Robbin 100, 101
Crumb, Robert 32
Curtis, Deborah 77
Curtis, Ian **76–7**, 216

Daltrey, Roger 67, 204
Damageplan 232
Danko, Rick 106, **178**
Davis, Bill "Sheriff Tex" 36
de Freitas, Pete 117
Deacon, John 126
Dead Boys 119
Dean, James 60
Death Row 144, 154, 160, 203
death songs 244–7
Decloedt, Mark 199
Dee, Dave 16
Deep Purple 55
Def Leppard 121
Dempsey, Michael 157
Dench, Ian 199
Densmore, John 34
Denver, John **166–7**
Diana, Princess 86
Dicken, Bernard 77
Diddley, Bo 151
Diggs, Robert "RZA" 231
Dillard, Doug 124
Dimebag Darrell **232–3**
Dingley, Nicholas "Razzle" 100
Dion and the Belmonts 15
Dodd, Dicky 72
Doherty, Denny 188
Dolenz, Mickey 136
Donovan, Terence 221
Doors 34, 125, 237
Double Trouble 120
Drake, Nick **46–7**
Dre, Dr 144, 162, 206
Dury, Ian **184–5**, 250
Dylan, Bob 19, 53, 88, 106, 114, 116, 124, 178, 184, 196, 218, 251

E 13
Eazy-E **144–5**
Echo And The Bunnymen 117
Elliot, "Mama" Cass 32, **44–5**, 67, 237
Elliot, Missy 195

Elliot, Owen 45
Elliott, Joe 121, 158
EMF (Epsom Mad Funkers) 199
Eminem 250
Eno, Brian 38
Entwistle, John **204–5**
Epstein, Brian 82
Erasmus, Alan 122
Ethridge, Chris 42
Evans, Faith 154, 160, 162
Evans, Mal 82
Everly Brothers, The 114, 151

Fairweather, Bruce 118
The Fall 229
Famous Flames 238, 239
Farndon, Pete 92
Farriss brothers 168
Fat Joe 183
Fenton, Paul 210
Ferguson, Jay 156
Field, Tim 176
50 Cent 206
Finn, Mickey **210–11**
Five Wings 12
Flack, Roberta 68
Flowers of Romance 70
Flying Burrito Brothers 42
Foley, Zac **199**
Frampton, Peter 123
Frankenstein 119
Franklin, Aretha 23, 50, 163, 213, 238, 241
Franklin, Bertha 19
Franklin, Melvin 27, 228
Fraser, Andy 52
Fraser, Elizabeth 49, 213
Free 52, 52
Frehley, Ace 175
Frusciante, John 112
Fry, Stephen 143
Full Tilt Boogie Band 32
Fuller, Craig 72
Fuqua, Harvey 97, 98

Gabriel, Peter 23, 213
Gahan, Dave 249
Gaines, Cassie **62–3**
Gaines, Steve **62–3**
Garcia, Jerry **148–9**
Gaye, Marvin **96–9**
Geffen, David 163
Geldof, Bob 126, 168, 171, 184
Genshon, Russ 179
George, Lowell **72–3**, 221
Gilmore, Greg 118
Gilmour, David 86, 234
Ginsberg, Allen 125
Gods And Monsters 164
Gordy, Berry 50, 97, 98
Gossard, Stone 118
Graham, Bill 125

Grant, Peter **151**
Grateful Dead 88, 125, 148, 149
Gray, John 63
Gretton, Rob 122
Grice, Gary "GZA" 231
Grohl, Dave 78, 102, 251
Grossman, Albert 32
Guercio, James 64
Guy, Buddy 120

Hammett, Kirk 108, 109
Hannett, Martin 77, **122**
Hanoi Rocks 40
Happy Mondays 122
Hardy, Françoise 46
Harman, David 16
Harris, Emmylou 42
Harrison, George 85, 88, 116, **196–7**
Harvey, Bill 12
Harvey, PJ 179
Hathaway, Donny **68–9**
Hawkins, Ronnie 106, 178
Hawks 106, 178
Heartbreakers 39
Helm, Levon 106, 178
Helms, Chet 32
Hendrix, Jimi 8, **28–31**, 32, 52, 55, 64, 125, 140, 156, 204, 237
Hetfield, James 108, 109
Highway QCs 19
Hillman, Chris 42, 124, 124
Hilton, Paris 251
Holly, Buddy **13–15**, 16, 114
Honeyman-Scott, James **92–3**
Hook, Peter 77
Hooker, John Lee 156, **192–3**
Hoon, Shannon **150**
Horrocks, Jane 184
House, Son 8
Houston, Whitney 203, 251
Hudson, Garth 106
Humble Pie 123
Hurt, Mississippi John 156
Hutchence, Michael **168–71**
Hynde, Chrissie 92, 93

Innes, Neil 143
International Submarine Band 42
INXS 168–71

Jabbers 131
Jacks, Terry 249
Jackson, Curtis 206
Jackson, Reverend Jesse 68, 154, 238
Jackson, Michael 27, 139, 241, 251

Jagger, Mick 24, 110, 120, 188
Jam Master Jay **206–7**
James, Rick **228**
James Gang 55
Jankel, Chaz 184
Jennings, Waylon 15
Jimmy James and the Blue Flames 28, 156
Johansen, David **38–41**
John's Children 60
Johnson, Brian 74
Johnson, Robert **8–9**, 10
Johnson, Wilko **142**
Jones, Brian 8, **24–5**, 28, 237
Jones, John Paul 78
Jones, Kenney 123
Jones, Mick 209
Jones, Quincey 224, 226
Jones, Steve 104
Jones, Terry 28
Joplin, Janis 8, **32–3**, 125, 140, 237
Journeymen 188
Joy Division 77, 122
Jungstrom, Larry 62

Kane, Arthur "Killer" **38–41**
Karven-Veres, Daniel 100, 101
Kath, Terry **64–5**
Kendricks, Eddie **26–7**
Kent, Nick 46
Kiedis, Anthony 112
Kilburn And The High Roads 184
Kilpatrick, Dean **62–3**
King, B.B. 12
King, Ed 63
Kirke, Simon 52
Kiss 40, 130, 175, 200, 232
Kleinow, "Sneaky" Pete 42
Knight, Curtis 28
Knight, Gladys 97, 195
Knight, Suge 144, 154, 160, 203
Koda, Michael 100, 101
Kossoff, Paul **52**
Kozmic Blues Band 32
Kreuzman, Bill 148
Krieger, Robby 34
Kristofferson, Kris 32, 218
Krokus 109

Laine, Frankie 10
Lane, Ronnie 123
Led Zeppelin 8, 78, 125, 151
Lee, Arthur **236–7**
Lee, Tommy 100
Legend, Bill 210
Lemmy 28

Lennon, John 12, 13, 16, 67, **80–3**, 85, 114, 132, 136, 196, 213
Lesh, Phil 148
Levy, Doug 131
Lewis, Jerry Lee 10, 103, 248
Lillywhite, Steve 187
Little Feat 72, 73
Little Richard 28, 114, 238
Livingston, Bunny 88, 110
Lobban, Dennis "Leppo" 110
Lopes, Lisa "Left Eye" **202–3**
Lopez, Jennifer 146, 183
Love (band) 237
Love, Courtney 139, 140
Love, Darlene 186
Love, Mike 172, 173
Lucas, Gary 164
Lydon, John 70
Lynne, Jeff 116
Lynott, Phil **104–5**
Lynyrd Skynyrd **62–3**

McCartney, Paul 13, 16, 28, 67, 80, 136, 173, 196, 251
MacColl, Kirsty 184, **187**
McCulloch, Ian 117
McDaniels, Daryl "DMC" 206, 207
MacGowan, Shane 187, 209
McGuinn, Roger 124, 196
Mackenzie, Billy **157**
McLaren, Malcolm 39, 70
McLean, Don 15, 116
Malfunkshun 118
The Mamas And The Papas 56, 188
Mandrake Paddle Steamer 221
Manson, Charles 94, 173
Manuel, Richard **106–7**
Manzarek, Ray 34
Marks, David 172
Marley, Bob **88–90**, 110, 180
Marquees 97
Marriott, Steve **123**
Mars, Mick 100
Marvin, Hank B. 13
Mason, Dave 45
Mastrangelo, Carlo 15
May, Brian 126, 128, 158, 209
Mayfield, Curtis **180–1**, 241
Mercury, Freddie 86, **126–9**, 130
Metallica 108, 109
Meters 11

Milli Vanilli 174
Mitchell, Mitch 28
Mizrahi, Sil "Sylvain, Sylvain" 38, 39
Molina, Ralph 37
Monkees 30, 136, 188
Moon, Keith **66–7**, 143, 204
Moore, Gary 104
Moore, Scotty 20, 56
Moore, Will 192
Morris, Stephen 77
Morrison, James 249
Morrison, Jim 8, **34–5**, 36, 140
Morrison, Van 125, 164
Morrissey 39, 187
Morton, George "Shadow" 39
Morvan, Fabrice 174
Mother Love Bone 118
Mothers Of Invention 72, 125, 132, 133, 237
Mötley Crüe **100–1**, 158
Motörhead 175
Motown 26, 50
Murcia, Billy **38–41**
Murray, Frank 104
My Backyard 62
Mynah Birds 228

Napalm Death 229
Napier-Bell, Simon 60
Nash, Johnny 88
Navarro, Dave 112
Neil, Skylar 100, 101
Neil, Vince 100
Nelson, Ricky **103**
Nesmith, Mike 30
New Order 77, 122
New Yardbirds 78, 151
New York Dolls **38–41**
Nico **113**
Niggaz with Attitude 144
Nilsson, Harry 67, **136–7**
Nirvana 86, 139–40, 140
Nitzsche, Jack 37, **186**
Noble Five 62
Nolan, Jerry **38–41**
Notorious BIG, The 153, 154, **160–2**, 183
Nyro, Laura **163**

O'Brien, Dion 176
occupations, dangerous 252–3
Ochs, Phil **53**
Ol' Dirty Bastard **230–1**
Oldfield, Mike 143
One Percent 62
Ono, Yoko 80, 81, 82, 136, 199
Orbison, Roy **114–16**, 135, 196
Osbourne, Ozzy 45, 91, 121

Osbourne, Sharon 91, 250
Outcasts 123

Page, Jimmy 54, 72, 78, 151, 204
Palmer, Robert **221**
Pantera 232
Parker, Colonel Tom 20, 56
Parsons, Gram **42–3**
Patton, Charlie 8, 192
Payne, Rufe "Tee-Tot" 10
Pearl Jam 118, 119, 139, 200
Pebbles 203
Peel, John 16, 143, **229**
Pengilly, Kirk 168
Peregrine-Took, Steve 60
Perry, Lee "Scratch" 88
Peter, Paul and Mary 166
Peterson, Roger 15
Petty, Tom 116, 116
Phillips, Dewey 22, 56
Phillips, John **188–9**
Phillips, Mackenzie 188
Phillips, Michelle 45, 188
Phillips, Sam 20, 22, 56, 218
Pierson, Kate 102
Pilatus, Rob **174**
Pink Floyd 72, 229, 234
Pixies 179
Plant, Robert 78, 151, 151, 164
Plasmatics 175
Pogues 187, 209
Poindexter, Buster 39
Pop, Iggy 77, 85, 86, 119, 184, 209
Powell, Billy 63
Power Station 221
Presley, Elvis 10, 13, 16, 20, 22, 23, 36, 55, **56–9**, 114, 151, 218, 224
Pretenders 92, 93
Pretty Things 24
Priest, Steve 158
Primes 50
Primettes 50
Prince 139, 180
Puff Daddy 153, 160, 183, 195

Quarrymen 16
Queen 126, 128

Ramones 186, **190–1**, 229
Rankine, Alan 157
RCA 19, 22, 36, 56, 166
reaper cheaters 248–51
Red Hot Chili Peppers 112, 220
Redding, Noel 28, 30
Redding, Otis **23**, 237
Relf, Keith **54**
Reprise 42

Rhoads, Randy **91**
Ric Powell Trio 68
Richards, Keith 24, 38, 42, 74, 110, 139, 140, 188
Roberston, Robbie 106
Robinson, Smokey 19, 26, 97
Rocket From The Tombs 119
Rockets 37
Rodgers, Paul 52, 128
Rolling Stones 13, 23, 24, 52, 54, 72, 88, 125, 187, 196
Ronson, Mick 85–6
Ross, Diana 51, 97
Rossington, Gary 62
Rothschild, Paul 32
Rotten, Johnny 70
Rovers 12
Rubin, Rick 220
Ruffin, David **26–7**
Russian roulette 12

Saldivar, Yolanda 146
Salvage, Rick 121
Sandman, Mark **179**
Santana 125
Sardo, Frankie 15
Schneider, Fred 102
Scott, Andy 158
Scott, Bon **74–5**
Selena **146–7**
Sex Pistols 39, 40, 70, 79, 85
Shakur, Tupac **152–5**, 160, 162, 216
Shangri-Las 39
Sharkey, Feargal 229
Sheeley, Sharon 16, 17
Simmons, Gene 130, 175
Simmons, Joseph "Run" 206, 207
Simone, Nina **212–15**
Simonon, Paul 209
Sinatra, Frank 163, 196
Singing Children 19
Siouxsie And The Banshees 70
Sixx, Nikki 100–1, 158
Sixx Pakk 101
Slade 60
Slovak, Hillel 45, **112**
Sly And The Family Stone 88
Small Faces 123
Smile (band) 126
Smith, Connie "Guybo" 16
Smith, Elliott **222–3**
Snider, Dee 166
Sons of Satan 62
Soul Stirrers 19
Spears, Britney 250
Spector, Phil 186, 186

Spirit 156
Springfield, Dusty **176–7**
Springsteen, Bruce 139, 209
Spungen, Nancy 70, 71
Staley, Layne **200–1**
Stanley, Paul 130, 175
Stanshall, Viv **143**
Staple Singers 125
Starr, Ringo 67, 128, 178, 196, 204
Stewart, Rod 38, 123
Stone Roses 122
Stone, Sly 49, 241
Stotts, Richie 175
Streisand, Barbra 45, 163
Strickland, Keith 102
Stroud, Lisa Celeste 214
Strummer, Joe **208–9**
Sugarman, Danny 34
Sumner, Bernard 79
Supremes 51
Sutcliffe, Stuart 82
Swarbrick, Dave 250
Sweet 158
Sweetshop 158

T-Rex 60, 61, 210
Talking Heads 23, 187
Taylor, Corey 249
Taylor, John 221
Taylor, Phil 92
Taylor, Roger 126, 128
Taylor, Vince 84–5
Temptations **26–7**, 50
Terrell, Tammi 97
Terry, John 239
Thin Lizzy 104
13th Floor Elevators 32
This Mortal Coil 49
Thomas, Rozonda "Chili" 203
Thornton, Big Mama 12
Thunders, Johnny **38–41**, 92, 119
Timbaland 195
Timberlake, Justin 68, 250
Tlbot, Billy 37
TLC 203
Took, Steve "Peregrine" 210
Tosh, Peter 88, **110–11**, 180
Townshend, Pete 67, 143, 204, 209
Traveling Wilburys 116, 196
Trippe, Matthew 101
Tucker, Bob 20
Tucker, Mick 158
Turner, Ike and Tina 186
Tyler, Toby 60
Tyrannosaurus Rex 60, 210

U2 77, 122, 128, 168, 187
Ulrich, Lars 108, 109

Vai, Steve 132
Valens, Richie 14–15
Van Zant, Ronnie **62–3**
Vandross, Luther 86
Varese, Edgar 132, 135
Vaughan, Jimmie **120**
Vaughan, Stevie Ray 85, 120
Vedder, Eddie 118
Velvet Underground 38, 113
Vicious, Sid 39, **70–1**, 85
Vincent, Gene 16, **36**, 114, 184

Wailers 88, 90, 110, 180
Walden, Snuffy 52
Watkins, Tionne T-Boz 203
Weir, Bob 148
White, Clarence 42
White Stripes 45
Whitfield, Norman 26
Whitten, Danny **37**
The Who 66, 67, 125, 184, 204
Wildcats 62
Wilkeson, Leon 63
Williams, Hank **10–11**, 49, 114
Williams, Otis **26–7**
Williams, Paul **26–7**
Williams, Wendy O. **175**
Willis, Pete 121w
Wilson, Brian 94, 172, 173
Wilson, Carl 95, **172–3**
Wilson, Cindy 102
Wilson, Dennis **94–5**, 172, 173
Wilson, Mary 50, 51
Wilson, Ricky **102**
Wilson Phillips 188
Wonder, Stevie 50, 180, 228
Wood, Andrew **118**, 200
Wood, Natalie 22
Wood, Ron 123
Wu-Tang Clan 230, 231
Wynette, Tammy 175

Yaffa, Sami 40
Yardbirds 54, 151
Yates, Paula 168, 171
Young, Angus 52, 74, 91
Young, Neil 37, 62, 140, 186, 228

Zappa, Frank 72, 102, 125, **132–5**, 166
Zevon, Warren **216–17**
Zimmerman, Ike 8